Direito
Processual
do Trabalho

O GEN | Grupo Editorial Nacional – maior plataforma editorial brasileira no segmento científico, técnico e profissional – publica conteúdos nas áreas de concursos, ciências jurídicas, humanas, exatas, da saúde e sociais aplicadas, além de prover serviços direcionados à educação continuada.

As editoras que integram o GEN, das mais respeitadas no mercado editorial, construíram catálogos inigualáveis, com obras decisivas para a formação acadêmica e o aperfeiçoamento de várias gerações de profissionais e estudantes, tendo se tornado sinônimo de qualidade e seriedade.

A missão do GEN e dos núcleos de conteúdo que o compõem é prover a melhor informação científica e distribuí-la de maneira flexível e conveniente, a preços justos, gerando benefícios e servindo a autores, docentes, livreiros, funcionários, colaboradores e acionistas.

Nosso comportamento ético incondicional e nossa responsabilidade social e ambiental são reforçados pela natureza educacional de nossa atividade e dão sustentabilidade ao crescimento contínuo e à rentabilidade do grupo.

Afonso de Paula Pinheiro **Rocha**
Carolina Marzola **Hirata**
Rafael **Camargo** Felisbino

COORDENAÇÃO
Renee do Ó **Souza**

Direito Processual do Trabalho

2ª EDIÇÃO REVISTA, ATUALIZADA E REFORMULADA

- Os autores deste livro e a editora empenharam seus melhores esforços para assegurar que as informações e os procedimentos apresentados no texto estejam em acordo com os padrões aceitos à época da publicação, e todos os dados foram atualizados pelos autores até a data de fechamento do livro. Entretanto, tendo em conta a evolução das ciências, as atualizações legislativas, as mudanças regulamentares governamentais e o constante fluxo de novas informações sobre os temas que constam do livro, recomendamos enfaticamente que os leitores consultem sempre outras fontes fidedignas, de modo a se certificarem de que as informações contidas no texto estão corretas e de que não houve alterações nas recomendações ou na legislação regulamentadora.

- Fechamento desta edição: 03.08.2022

- Os autores e a editora se empenharam para citar adequadamente e dar o devido crédito a todos os detentores de direitos autorais de qualquer material utilizado neste livro, dispondo-se a possíveis acertos posteriores caso, inadvertida e involuntariamente, a identificação de algum deles tenha sido omitida.

- **Atendimento ao cliente: (11) 5080-0751 | faleconosco@grupogen.com.br**

- Direitos exclusivos para a língua portuguesa
  Copyright © 2022 by
  Editora Forense Ltda.
  Uma editora integrante do GEN Grupo Editorial Nacional
  Travessa do Ouvidor, 11 – Térreo e 6º andar
  Rio de Janeiro – RJ – 20040-040
  www.grupogen.com.br

- Reservados todos os direitos. É proibida a duplicação ou reprodução deste volume, no todo ou em parte, em quaisquer formas ou por quaisquer meios (eletrônico, mecânico, gravação, fotocópia, distribuição pela Internet ou outros), sem permissão, por escrito, da Editora Forense Ltda.

- Esta obra passou a ser publicada pela Editora Método | Grupo GEN a partir da 2ª edição.

- Esta obra, anteriormente designada "Resumo de Processo do Trabalho", passou a ser intitulada "Direito Processual do Trabalho" a partir da 2ª edição.

- Capa: Bruno Sales Zorzetto

- **CIP – BRASIL. CATALOGAÇÃO NA PUBLICAÇÃO.
  SINDICATO NACIONAL DOS EDITORES DE LIVROS, RJ.**

R571d
2. ed.

Rocha, Afonso
Direito processual do trabalho / Afonso Rocha, Carolina Hirata, Rafael Camargo; coordenação Renee do Ó Souza. – 2. ed., rev., atual. e reform. – Rio de Janeiro: Método, 2022.
368 p.; 21 cm. (Método essencial)

Inclui bibliografia
ISBN 978-65-5964-585-5

1. Direito do trabalho – Brasil. 2. Justiça do trabalho. 3. Serviço público – Brasil – Concursos. I. Hirata, Carolina. II. Camargo, Rafael. III. Souza, Renee do Ó. IV. Título.

V. Série.

22-78458   CDU: 349.2(81)

Meri Gleice Rodrigues de Souza – Bibliotecária – CRB-7/6439

Sumário

Capítulo 1

Teoria geral/Propedêutica 1

1.1 Introdução 1
1.2 Escopos, objetivos ou finalidades 2
1.3 Natureza jurídica do Direito Processual do Trabalho 2
1.4 Autonomia do Direito Processual do Trabalho 3
1.5 Hermenêutica ou exegese do Direito Processual do Trabalho 4
  1.5.1 Integração 4
  1.5.2 Eficácia 8
1.6 Fontes do Direito Processual do Trabalho 9
  1.6.1 Introdução e classificação 9
1.7 Formas ou métodos de solução dos conflitos trabalhistas..... 11
  1.7.1 Introdução 11
  1.7.2 Conciliação e mediação 15
1.8 A arbitragem e seus reflexos na Justiça do Trabalho 16
  1.8.1 Introdução 16
  1.8.2 Cabimento da arbitragem na Justiça do Trabalho 17
  1.8.3 Vantagens e desvantagens da arbitragem 19

Capítulo 2

Princípios do Direito Processual do Trabalho 21

2.1 Introdução 21
2.2 Princípios da Teoria Geral do Processo 22
  2.2.1 Princípio do devido processo legal 22
  2.2.2 Princípios do contraditório e ampla defesa 22
  2.2.3 Princípios da efetividade, celeridade e razoável duração do processo 23
  2.2.4 Princípio da inafastabilidade da jurisdição ou do amplo acesso ao Poder Judiciário 23

vi Direito Processual do Trabalho

2.2.5	Princípio do duplo grau de jurisdição	24
2.2.6	Princípio da motivação das decisões judiciais	26
2.2.7	Princípio da publicidade	26
2.2.8	Princípio da vedação da prova ilícita	26
2.2.9	Princípio da cooperação	27
2.3	Princípios específicos do Direito Processual do Trabalho	27
2.3.1	Princípio da simplicidade	27
2.3.2	Princípio da informalidade	28
2.3.3	Princípio da oralidade	29
2.3.4	Princípio da conciliação	32
2.3.5	Princípio do *jus postulandi*	33
2.3.6	Princípio da majoração dos poderes do juiz do trabalho na condução do processo	35
2.3.7	Princípio do impulso oficial na execução trabalhista	35
2.4	Princípio da subsidiariedade	36
2.5	Princípio do protecionismo processual ou da proteção temperada, mitigada ou relativizada no Processo do Trabalho	38

Capítulo 3

Jurisdição e competência 43

3.1	Jurisdição	43
3.2	Competência	44
3.2.1	Prorrogação de competência	48
3.3	Competência em razão da pessoa	50
3.4	Competência em razão do valor da causa	51
3.5	Competência específica da Justiça do Trabalho	52
3.5.1	Competência material da Justiça do Trabalho	52
3.5.2	Competência territorial da Justiça do Trabalho	70
3.5.3	Competência funcional da Justiça do Trabalho	72
3.5.3.1	Varas do Trabalho	73
3.5.3.2	Tribunais Regionais do Trabalho (2° Grau)	74
3.5.3.3	Tribunal Superior do Trabalho	79

Capítulo 4

Condições da ação e substituição processual 85

4.1 Direito de ação	85
4.1.1 Teorias sobre o direito de ação	85
4.1.2 Interesse processual ou interesse de agir	88
4.1.3 Legitimidade	90
4.2 Substituto processual	91
4.2.1 Distinção entre o representante processual e o substituto processual	91
4.2.2 Substituição processual no processo do trabalho	92

Capítulo 5

Litisconsórcio e intervenção de terceiros 97

5.1 Litisconsórcio	97
5.1.1 Conceito e base legal	97
5.1.2 Classificação ou espécies	97
5.1.3 Outras espécies de litisconsórcio	102
5.1.4 Regras sobre a relação entre os litisconsortes – regime processual (art. 117, CPC)	104
5.1.5 Litisconsórcio no processo do trabalho	105
5.2 Intervenção de terceiros no processo do trabalho	105
5.2.1 Conceito e base legal	105
5.2.2 Espécies de intervenção de terceiros	105
5.2.3 Classificação das intervenções	106
5.2.4 Competência	107
5.2.5 Ampliação do processo	107
5.2.6 Assistência (arts. 119 a 124, CPC)	107
5.2.6.1 Conceito	107
5.2.6.2 Requisito básico	108
5.2.6.3 Espécies de assistência	109
5.2.6.4 Procedimento	111
5.2.7 Denunciação da lide (arts. 125 a 129, CPC)	111
5.2.7.1 Conceito	111
5.2.7.2 Natureza jurídica	111
5.2.7.3 Cabimento	111
5.2.7.4 Hipóteses de cabimento	111
5.2.7.5 Procedimento	112
5.2.8 Chamamento ao processo	115
5.2.8.1 Conceito	115

viii Direito Processual do Trabalho

5.2.8.2 Natureza jurídica 115
5.2.8.3 Cabimento 115
5.2.8.4 Hipóteses de cabimento 115
5.2.8.5 Procedimento 115
5.2.9 Incidente de desconsideração da personalidade jurí-
      dica 117
5.2.9.1 Natureza jurídica 118
5.2.9.2 Cabimento 118
5.2.9.3 Procedimento 118
5.2.9.4 Desconsideração da personalidade jurídica re-
        querida na petição inicial 119
5.2.10 Amicus curiae 'amigo da corte – art. 138, CPC) 121
5.2.10.1 Conceito 121
5.2.10.2 Cabimento 121
5.2.10.3 Requisitos 121
5.2.10.4 Poderes do amicus curiae 122
5.2.10.5 Prazo 123
5.2.10.6 Ingresso da União ou ente federal 123
5.2.10.7 Capacidade postulatória 123

Capítulo 6

Partes e procuradores 125

6.1 Conceito de parte 125
6.2 Princípios que regem a atuação das partes no processo ... 125
6.3 Capacidade processual das partes 127
6.3.1 Capacidade de ser parte 127
6.3.2 Capacidade de agir ou de estar em juízo 129
6.3.3 Entes despersonalizados 132
6.4 Representante processual 135
6.4.1 Representação do empregador em audiência 135
6.5 Capacidade postulatória 137
6.5.1 Atuação do advogado no processo do trabalho 142

Capítulo 7

Atos, termos, prazos e nulidades processuais traba-
lhistas 143

Sumário   ix

7.1 Introdução 143
   7.1.1 Conceito de processo 143
   7.1.2 Conceito de procedimento ou rito 143
   7.1.3 Conceito de ato processual 145
7.2 Formas de comunicação dos atos processuais 145
   7.2.1 Notificação inicial postal automática do reclamado 146
   7.2.2 Recebimento da notificação postal pelo reclamado 147
   7.2.3 Notificação por edital ou editalícia 148
   7.2.4 Notificação do reclamante 148
   7.2.5 Notificação da Fazenda Pública 148
7.3 Características dos atos processuais trabalhistas 150
7.4 Classificações dos prazos processuais trabalhistas 152
7.5 Regras de contagem dos prazos processuais trabalhistas ... 153
7.6 Nulidades processuais trabalhistas 160
   7.6.1 Conceito de nulidade processual 160
   7.6.2 Classificação dos defeitos ou vícios dos atos proces-
       suais 161
   7.6.3 Princípios que regem o sistema das nulidades proces-
       suais trabalhistas 162

Capítulo 8

Audiência 169

8.1 Local da audiência 169
8.2 Horário da audiência 170
8.3 Atraso das partes na audiência 170
8.4 Atraso do juiz na audiência 171
8.5 Publicidade da audiência 171
8.6 Poder de polícia em audiência 172
8.7 Designação da audiência 173
8.8 Espécies de audiência 173
8.9 Procedimento (passo a passo) da audiência una 174
8.10 Ausência das partes em audiência 175
   8.10.1 Reclamante 175
   8.10.2 Reclamada 179
   8.10.3 Ausência de ambas as partes, reclamante e reclamada ... 181
   8.10.4 Ausência do advogado 181
8.11 Conciliação 182

x Direito Processual do Trabalho

8.12 Audiência de conciliação e mediação 183
8.13 Instrução Normativa nº 41/2018 do TST 184

Capítulo 9

Petição inicial trabalhista 185

9.1 Introdução 185
9.2 Reclamação trabalhista verbal 186
9.3 Reclamação trabalhista escrita (art. 840, § 1º, da CLT) 188
9.4 Princípio da extrapetição ou da ultrapetição e sua aplicabilidade ao processo do trabalho 191
9.5 Emenda, indeferimento e aditamento da petição inicial trabalhista 192

Capítulo 10

Defesas trabalhistas 195

10.1 Introdução 195
10.2 Características da defesa trabalhista (art. 847, CLT) 195
10.3 Aplicação subsidiária e supletiva dos arts. 336 e ss. do CPC 196
  10.3.1 Contestação 196
10.4 Prescrição de ofício e seu cabimento no processo do trabalho 200
  10.4.1 Primeira parte: análise histórica do tema 200
10.5 Prazos decadencia s na Justiça do Trabalho 202
10.6 Compensação, dedução e retenção na Justiça do Trabalho... 204
  10.6.1 Compensação 204
  10.6.2 Dedução na Justiça do Trabalho 207
  10.6.3 Retenção na Justiça do Trabalho 208
10.7 Reconvenção 209
  10.7.1 Introdução e conceito 209
  10.7.2 Natureza jurídica 209
  10.7.3 Nomenclaturas 210
  10.7.4 Requisitos cumulativos de admissibilidade da reconvenção na Justiça do Trabalho 210
  10.7.5 Princípio da identidade bilateral no bojo da reconvenção..... 211
  10.7.6 Regras procedimentais da reconvenção 212
  10.7.7 Reconvenção e ações dúplices 214

Sumário **xi**

10.7.8 Reconvenção da reconvenção............................215
10.8 Revelia no processo do trabalho............................215
10.8.1 Introdução – origem e conceito............................215
10.8.2 Efeitos da revelia............................216
10.8.3 Exceções do primeiro efeito da revelia (confissão ficta)... 217
10.9 Exceções rituais no processo do trabalho............................218

Capítulo 11

Provas............................ 221

11.1 Conceito e objeto............................221
11.2 Ônus da prova............................222
11.3 Teorias do ônus da prova............................223
11.4 Princípios sobre provas............................226
11.5 Provas em espécie............................228

Capítulo 12

Sentença e coisa julgada............................ 239

12.1 Conceito............................239
12.2 Classificação da sentença............................239
12.3 Requisitos da sentença............................240
12.4 Vícios da sentença............................242
12.5 Requisitos da sentença na CLT............................243
12.6 Remessa necessária............................245
12.7 Coisa julgada............................249
12.7.1 Limites da coisa julgada............................249
12.7.2 Coisa julgada progressiva............................249
12.7.3 Coisa julgada em questão prejudicial............................250
12.7.4 Relativização da coisa julgada............................250

Capítulo 13

Recursos trabalhistas............................ 251

13.1 Teoria geral dos recursos trabalhistas............................251
13.1.1 Principais características ou peculiaridades............................251
13.1.2 Análise da jurisprudência consolidada do TST............................252

xii Direito Processual do Trabalho

13.2 Recursos trabalhistas em espécie..................................258
13.2.1 Recurso ordirário..................................258
13.2.1.1 Amparo legal..................................258
13.2.1.2 Prazo..................................259
13.2.1.3 Preparo..................................259
13.2.1.4 Hipóteses de cabimento..................................259
13.2.1.5 Juízo *a quo*..................................260
13.2.1.6 Juízo *ad quem*..................................260
13.2.1.7 Recurso ordinário no procedimento sumaríssimo ... 260
13.2.2 Recurso de revista..................................261
13.2.2.1 Amparo legal..................................261
13.2.2.2 Prazo..................................261
13.2.2.3 Preparo..................................261
13.2.2.4 Hipóteses de cabimento (art. 896, *caput*, CLT)......261
13.2.2.5 Juízo *a quo*..................................262
13.2.2.6 Juízo *ad quem*..................................262
13.2.2.7 Recurso trabalhista de natureza extraordinária......262
13.2.2.8 Fundamentação jurídica do recurso de revista (alíneas do art. 896, CLT)..................................263
13.2.2.9 Observações finais..................................265
13.2.3 Embargos no TST..................................268
13.2.4 Agravo de petição..................................270
13.2.4.1 Cabimento..................................271
13.2.4.2 Decisão em liquidação..................................272
13.2.4.3 Pressuposto recursal extrínseco específico. Delimitação da matéria e de valores..................................272
13.2.4.4 Pressuposto recursal extrínseco. Preparo..............273
13.2.4.5 Competência..................................273
13.2.5 Agravo de instrumento..................................273
13.2.5.1 Competênc a..................................274
13.2.5.2 Pressuposto recursal intrínseco. Cabimento..........274
13.2.5.3 Pressuposto recursal extrínseco. Regularidade formal..................................275
13.2.5.4 Pressuposto recursal extrínseco específico. Custas e depósito recursal..................................275
13.2.5.5 Pressuposto recursal extrínseco específico. Formação do instrumento..................................276
13.2.6 Embargos de declaração..................................277

13.2.6.1 Cabimento 278
13.2.6.2 Competência 278
13.2.6.3 Prazo 278
13.2.6.4 Prequestionamento 279
13.2.6.5 Efeito modificativo 279
13.2.6.6 Efeito interruptivo 280
13.2.6.7 Efeito suspensivo *ope judicis* 280

Capítulo 14

Liquidação de sentença..281

14.1 Conceito...281
14.2 Liquidação por arbitramento.........................281
14.3 Liquidação pelo procedimento comum (antiga liquida-
     ção por artigos)...282
14.4 Liquidação por cálculos................................282
14.5 Juros e correção monetária..........................284

Capítulo 15

Execução...287

15.1 Competência...287
15.2 Princípio do impulso oficial...........................287
15.3 Títulos executivos..288
15.4 Natureza jurídica da execução......................289
15.5 Aplicação subsidiária...................................289
15.6 Princípios da execução.................................289
15.7 Execução provisória.....................................290
15.8 Execução definitiva......................................291
15.9 Penhora de bens...291
15.10 Ferramentas da execução............................297
     15.10.1 Embargos à execução...........................297
     15.10.2 Impugnação à sentença de liquidação.....301
     15.10.3 Exceção de preexecutividade.................301
     15.10.4 Embargos de terceiro...........................301
15.11 Fase de expropriação da execução................302
15.12 Execução de prestações sucessivas...............303
15.13 Execução de contribuição previdenciária........304

xiv   Direito Processual do Trabalho

15.13.1 Competência 304
15.13.2 Execução previdenciária sobre acordos 305
15.13.3 Responsabilidade do recolhimento previdenciário ... 305
15.13.4 Regime de recolhimento previdenciário 306
15.13.5 Averbação de tempo de serviço no INSS 306
15.13.6 Procedimento na CLT 306
15.14 Execução contra a massa falida e empresa em recupe-
ração judicial 307
15.14.1 Procedimento 308
15.14.2 Sucessão na recuperação judicial e falência 309
15.15 Execução contra a Fazenda Pública 309
15.16 Temas pontuais 312
15.16.1 Fundo de Garantia das Execuções Trabalhistas 312
15.16.2 Certidão Negativa de Débitos Trabalhistas (CNDT).... 312
15.16.3 Inscrição nome do executado nos órgãos de prote-
ção ao crédito 312
15.16.4 Desconsideração da pessoa jurídica 313

Capítulo 16

Procedimentos trabalhistas 315

16.1 Procedimento sumário (dissídio de alçada) 315
16.2 Procedimento sumaríssimo 316

Capítulo 17

Procedimentos especiais 321

17.1 Inquérito judicial para apuração de falta grave 321
17.1.1 Conceito e hipóteses de cabimento 321
17.1.2 Procedimento 322
17.1.3 Sentença 323
17.2 Dissídio coletivo 323
17.2.1 Conceito e classificação 323
17.2.2 Dissídio coletivo de natureza econômica 324
17.2.2.1 Espécies 324
17.2.2.2 Legitimidade 324
17.2.2.3 Procedimento 325
17.2.2.4 Competência 325

17.2.2.5 Requisito constitucional para ajuizamento 326
17.2.2.6 Sentença normativa 327
17.2.2.7 Recurso 327
17.2.2.8 Ação de cumprimento 328
17.3 Procedimento de jurisdição voluntária de homologação de transação extrajudicial 328
17.4 Ação rescisória 330
17.4.1 Introdução 330
17.4.2 Prazo 330
17.4.3 Depósito 331
17.4.4 Competência 332
17.4.5 Legitimidade 332
17.4.6 Causa de pedir 333
17.4.7 Pedido 333
17.4.8 Defesa 333
17.4.9 Produção de provas na ação rescisória 334
17.4.10 *Jus postulandi* 334
17.4.11 Honorários advocatícios 334
17.4.12 Suspensão da decisão atacada 335
17.5 Ação de consignação em pagamento 338
17.5.1 Cabimento 338
17.5.2 Subespécies 339
17.5.3 Consignação judicial 339
17.6 Ação monitória 341
17.6.1 Cabimento e natureza jurídica 341
17.6.2 Competência 342
17.6.3 Procedimento 342
17.6.4 Ação monitória em face da Fazenda Pública 343

Referências 345

1

Teoria geral/Propedêutica

1.1 Introdução

Direito Processual do Trabalho é o ramo da ciência jurídica dotado de um conjunto de princípios, regras e instituições próprias que tem por escopo a aplicação do direito material do trabalho. Normas jurídicas são gêneros, dos quais princípios e regras são espécies. O processo é o instrumento da jurisdição e objetiva a entrega da prestação jurisdicional (caráter instrumental do processo).

O Direito Processual do Trabalho também disciplina a atuação dos magistrados trabalhistas, auxiliares da Justiça do Trabalho e as partes nos conflitos individuais, coletivos e metaindividuais trabalhistas.

Atualmente, o paradigma constitucional aponta para a existência de um devido processo legal substantivo ou devido processo legal em sentido material como um direito fundamental dos cidadãos. Também pode ser mencionada a ideia de um devido processo legal procedimental que garanta a todas as partes direitos essenciais na relação processual, notadamente: direito a informação dos atos do processo, direito de manifestação efetiva nos autos e possibilidade de influenciar o julgamento e ver seus direitos considerados (o que também se relaciona com o dever de fundamentação das decisões judiciais (art. 93, IX, da CF/1988 e art. 489, § 1º, do CPC, aplicável subsidiariamente ao processo do trabalho).

1.2 Escopos, objetivos ou finalidades

É possível dizer que o processo possui como finalidade mais imediata a efetivação dos direitos subjetivos, a adjudicação de direitos ou a devida aplicação da regra jurídica abstrata no caso concreto.

Também podemos indicar como objetivos do Direito Processual do Trabalho: a) promover a justa composição da lide; b) promover a pacificação social; c) dar efetividade à legislação trabalhista e social; e) proteger a dignidade da pessoa do trabalhador e os valores sociais do trabalho e da livre iniciativa (art. 1°, III e IV, CF – fundamentos da República Federativa do Brasil).

Lembrar que atualmente o ordenamento jurídico e as instituições estão buscando sempre formas de ampliar os mecanismos de autocomposição (por exemplo, chamada Política Judiciária Nacional de tratamento adequado de conflitos de interesse – Resolução CNJ n° 125/2010).

1.3 Natureza jurídica do Direito Processual do Trabalho

O Direito Processual do Trabalho é um ramo do direito público (caráter publicista do processo). Lembrar sempre que o art. 22, I, da CF traz como competência privativa da União legislar sobre direito processual. o princípio da imperatividade das normas processuais trabalhistas lhe dá este caráter publicista, já que tais normas são cogentes, imperativas ou de ordem pública.[1]

Atenção!

Não confundir o Direito Processual do Trabalho com a clássica discussão sobre o caráter público ou privado do direito **material** do

---

[1] O caráter publicista no processo do trabalho é reforçado pela inadmissibilidade do negócio processual, nos termos do art. 2°, II, da IN n° 39/2016, TST.

trabalho, em face de suas peculiaridades de incidência e proteção estatal em relações privadas.

1.4 Autonomia do Direito Processual do Trabalho

Sobre a autonomia do processo do trabalho, importante ter em mente a existência de pelo menos estas três correntes:

- **Primeira corrente – teoria monista:** o Direito Processual do Trabalho não é autônomo em relação ao Direito Processual Civil, mas sim mera derivação do processo civil ou da Teoria Geral do Processo. A crítica que se faz é o enfraquecimento da área trabalhista.

- **Segunda corrente – teoria dualista:** defende a autonomia do Direito Processual do Trabalho em relação ao Direito Processual Civil, uma vez que teríamos autonomia **científica** da matéria, com princípios e peculiaridades próprios. Ademais, o Direito Processual do Trabalho possui autonomia **didática**, ocupando cadeira própria nas faculdades de direito. Ainda, existe autonomia **doutrinária**, com vasta quantidade de obras, artigos e estudos da disciplina. Temos ainda autonomia **funcional**, com muitas funções específicas (viés social). Há também autonomia **jurisdicional**, pois a Justiça do Trabalho é especial ou especializada (arts. 111 a 116, CF). Por fim, existe autonomia **legislativa** (CLT + ampla legislação esparsa).

- **Terceira corrente – teoria moderna, intermediária ou evolutiva:** defende **autonomia relativa** do processo do trabalho. Tal corrente advoga a tese de que há inquestionável autonomia do processo do trabalho, sem olvidar a necessidade da aplicação da base da Teoria Geral do Processo e dos novos institutos e regras do processo civil.

1.5 Hermenêutica ou exegese do Direito Processual do Trabalho

Estudaremos a hermenêutica em três âmbitos ou dimensões:

- interpretação;
- integração;
- eficácia.

1.5.1 Integração

É a forma de suprir lacunas no ordenamento jurídico vigente. A lei pode ser lacunosa, mas o direito, em si, não. O art. 4° da LINDB traz os meios ou formas de integração, quais sejam, se a lei for omissa, aplicam-se a analogia, costumes e princípios gerais de direito. Essa era a premissa clássica. Hoje, o dispositivo da LINDB já se trata de uma visão um pouco superada pelo art. 1° do CPC. Começou a existir crítica doutrinária quanto à ordem dessas formas de integração.

O art. 8°, *caput*, da CLT, que aborda o direito material do trabalho, traz as seguintes ferramentas de integração:

- Jurisprudência
- Analogia
- Equidade
- Princípios gerais de Direito
- Princípios específicos do Direito do Trabalho
- Usos e costumes
- Direito comparado

Dica!

- Em provas e concursos, deverá ser respondido nesta ordem.
- **Mnemônico:** jae pp uco dico.

> **Observação**
>
> Na aplicação das fontes supletivas ou subsidiárias, o juiz do trabalho deverá respeitar a seguinte premissa: **nenhum interesse de classe ou particular deverá prevalecer sobre o interesse público.**

Os arts. 1° a 15, bem como art. 140, todos do CPC, trouxeram uma **teoria geral do atual Direito Processual** ou uma "LINDB processual". Encontramos ali a teoria do diálogo das fontes com o Direito Constitucional e os Direitos Fundamentais (*Princípio da Interpretação das Leis em conformidade com a Constituição Federal*). Com o advento do CPC, a integração do processo do trabalho poderá utilizar com mais veemência os princípios constitucionais e gerais do processo.

O art. 769 da CLT traz o **princípio da subsidiariedade**, autorizando a aplicação subsidiária do processo **comum** ao processo do trabalho (ex.: processo civil). A aplicação subsidiária depende de dois requisitos cumulativos:

a) lacuna na CLT;

b) compatibilidade de princípios e regras.

Além do art. 769 da CLT, o art. 889 do mesmo diploma disciplina a aplicação do princípio da subsidiariedade na execução trabalhista, autorizando a aplicação subsidiária da LEF (Lei de Execuções Fiscais – Lei n° 6.830/1980; ver art. 40), com os mesmos requisitos cumulativos (lacuna e compatibilidade de princípios e regras).

Com a entrada em vigor do CPC/2015, no dia 18.03.2016, o art. 15 autoriza a sua aplicação **supletiva** e subsidiária ao processo do trabalho. Porém, o que é aplicação **supletiva** e qual a diferença entre **supletiva e subsidiária**? A palavra "supletiva" causou muita estranheza entre os estudiosos do processo do trabalho e gerou grande polêmica. A palavra "subsidiária" parte da premissa

6 Direito Processual do Trabalho

de que é uma lacuna, o que resulta na utilização "integral" da regra do outro diploma normativo. Já a palavra "supletiva" tem como premissa a existência da norma jurídica, com a utilização da regra do outro diploma normativo para auxiliar, complementar, aprimorar o que já existe.

Conforme os ensinamentos da Professora Maria Helena Diniz, existe uma **classificação das lacunas**:

a) **Lacuna normativa:** são as lacunas tradicionais, ou seja, caracterizadas pela ausência de norma regulamentando o caso concreto. É sinônimo de omissão, anomia.

b) **Lacuna ontológica:** parte da premissa da existência de norma regulamentando o caso concreto. Nesses termos, lacunas ontológicas são aquelas caracterizadas pela existência de normas desatualizadas. Ou seja, normas que sofreram **ancilosamento**.

c) **Lacuna axiológica:** "axioma" vem de valor. Existe uma norma aplicável ao caso concreto, porém, sua aplicação geraria uma injustiça. São as lacunas caracterizadas quando a aplicação da norma existente resultar em uma situação injusta ou insatisfatória.

Identificadas as tipologias de lacunas, importante verificar quais são aplicáveis da atuação integrativa do processo do trabalho:

■ **Primeira corrente – teoria tradicional/clássica/restritiva (Pedro Paulo Teixeira Manus e Manuel Antônio Teixeira Filho):** defende a aplicação somente das lacunas normativas. Rechaçam a aplicação das lacunas ontológicas e axiológicas, com fundamento no art. 5º, LIV, da CF, que trata do devido processo legal. Ainda, com base nos princípios da segurança jurídica e da estabilidade das relações jurídicas e sociais.

■ **Segunda corrente – teoria moderna/evolutiva/ampliativa/sistemática (Mauro Schiavi, Bezerra Leite e Leone Pereira):** de-

Teoria geral/Propedêutica **7**

fende a aplicação das três espécies de lacunas, as normativas, ontológicas e axiológicas, com fundamento no princípio da efetividade do processo, celeridade e razoável duração do processo (art. 5º, LXXVIII, CF) e no acesso à ordem jurídica justa (Kazuo Watanabe). Por fim, ver Enunciado 66 da 1ª Jornada de Direito Material e Processual da Justiça do Trabalho.

Observação

Teoria da civitização representa o excesso da aplicação do processo civil ao processo do trabalho (foi questionado em concurso).

O TST, tendo em vista a controvérsia, editou a **Resolução nº 203, de 15.03.2016, a qual traz em seu bojo a Instrução Normativa nº 39/2016**. A IN nº 39/2016 fez uma eleição de artigos do CPC aplicáveis, inaplicáveis e aplicáveis com adaptações ao processo do trabalho. A própria IN prevê que tal eleição não é exaustiva. (Ler os "considerandos".) O art. 1º, *caput*, da IN nº 39/2016 do TST autoriza a aplicação subsidiária e supletiva do CPC ao processo do trabalho por força dos arts. 769 e 889 da CLT, e do art. 15 do CPC, desde que preenchidos os requisitos cumulativos: lacuna e compatibilidade de princípios e regras.

Observação

Após a entrada em vigor do CPC, o TST vem atualizando as suas súmulas e OJs conforme o atual diploma processual. **O TST já editou as Resoluções nº 203 a 219 a título de atualizações até 02.08.2017.** Ex.: a OJ nº 310 da SDI-1 do TST tinha relação com o art. 191 do CPC/1973, que corresponde ao art. 229 do CPC. Com essa atualização, o TST manteve o mesmo entendimento, afirmando que o art. 229 do CPC (prazos em dobro litisconsortes com procuradores diferentes) é inaplicável ao processo do trabalho por incompatibilidade com a celeridade trabalhista.

- A ANAMATRA ajuizou a ADI nº 5.516, tendo por objeto a IN nº 39/2016 do TST. A grande tese desta ADI é o art. 22, I, da CF, o qual prevê que compete privativamente à União legislar sobre Direito Processual. A PGR manifestou-se pela possibilidade de conferir interpretação conforme a Constituição para a instrução normativa, sem redução de texto, com efeito *ex nunc*, para que se lhe reconheça função exclusivamente orientadora, afastando-lhe eficácia normativa e suprimindo efeito vinculante da atividade jurisdicional.

- **Qual é o entendimento do TST sobre o assunto?** O entendimento do TST está no art. 1°, *caput*, da IN n° 39/2016, que autoriza a aplicação **subsidiária e supletiva do CPC** ao processo do trabalho (ordem invertida) por força dos arts. 769 e 889 da CLT, e do art. 15 do CPC, desde que preenchidos os requisitos cumulativos: lacuna e compatibilidade de princípios e regras.

- **Reforma Trabalhista:** Lei n° 13.467, de 13.07.2017, trouxe o § 2° ao art. 8° da CLT mitigando o ativismo judicial do TST e dos TRTs, sendo que tais tribunais não poderão editar súmulas e OJs que criem obrigações não previstas em lei. Importante! Ainda em 2021, o STF reconheceu pertinência temática à propositura da Ação Direta de Constitucionalidade – ADC n° 68, para a análise da constitucionalidade do art. 702, I, *f* e §§ 3° e 4°, da CLT. Recentemente, o Pleno do Tribunal Superior do Trabalho (TST) declarou a inconstitucionalidade de dois dispositivos que traziam critérios para a criação ou a alteração de súmulas e outros enunciados da jurisprudência uniforme do Tribunal (ArgInc-696-25.2012.5.C5.0463, julgado em 16.05.2022). O TST, por maioria, entendeu que tais normas violam a separação dos poderes (art. 2°, da CF), além da autonomia administrativa dos Tribunais para a elaboração de seus regimentos internos.

- **IN n° 41/2018, TST:** esta instrução normativa trouxe regras sobre direito intertemporal de artigos processuais, sem adentrar nos respectivos méritos.

1.5.2 Eficácia

Eficácia é a aptidão para a produção de efeitos jurídicos. O seu estudo se divide em duas partes:

Teoria geral/Propedêutica 9

a) **Eficácia no tempo:** art. 5°, XXXVI, da CF; art. 6° da LINDB; arts. 912 e 915 da CLT e arts. 14 e 1.046 do CPC. Aplica-se o **princípio da irretroatividade das leis**, bem como a **teoria do efeito imediato** ou da eficácia imediata e, ainda, o **sistema do isolamento dos atos processuais** e o **princípio da causalidade**. Em tese, a nova lei processual produzirá efeitos imediatos e gerais, não podendo retroagir prejudicando atos jurídicos processuais perfeitos, direitos adquiridos, bem como o instituto da coisa julgada. Além disso, a nova lei processual atinge os atos processuais que ainda não foram praticados. No âmbito da Reforma Trabalhista, surgiram grandes controvérsias doutrinárias e jurisprudenciais sobre a eficácia no tempo. Nesse contexto, a IN n° 41/2018 adotou várias linhas de entendimento, sendo, portanto, *sui generis*.

b) **Eficácia no espaço:** art. 16 do CPC; **princípio da territorialidade**, ou seja, a norma processual produz efeitos dentro do território nacional, com fundamento no art. 1°, I, da CF (Soberania).

1.6 Fontes do Direito Processual do Trabalho

1.6.1 Introdução e classificação

Segundo Prof. Maurício Godinho Delgado, na acepção metafórica, fonte do direito representa a origem das normas jurídicas. Também, a doutrina associa o conceito de fontes com a forma pela qual elas se manifestam na sociedade.

A principal classificação das fontes trazida pela doutrina e pela jurisprudência é:

a) **Fontes materiais:** representam o momento **pré-jurídico** inspirador da elaboração da norma. São os fatores econômicos, sociais, políticos, históricos, culturais, filosóficos etc., que ensejam a criação da norma. Ex.: greve (pressão exercida pelos tra-

10 Direito Processual do Trabalho

balhadores); crise econômica, financeira e/ou política do país (ex.: Reforma Trabalhista); Convenções da OIT não ratificadas.

b) **Fontes formais:** representam o momento eminentemente jurídico. Ou seja, a norma já materializada ou construída. Há dissenso doutrinário e jurisprudencial sobre o assunto: a **primeira corrente** sustenta a adoção da **teoria monista** (Hans Kelsen – **teoria pura do direito**), ou seja, existe um único centro de positivação da norma, qual seja, o Estado *lato sensu*. A sociedade não tem qualquer chance de positivar alguma norma. A **segunda corrente** adota a **teoria pluralista**, segundo a qual existem vários centros de positivação da norma, oriundos do Estado e da sociedade. **Essa teoria foi adotada pelo Direito do Trabalho/Processo do Trabalho brasileiro.**

- **Fontes formais autônomas:** são aquelas oriundas dos **próprios destinatários** principais das normas jurídicas, sem a interveniência direta de um terceiro. Ex.: CCTs e ACTs, usos e costumes etc.

- **Fontes formais heterônomas:** são aquelas oriundas de um **terceiro** (em regra, o Estado), sem a participação imediata dos destinatários principais. Ex.: Constituição Federal; espécies normativas do art. 59 da CF; Súmulas Vinculantes do STF (n°s 4, 22, 23, 25, 40 e 53); Tratados e Convenções Internacionais ratificadas pelo Brasil.

Observação

- **Fontes formais heterônomas do processo do trabalho:** em tese, somente faz sentido o estudo das fontes formais heterônomas (art. 22, I, CF). Ex.: Constituição Federal, CLT, CPC/2015; Lei de Execução Fiscal (Lei n° 6.830/1980); Lei da Ação Civil Pública (Lei n° 7.347/1985); Código de Defesa do Consumidor (Lei n° 8.078/1990); Lei n° 5.584/1970 (diversas regras processuais); Lei n° 7.701/1988 (regras processuais no âmbito do TST); LOMPU (LC n° 75/1993); Decreto-lei n° 779/1969 (prerrogativas processuais Fazenda Pública na Justiça do Trabalho).

Teoria geral/Propedêutica **11**

■ **Fontes polêmicas:** nesse momento da matéria, a doutrina e a jurisprudência divergem sobre o enquadramento ou não como fonte do direito. Exemplos:

☐ **Jurisprudência:** o Prof. Amauri Mascaro Nascimento afirmava não se tratar de fonte, e sim um norte de interpretação. Em contrapartida, o Prof. Maurício Godinho Delgado defende ser uma fonte. De acordo com esse último entendimento, cuida-se de uma fonte formal heterônoma;

☐ **Doutrina:** prevalece o entendimento de que não é fonte do direito, mas sim um norte de interpretação;

☐ **Sentença normativa;**

☐ **Sentença arbitral;**

☐ **Regulamento empresarial;**

☐ **Contrato individual de trabalho.**

Dica!

Há um certo consenso de que o enquadramento como fonte depende do preenchimento de três características: (i) generalidade; (ii) impessoalidade; (iii) abstração.

Mnemônico: "GIA".

1.7 Formas ou métodos de solução dos conflitos trabalhistas

1.7.1 Introdução

São **conflitos individuais** aqueles que se referem ao descumprimento de uma norma já positivada.

São **conflitos coletivos/de grupo/de categoria**, por outro lado, aqueles que se referem à análise de normas (conflito coletivo de cunho jurídico), mas também à criação de novas normas (conflito coletivo de natureza econômico).

12 Direito Processual do Trabalho

Ainda a doutrina e a jurisprudência mencionam, em regra, três formas ou métodos:

a) **Autotutela ou autodefesa**

É a forma mais primitiva de solução dos conflitos. É a ideia da "justiça com as próprias mãos". Temos a imposição da força por uma as partes (força física, econômica, social, política, cultural, filosófica etc.), o que resulta na subserviência/submissão da parte contrária.

Em tese, a autotutela é vedada pelo Estado Democrático de Direito. Porém, o próprio ordenamento jurídico brasileiro prevê exceções, que deverão resultar numa flexibilização do art. 345 do Código Penal (Exercício Arbitrário Das Próprias Razões), quais sejam: legítima defesa; desforço imediato na tutela da posse etc. **Existem exemplos trabalhistas de autotutela?** No viés coletivo, a greve, como pressão exercida pelos trabalhadores, embora nem sempre solucione o conflito, é o grande exemplo doutrinário. No viés individual, a doutrina cita o *jus resistentiae* diante do exercício abusivo do poder empregatício/*jus variandi*.

b) **Autocomposição**

Representa uma evolução, no sentido de que as próprias partes envolvidas solucionam o conflito sem o emprego da força. Os grandes exemplos são a conciliação e a arbitragem. A autocomposição, hoje, é a forma mais privilegiada de solução dos conflitos (art. 764 da CLT). Ainda, o CPC ratificou tal ideia em seu art. 3°, estimulando as formas alternativas de solução dos conflitos.

> Art. 764, CLT. Os dissídios individuais ou coletivos submetidos à apreciação da Justiça do Trabalho serão sempre sujeitos à conciliação.
>
> § 1° Para os efeitos deste artigo, os juízes e Tribunais do Trabalho empregarão sempre os seus bons ofícios e persuasão no sentido de uma solução conciliatória dos conflitos.
>
> § 2° Não havendo acordo, o juízo conciliatório converter-se-á obrigatoriamente em arbitral, proferindo decisão na forma prescrita neste Título.

Teoria geral/Propedêutica   13

§ 3º É lícito às partes celebrar acordo que ponha termo ao processo, ainda mesmo depois de encerrado o juízo conciliatório.

Art. 3º, CPC. Não se excluirá da apreciação jurisdicional ameaça ou lesão a direito.

§ 1º É permitida a arbitragem, na forma da lei.

§ 2º O Estado promoverá, sempre que possível, a solução consensual dos conflitos.

§ 3º A conciliação, a mediação e outros métodos de solução consensual de conflitos deverão ser estimulados por juízes, advogados, defensores públicos e membros do Ministério Público, inclusive no curso do processo judicial.

Na doutrina, temos duas classificações da autocomposição:

- **Quanto à manifestação de vontade:** a autocomposição poderá ser **unilateral** (renúncia) ou **bilateral** (transação – concessões recíprocas de um direito duvidoso).
- **Quanto ao local/âmbito de atuação:** temos a autocomposição **extraprocessual** (PDV) e a autocomposição **processual/intraprocessual/endoprocessual** (conciliação – arts. 846 e 850, CLT).

Observação

- **PDV:** existia o entendimento previsto na OJ nº 270 da SDI-1 do TST (ver também OJs nºs 207 e 356). A citada OJ nº 270 (ainda em vigor) diz que a adesão ao PDV **não** traz quitação geral ao extinto contrato de trabalho, ou seja, não possui eficácia liberatória geral. Dessa forma, o trabalhador poderá ajuizar Reclamação Trabalhista pleiteando outros direitos ou diferenças que não foram objeto do PDV. Contudo, no **RE 590.415/SC**, Relator Ministro Roberto Barroso, o STF decidiu que, se o PDV estiver previsto em Acordo Coletivo de Trabalho, a respectiva adesão do trabalhador importará na quitação geral ao extinto contrato

14 Direito Processual do Trabalho

de trabalho, atribuindo-lhe eficácia liberatória geral, sob os seguintes fundamentos: **1.** o empregado não está desprotegido, tendo em vista a interveniência de seu sindicato; **2.** aplicação do princípio da equivalência dos contratantes; **3.** adesão constitui presunção de higidez na manifestação de vontade.

Reflexos da Reforma Trabalhista (Lei n° 13.467/2017): o art. 477-B da CLT prevê que o **PDV para dispensa individual, plúrima ou coletiva,** previsto em ACT ou CCT, enseja **quitação plena e irrevogável dos direitos** decorrentes da relação empregatícia, salvo disposição em contrário estipulada pelas partes. A **Reforma adotou o posicionamento do STF.**

- Prevalece o entendimento de que a Convenção Coletiva, o acordo Coletivo e a Mediação são também formas autocompositivas extraprocessuais de solução dos conflitos trabalhistas.

- Há dissenso doutrinário e jurisprudencial sobre o correto enquadramento da **mediação.** A **primeira corrente (Amauri Mascaro Nascimento)** defende que a mediação é uma forma de autocomposição. O mediador é um terceiro (Ex.: MPT e Ministério do Trabalho), mas ele (mediador) possui muito mais uma função de aproximação das partes e prática de atos persuasivos do que decisórios. Porém, a **segunda corrente (Maurício Godinho Delgado)** diz que se trata de uma forma de heterocomposição, pela simples razão da presença de um terceiro. Prevalece o primeiro entendimento.

- O dispositivo da CLT – § 1° do art. 855-B da CLT – estabelece que o processo de homologação de acordo extrajudicial terá início por petição conjunta, sendo obrigatória a representação das partes por advogado; e que as partes não poderão ser representadas por advogado comum.

Importante!

O TST possui precedentes no sentido da impossibilidade de homologação parcial de acordos extrajudiciais. Nessa linha de julgados, cabe ao Poder Judiciário somente homologar ou rejeitar integralmente o acordo, e não homologá-lo parcialmente, com ressalva de quitação limitada a determinados valores ou parcelas.

Teoria geral/Propedêutica **15**

c) Heterocomposição

A heterocomposição apresenta duas grandes características:

- presença de um terceiro;
- poder de decisão sobre as partes.

Existem duas espécies de heterocomposição:

- **jurisdição**: o terceiro é o Estado-juiz, que substitui a vontade das partes;
- **arbitragem**: nesse caso, o terceiro é um árbitro.

1.7.2 Conciliação e mediação

- **Conciliação**: prevista no art. 165, § 2º, do CPC, a conciliação tem a função de propor soluções. Normalmente, é indicada quando o conciliador não tem qualquer vínculo anterior com as partes.
- **Mediação**: prevista no art. 165, § 3º, do CPC, o mediador tem a função de auxiliar as partes na compreensão do conflito e restabelece a comunicação entre as mesmas. Normalmente, possui vínculo anterior com as partes e funciona como catalisador, sendo que as soluções são alcançadas pelas próprias partes.

Observação

IN nº 39/2016 do TST x Res. nº 174/2016 do CSJT: o art. 14 da IN nº 39/2016 prevê que não se aplica ao processo do trabalho o art. 165 do CPC (criação de centros judiciais de solução de conflitos), uma vez que o juiz deve estimular a conciliação entre as partes. Por outro lado, a Resolução nº 174/2016 do CSJT estimula a conciliação, desde que supervisionada por um magistrado, prevendo a criação do Nupemec-JT – Núcleo Permanente de Métodos Consensuais de Solução de Disputas (art. 5º). É a ideia do Cejusc.

---

16 Direito Processual do Trabalho

Importante!

O art. 7º permite ao juiz que atuar no Cejusc e não obter acordo, já pode receber a defesa e apreciar requerimentos.

1.8 A arbitragem e seus reflexos na Justiça do Trabalho

1.8.1 Introdução

Trata-se de forma heterocompositiva de solução dos conflitos de direitos patrimoniais disponíveis. O amparo legal é a Lei nº 9.307/1996, alterada pela Lei nº 13.129/2015. Sempre houve questionamento sobre a constitucionalidade da arbitragem.

Existe uma **primeira corrente** que defende a **inconstitucionalidade** da arbitragem, uma vez que ofenderia o art. 5º, XXXV, da Constituição Federal (princípio do amplo acesso ao Poder Judiciário). Ainda, haveria ofensa ao princípio do juiz natural e, além disso, teríamos uma ofensa ao princípio da imparcialidade, já que o árbitro é escolhido pelas partes.

Porém, existe uma **segunda corrente** a qual sustenta que a arbitragem é **constitucional** (posição majoritária). Os fundamentos que justificam a constitucionalidade da arbitragem são que a arbitragem é facultativa, e não obrigatória e, sendo assim, não há obstáculo ao acesso do Poder Judiciário. Ainda, se o árbitro é livremente escolhido pelas partes, não há vício na manifestação de vontade. Além disso, o árbitro consegue ser equidistante das partes, desde que tenha a devida preparação. Por fim, nada impede que eventuais vícios processuais sejam levados à apreciação do Poder Judiciário.

Vale ressaltar que o Poder Judiciário em geral não poderá adentrar nos aspectos de fundo da decisão do árbitro.

Teoria geral/Propedêutica **17**

1.8.2 Cabimento da arbitragem na Justiça do Trabalho

■ **Primeira parte do estudo: análise no âmbito dos conflitos coletivos**

Tem previsão no art. 114, §§ 1º e 2º, da Constituição Federal (EC nº 45/2004). No âmbito dos conflitos coletivos, a **arbitragem é plenamente cabível**, já que autorizada pela própria Constituição Federal.

Todavia, vale ressaltar que a arbitragem no Brasil ainda não está sendo utilizada da forma que se espera, tendo em vista seus altos custos e a natural desconfiança do brasileiro por estar em um país de terceiro mundo (Ives Gandra da Silva Martins Filho).

■ **Segunda parte do estudo: análise no âmbito dos conflitos individuais**

☐ **Primeira corrente:** defendia o **não** cabimento da arbitragem na Justiça do Trabalho, sob o argumento de que o art. 1º da Lei nº 9.307/1996 prevê que a arbitragem envolve interesses patrimoniais **disponíveis**, o que fere o princípio da indisponibilidade, irrenunciabilidade ou inderrogabilidade dos direitos trabalhistas.

☐ **Segunda corrente (Mauro Schiavi):** defendia que, excepcionalmente, a arbitragem poderá ser aceita na Justiça do Trabalho em relação aos trabalhadores que possuem maior discernimento e uma subordinação jurídica mais rarefeita. Todavia, vale ressaltar que a arbitragem constitui um gênero, admitindo basicamente duas espécies: **cláusula compromissória** (art. 4º da Lei nº 9.307/1996) e **compromisso arbitral** (art. 9º da Lei nº 9.307/1996). A primeira é estipulada **antes** do conflito, e o segundo é feito **após** o conflito. Segundo Mauro Schiavi, a cláusula compromissória seria **nula**, já que implicaria renúncia prévia de direitos trabalhistas, havendo a possibilidade, portanto, do compromisso arbitral.

☐ **Terceira corrente (Bezerra Leite):** adotava a tese de que é possível a estipulação da arbitragem sobre direitos trabalhistas de **indisponibilidade relativa**. Ex.: prêmio. Os arts. 611-A e 611-B da CLT tratam dos direitos de indisponibilidade absoluta e relativa, respectivamente.

18 Direito Processual do Trabalho

Reforma Trabalhista – Lei nº 13.467/2017: a reforma trabalhista trouxe o art. 507-A da CLT, prevendo que, nos contratos individuais de trabalho cuja remuneração seja superior a duas vezes o limite máximo para os benefícios do Regime Geral da Previdência Social, poderá ser pactuada **cláusula compromissória de arbitragem**, desde que, por iniciativa do empregado ou mediante sua concordância expressa, nos termos previstos na Lei nº 9.307/1996.

> Art. 507-A. Nos contratos individuais de trabalho cuja remuneração seja superior a duas vezes o limite máximo estabelecido para os benefícios do Regime Geral de Previdência Social, poderá ser pactuada cláusula compromissória de arbitragem, desde que por iniciativa do empregado ou mediante a sua concordância expressa, nos termos previstos na Lei nº 9.307, de 23 de setembro de 1996.

A norma traz a figura do **hipersuficiente** ("remuneração seja superior a duas vezes o limite máximo"). Porém, não trouxe o requisito do **diploma superior**, como a própria reforma prevê como hipersuficiente. Logo, não confundir o art. 507-A da CLT com o art. 444, parágrafo único, da CLT, que traz a figura do trabalhador **hipersuficiente**.

Cláusula compromissória de arbitragem (art. 507-A, CLT)	Hipersuficiente (art. 444, parágrafo único, CLT)
Art. 507-A. Nos contratos individuais de trabalho cuja **remuneração** seja **superior** a duas vezes o limite máximo estabelecido para os benefícios do Regime Geral de Social, poderá ser pactuada cláusula compromissória de arbitragem, desde que por iniciativa do empregado ou mediante a sua concordância expressa, nos termos previstos na Lei nº 9.307, de 23 de setembro de 1996. (Grifos nossos.)	Parágrafo único. A livre estipulação a que se refere o *caput* deste artigo aplica-se às hipóteses previstas no art. 611-A desta Consolidação, com a mesma eficácia legal e preponderância sobre os instrumentos coletivos, no caso de empregado portador de **diploma de nível superior** e que perceba **salário** mensal **igual ou superior** a duas vezes o limite máximo dos benefícios do Regime Geral de Previdência Social. (Incluído pela Lei nº 13.467, de 2017.) (Grifos nossos.)

Teoria geral/Propedêutica **19**

O primeiro ponto a ser destacado é a possibilidade de a arbitragem ser estipulada **antes** da ocorrência do conflito trabalhista, o que, em tese, autoriza a renúncia prévia a direitos trabalhistas. Nesses termos, caberia a arbitragem no compromisso arbitral? Ainda, deve-se dar interpretação ampliativa ou restritiva?

É polêmica a adoção do **compromisso arbitral** na solução dos conflitos trabalhistas.

A doutrina assinala que na praxe forense será muito difícil a verificação da arbitragem por iniciativa do empregado. Isso porque a **concordância expressa** do empregado poderá ser facilmente conseguida pela empresa, mediante assédio moral, o que pode levar ao esvaziamento do Poder Judiciário no que concerne aos hipersuficientes. Logo, a arbitragem poderá ser uma grande fonte de fraudes trabalhistas.

1.8.3 Vantagens e desvantagens da arbitragem

a) **Desvantagens:**

- viola o princípio da inafastabilidade da jurisdição;
- ofensa à ideia do trabalhador hipossuficiente;
- esquece que o estado de subordinação jurídica é inerente ao contrato individual de trabalho;
- violação do princípio da indisponibilidade dos direitos trabalhistas.

b) **Vantagens:**

- celeridade na solução dos conflitos;
- ausência de recursos;
- talvez, o árbitro possua maior conhecimento/discernimento sobre temas trabalhistas específicos. Ex.: engenheiro julgando engenheiro;
- possibilidade de decisão por equidade (art. 2°, Lei n° 9.307/1996).

20 Direito Processual do Trabalho

Observação

Decisão por equidade x Decisão com equidade

Decisão por equidade é aquela pautada na visão romana de que poderá ser proferida totalmente pautada em critérios de Justiça, podendo até mesmo afastar a incidência de regras previstas no ordenamento jurídico vigente. Ex.: art. 2° da Lei n° 9.307/1996 (arbitragem de direito ou por equidade, a critério das partes).

Decisão com equidade representa a visão grega e é aquela que permite a flexibilização das regras previstas no ordenamento jurídico vigente pelos ideários de Justiça. A justiça molda o direito. Ex.: sentença proferida no procedimento sumaríssimo (art. 852-I da CLT e art. 5° da LINDB) – temos a ideia da decisão mais justa e equânime possível.

2

Princípios do Direito
Processual do Trabalho

2.1 Introdução

Princípios são verdades fundantes, mandamentos de otimização, mandamentos nucleares, alicerces, vetores, vigas mestras, regramentos básicos (Celso Antônio Bandeira de Melo).

Os princípios informam todo o ordenamento jurídico ou um determinado ramo do Direito ou, ainda, certo instituto jurídico.

Direito Processual do Trabalho é o ramo da ciência jurídica dotado de um conjunto de princípios, regras e instituições próprias que tem por escopo a aplicação do direito material do trabalho. Princípios + regras consubstanciam normas jurídicas. Normas jurídicas são gêneros, dos quais princípios e regras são espécies.

A doutrina e a jurisprudência mencionam três funções dos princípios, que traduzem uma **teoria tridimensional**, a saber:

a) **Função informativa ou inspiradora:** para essa função, os princípios informam e inspiram o legislador quando da elaboração da norma. Ex.: Reforma Trabalhista.

22 Direito Processual do Traba ho

b) **Função integrativa ou normativa:** trata-se de uma função que envolve hermenêutica e exegese. Nesta função, os princípios têm o objetvo de suprir lacunas (anomias, omissões) no ordenamento jurídico vigente. Podemos constatar esta ideia no art. 4° da LINDB, onde o Brasil adota o sistema integrativo das normas. A CLT também traz esta ideia no art. 8°, *caput*, da CLT, trazendo fontes supletivas e subsidiárias como ferramentas de integração. O CPC/2015 também manifesta o sistema integrativo nos arts. 1° e 140 (princípio da interpretação das leis em conformidade com a Constituição Federal – J.J. Gomes Canotilho). É manifestação da teoria do diálogo das fontes (Cláudia Lima Marques, estudos desenvolvidos com o professor alemão Erik Jayme). Atualmente, devem-se buscar cada vez mais os valores e normas fundamentais da Constituição Federal (e não apenas no art. 4° da LINDB).

c) **Função interpretativa:** os princípios servem para interpretação das normas jurídicas. Quando pensamos em "normas", estas consubstanciam o **gênero**, que tem como espécies **princípios e regras**.

2.2 Princípios da Teoria Geral do Processo

2.2.1 Princípio do devido processo legal

A base está no art. 5°, LIV, da CF: ninguém será privado de sua liberdade ou de seus bens sem o devido processo legal. Deve-se atender às regras processuais previamente definidas, sendo vedado o que a doutrina chama de "surpresas processuais", em razão de o Brasil ser um Estado Democrático de Direito (art. 1°, CF).

2.2.2 Princípios do contraditório e ampla defesa

Tem previsão no art. 5°, LV, da CF, o qual garante o contraditório e a ampla defesa, com todos os recursos a ela inerentes, em processos judiciais e administrativos.

Tais princípios são formados pelo binômio **ciência + participação** no que concerne aos atos processuais. Seria a oportunidade processual de manifestação e o direito de influência na decisão judicial. O CPC/2015 traduz esta ideia nos arts. 9º e 10, vedando a decisão contra uma das partes sem que seja previamente ouvida, salvo tutelas provisórias de urgência, evidência etc.

2.2.3 Princípios da efetividade, celeridade e razoável duração do processo

Está previsto no art. 5º, LXXVIII, da CF, à luz da EC nº 45/2004 (Reforma do Judiciário).

Esses princípios devem ser observados no âmbito judicial e no administrativo.

A doutrina traz a ideia do **acesso à ordem jurídica justa**, ou seja, o processo deve caminhar em uma velocidade razoável, mas sem perder a efetividade (ideia do limite de velocidade do carro na estrada). Nem rápido demais, nem moroso demais, em respeito aos direitos processuais das partes. Trata-se de um direito fundamental com origem no Pacto de São José da Costa Rica (Convenção Americana de Direitos Humanos).

O Poder Judiciário deve buscar um maior aparelhamento, sendo que o CPC/2015 não foi suficiente para atender ao princípio em estudo.

Hoje se estudam formas de desenvolvimento da conciliação. A própria conciliação deve ser aprimorada e estimulada pelos operadores do direito como forma de abreviamento das demandas trabalhistas.

2.2.4 Princípio da inafastabilidade da jurisdição ou do amplo acesso ao Poder Judiciário

A lei não excluirá do Poder Judiciário, lesão ou ameaça a direito (art. 5º, XXXV, CF). Temos aqui dois ideários: preventivo e repressivo.

24 Direito Processual do Trabalho

O art. 3º do CPC também traz essa ideia, reproduzindo o texto constitucional.

Na área trabalhista, temos uma discussão interessante envolvendo a Comissão de Conciliação Prévia (CCP). Tem previsão nos arts. 625-A a 625-H da CLT, frutos da Lei nº 9.958/2000. A CCP representa uma forma alternativa de autocomposição, para solução dos conflitos individuais trabalhistas.

O art. 625-D, *caput*, da CLT prevê que qualquer demanda de natureza trabalhista **será submetida** à CCP. Temos aqui uma locução imperativa, ou seja, a ideia de que toda demanda trabalhista deve necessariamente ser submetida à CCP. Porém, houve questionamento quanto à constitucionalidade deste dispositivo, por suposta violação do art. 5º, XXXV, da CF. Nesse cenário, foram ajuizadas as ADIs nºs 2.139 e 2.160, onde o STF realizou uma interpretação conforme a CF e declarou que **o acionamento da CCP é facultativo**, já que a obrigatoriedade de tal passagem violaria o princípio da inafastabilidade da jurisdição.

2.2.5 Princípio do duplo grau de jurisdição

É um direito fundamental de a causa ser reapreciada por um órgão, em regra, hierarquicamente superior, com magistrados mais experientes.

A doutrina e a jurisprudência têm posição majoritária no sentido de que **este princípio não possui previsão expressa na Constituição Federal de 1988**. Trata-se de uma ilação, uma interpretação sistemática e teleológica, que decorre do sistema processual vigente (previsão de Tribunais, de Recursos etc.).

Daí a importância do estudo das regras processuais infraconstitucionais. Já houve **questionamento se o depósito recursal** previsto no art. 899, §§ 1º ao 11, da CLT, bem como nas Súmulas nºs 128, 161, 245 e 426 do TST, **teria sido recepcionado pela CF/1988**. O depósito recursal possui natureza jurídica híbrida, mista ou *sui generis*, uma vez que, além de ser um pressuposto recursal (requisito de admissibilidade), tem também o objetivo claro de garantir o juízo em favor do empregado para futura execução por quantia. Prevalece o entendimento de que **o depósito recursal foi recepcionado pela CF/1988**, uma vez que o duplo grau de jurisdição não possui previsão expressa na CF, competindo à legislação infraconstitucional regulamentar a matéria.

Observação

■ O Supremo Tribunal Federal, apreciando o Tema de Repercussão Geral n° 679 (RE 607.447), decidiu que não é necessário o depósito recursal para admissibilidade de recurso extraordinário em matéria trabalhista. Por maioria de votos, definiu-se a seguinte tese:

> Surge incompatível com a Constituição Federal exigência de depósito prévio como condição de admissibilidade do recurso extraordinário, no que não recepcionada a previsão constante do § 1° do art. 899 da Consolidação das Leis do Trabalho, sendo inconstitucional a contida na cabeça do art. 40 da Lei n° 8.177 e, por arrastamento, no inciso II da Instrução Normativa n° 3/1993 do Tribunal Superior do Trabalho.

■ **Instituto jurídico do duplo grau de jurisdição obrigatório (reexame necessário/remessa obrigatória):** pela posição majoritária na doutrina e na jurisprudência, trata-se de uma condição de eficácia da sentença no cenário de uma prerrogativa processual conferida à Fazenda Pública, a qual assegura que, em caso de sucumbência da Fazenda Pública, a causa seja revista por um órgão jurisdicional hierarquicamente superior, independentemente de recurso voluntário. O CPC, em seu art. 496, bem como a Súmula n° 303 do TST (Resolução n° 211 de 2016), preveem a aplicação deste instituto ao processo do trabalho. (Indicação de leitura: Decreto-lei n° 779/1969, que traz prerrogativas processuais que são conferidas à Fazenda Pública na Justiça do Trabalho).

2.2.6 Princípio da motivação das decisões judiciais

A doutrina menciona o art. 1° da CF (Estado Democrático de Direito) e traz como base deste princípio o art. 93, IX, da CF, prevendo que todos os julgamentos do Poder Judiciário serão públicos e fundamentadas todas as decisões, sob pena de nulidade, podendo a lei limitar a presença de certos atos às partes e interessados, desde que não prejudique o interesse público.

O art. 832 da CLT traz previsão semelhante, prevendo os requisitos da sentença, quais sejam, relatório, fundamentação ou motivação e dispositivo ou conclusão.

Nos termos do art. 489 do CPC, são elementos essenciais da sentença o relatório, os fundamentos de direito e o dispositivo. O mesmo preceito prevê que não se considera fundamentada qualquer decisão judicial que se limitar à menção ou paráfrase de ato normativo, empregar conceitos jurídicos indeterminados etc. (ver IN n° 39/2016, especialmente arts. 4° e 15).

2.2.7 Princípio da publicidade

Mais uma vez temos como fundamento o art. 1° da CF (Estado Democrático de Direito), bem como art. 5°, LX, da CF.

A regra é a publicidade dos atos processuais. Todavia, temos **exceções**, qual seja, o segredo de justiça, basicamente em razão de dois fundamentos: defesa da intimidade e o interesse social (público). O art. 770 da CLT reproduz essa regra, bem como, de forma mais detalhada e didática, o art. 189 do CPC.

2.2.8 Princípio da vedação da prova ilícita

O princípio em análise tem previsão no art. 5°, LVI, da CF, o qual prevê que são inadmissíveis no processo as provas obtidas por meios ilícitos.

A questão ganhou controvérsia no que diz respeito às provas ilícitas por derivação (**teoria dos frutos da árvore envenenada**). Se a origem é ilícita, ainda que o resultado seja lícito, não servirá como meio de prova.

Na esfera trabalhista, nos deparamos com a hipossuficiência do trabalhador, agravado por seu estado de subordinação jurídica inerente ao contrato. Ex.: gravação telefônica clandestina; acesso a documentos. Nesse cenário, **aplica-se ao processo do trabalho a teoria dos frutos da árvore envenenada?**

A doutrina e a jurisprudência trazem uma linha de entendimento em que há aplicação do princípio da proporcionalidade, razoabilidade e da ponderação de interesses. O magistrado deve sopesar os valores, ainda que estejam em pé de igualdade, confrontando-se os valores. Deve ser levado em conta o estado de subordinação, hipossuficiência, natureza alimentar das verbas trabalhistas etc.

2.2.9 Princípio da cooperação

Trata-se de princípio previsto no art. 6º do CPC e também é chamado de **princípio da colaboração**.

Todos os sujeitos do processo devem cooperar entre si para que se consiga, o mais rápido possível, a solução justa e efetiva de mérito.

2.3 Princípios específicos do Direito Processual do Trabalho

2.3.1 Princípio da simplicidade

O princípio da simplicidade (art. 840, § 1º, da CLT) impõe o desapego do formalismo excessivo, buscando privilegiar sempre a efetividade e aproveitamento de atos. Possui implicações práticas no aproveitamento de atos e da comunidade do próprio processo. Por exemplo, orientando o magistrado a não declarar determinado pedido inepto, salvo quando formulado de tal maneira que impossibilidade cognição e efetiva apresentação de defesa.

2.3.2 Princípio da informalidade

No processo do trabalho, os atos processuais realizam-se de modo mais informal e objetivo em relação ao processo civil, tanto assim que na Justiça do Trabalho a reclamatória pode ser verbal; as partes detêm o *jus postulandi*; não há necessidade de depósito de rol de testemunhas ou especificação prévia de provas; o recurso é interposto por mera petição; o comparecimento das testemunhas independe de notificação.

Como se percebe, sob o princípio da simplicidade reúnem-se diversas manifestações de outros princípios típicos do processo do trabalho, os quais em conjunto dão a tônica de maior desburocratização e de agilidade ao procedimento, sem descurar das garantias processuais das partes.

Na seara infralegal, houve recente regulamentação, pelo Decreto nº 10.854/2021, que trouxe disposições relativas à legislação trabalhista e institui o Programa Permanente de Consolidação, Simplificação e Desburocratização de Normas Trabalhistas Infralegais e o Prêmio Nacional Trabalhista e altera o Decreto nº 9.580, de 22.11.2018.

Esse decreto consolidou mais de 1.000 decretos, portarias e instruções normativas relacionadas à legislação trabalhista em apenas 15 atos. O objetivo é facilitar o trabalho das empresas na hora de cumprir as regras desde a contratação do funcionário até a demissão dele, e, também, garantir: (i) a promoção de conformidade às normas trabalhistas infralegais e o direito ao trabalho digno; (ii) o alcance de um marco regulatório trabalhista infralegal harmonioso, moderno e claro; (iii) a oferta de segurança jurídica junto às normas trabalhistas infralegais.

Na prática, o Marco Regulatório Trabalhista Infralegal apenas unifica uma série de diretrizes que já existiam e estavam distribuídas entre diversas normas, decretos e portarias. Isso torna a legislação trabalhista mais acessível e clara, preservando os direitos e deveres dos empregados e dos trabalhadores.

O mencionado decreto não traz qualquer alteração na CLT.

2.3.3 Princípio da oralidade

A oralidade implica a descomplicação do procedimento, com a coleta de provas orais, a concentração de atos praticados em uma única oportunidade, com a colheita de provas em audiência, por meio do juiz que tem contato direto com as partes. Pode ser resumida no conceito de simplificação do procedimento e concentração de atos orais. A doutrina subdivide esse princípio em outros, que seriam seus componentes ou vertentes:

a) **Identidade física do juiz:** de acordo com esse subprincípio, o juiz que concluir a instrução da causa deve julgá-la, pois, em razão de ter tido contato com a prova e com as partes, encontra-se bem mais aparelhado para proferir a decisão de mérito, tendo uma maior dimensão do litígio.

Em virtude da composição inicialmente colegiada e paritária das Varas do Trabalho, esse princípio não tinha aplicação na esfera trabalhista, por incompatibilidade. Mesmo após a extinção da representação classista, e com posicionamentos doutrinários considerando que a EC nº 24/1999, com a extinção da representação classista, teria, por vias reflexas, revigorado a incidência desse princípio no processo do trabalho, o Tribunal Superior do Trabalho continuou com o entendimento de que o princípio em tela era inaplicável à esfera trabalhista, conforme previsto na Súmula nº 136.

Em 25.09.2012, houve o cancelamento do verbete, razão pela qual a posição prevalecente, embora ainda envolta em inúmeras críticas, era de que o princípio da identidade física do juiz aplicava-se à esfera trabalhista.

O CPC deixou de consagrar a identidade física do juiz, enfraquecendo a posição daqueles que apregoam a aplicação do princípio. Entendemos que, embora tenha deixado de existir previsão normativa expressa, esse subprincípio decorre da oralidade, da eficiência e da economia processual. Afinal, o juiz que concluiu a instrução conhece melhor o processo e estará em melhores condições de prolatar a sentença, o que atende também ao interesse das partes, que terão uma solução jurisdicional, em tese, de melhor qualidade. Assim, esse princípio merece continuar informando a atividade processual, seja na esfera civil ou trabalhista.

b) **Prevalência da palavra oral sobre a escrita:** nos domínios do processo do trabalho admite-se a prática de uma série de atos processuais de modo verbal, que devem ser reduzidos a termo ou armazenados em gravação. A própria reclamatória trabalhista pode ser oral, sendo que a defesa, a colheita de provas e as razões finais são orais (embora na prática esses atos processuais são praticados todos por escrito, ressalvada a produção de provas).

c) **Concentração dos atos processuais em audiência:** o ápice do procedimento trabalhista é a audiência **una** (art. 849 da CLT). Os atos processuais concentram-se em um ato único, a audiência, na qual é formulada a primeira proposta conciliatória. O reclamado poderá ofertar defesa, a parte apresenta réplica, são resolvidos os incidentes processuais, faz-se a instrução da causa, a segunda proposta conciliatória, as partes ofertam razões finais e é proferido o julgamento. Com a concentração de atos processuais em uma única oportunidade, há considerável economia de tempo.

Na prática, contudo, a audiência trabalhista, salvo no procedimento sumaríssimo, é dividida em mais de uma sessão, a fim de não alongar a duração do ato e permitir a inclusão de mais feitos em um único dia.

Princípios do Direito Processual do Trabalho **31**

d) **Imediatidade:** a colheita da prova é feita diretamente pelo juiz, havendo diálogo maior entre as partes, testemunhas e juiz, que, assim, após contato próximo com o litígio e com as provas produzidas, ficará em melhores condições de proferir o julgamento. Conforme se percebe, esse subprincípio encontra-se diretamente ligado à identidade física do juiz.

e) **Irrecorribilidade imediata das interlocutórias:** as decisões interlocutórias no processo do trabalho, em regra, não ensejam recurso imediato (art. 893, § 1°, da Consolidação das Leis do Trabalho e art. 1°, § 1°, da IN n° 39/2016, do TST).

No entanto, o Tribunal Superior do Trabalho abrandou o rigor da norma celetista e passou a admitir algumas exceções, previstas na Súmula n° 214, do Tribunal Superior do Trabalho: a) decisão de Tribunal Regional do Trabalho contrária à Súmula ou Orientação Jurisprudencial do Tribunal Superior do Trabalho; b) suscetível de impugnação mediante recurso para o mesmo Tribunal; e c) que acolhe exceção de incompetência territorial, com a remessa dos autos para Tribunal Regional distinto daquele a que se vincula o juízo excepcionado, consoante o disposto no art. 799, § 2°, da CLT.

O advento do Código de Processo Civil atual trouxe mais exceções ao princípio da irrecorribilidade imediata das decisões interlocutórias. Passou-se a admitir o julgamento parcial do mérito também no processo do trabalho (art. 356, §§ 1° a 4°, do CPC). O TST disciplinou o cabimento de recurso ordinário de imediato dessa decisão (art. 5°, da IN n° 39/2016, do TST), nominando-a de sentença, embora sua natureza jurídica seja de verdadeira interlocutória (que não coloca fim ao processo).

Outra exceção à irrecorribilidade imediata das interlocutórias no processo do trabalho reside no julgamento do incidente de desconsideração da personalidade jurídica. Conforme, art. 6°, § 1°, da IN n° 39/2016, do TST, a decisão interlocutória que aprecia o incidente é recorrível de imediato, na fase de

32 Direito Processual do Trabalho

execução, quando cabe agravo de petição, independentemente de garantia do juízo; e, em incidente instaurado originariamente no tribunal, cabe agravo interno, se a interlocutória for proferida pelo Relator (se o incidente for apreciado na fase de conhecimento, a decisão é irrecorrível de imediato). Por fim, do julgamento do mérito do incidente de resolução de demandas repetitivas (IRDR) caberá recurso de revista para o Tribunal Superior do Trabalho, dotado de efeito meramente devolutivo (art. 8°, § 2°, da IN n° 39/2016, do TST). Essa decisão que aprecia o mérito do IRDR também é interlocutória, pois a causa principal ainda será julgada, mas, ainda assim, é recorrível de imediato.

2.3.4 Princípio da conciliação

Tal princípio relaciona-se à função histórica e institucional da Justiça do Trabalho. Trata-se de uma forma autocompositiva de solução dos conflitos. É a forma mais privilegiada de solução dos conflitos.

Tal raciocínio é extraído de uma interpretação histórica do *caput* do art. 114 da CF. Hoje temos a previsão de que: "Compete à Justiça do Trabalho processar e julgar (...)". Contudo, a redação anterior trazia a expressão "**conciliar e julgar**", que foi substituída por "**processar**". Esta mudança é justificável e não significa o fim da missão conciliatória da Justiça do Trabalho, isso porque a EC n° 45/2004 trouxe para a competência da Justiça do Trabalho também ações que tramitavam na Justiça Comum, que não suscetíveis à conciliação (Mandado de Segurança, *Habeas Corpus* etc.).

Os arts. 846 e 850 da CLT tratam das tentativas obrigatórias de conciliação no procedimento comum ordinário. Ainda, o art. 852-E da CLT prevê as tentativas de conciliação no procedimento sumaríssimo.

Também o art. 3°, §§ 2° e 3°, do CPC prevê que o Estado sempre buscará a conciliação como solução dos conflitos, devendo os operadores do direito estimularem a conciliação.

Por fim, é importante saber da existência da Resolução CNJ n° 125/2010, que dispõe sobre a Política Judiciária Nacional de tratamento adequado dos conflitos de interesses no âmbito do Poder Judiciário, e da Resolução CNMP n° 118/2014, que estabeleceu a Política Nacional de Incentivo à Autocomposição no âmbito do Ministério Público e previu a criação de Núcleos de Incentivo em Práticas Autocompositivas em todos os Ministérios Públicos.

2.3.5 Princípio do *jus postulandi*

Vem do direito de postular ou direito de postulação. Está previsto nos arts. 791 e 839, *a*, da CLT, consubstanciando uma **exceção** da capacidade postulatória privativa de advogado prevista no art. 1° do EOAB.

Em determinadas situações processuais, a parte pode postular em juízo sem advogado e o *jus postulandi* é um deles.

É um direito conferido aos empregados e aos empregadores para postularem pessoalmente perante a Justiça do Trabalho sem a necessidade de advogado.

Quando analisamos a CLT, encontramos a previsão de que o *jus postulandi* poderá ser exercido "até o final". **Logo, o que significa a expressão "até o final"?**

A Justiça do Trabalho é uma justiça especial ou especializada. Os arts. 111 a 116 da CF preveem três graus da jurisdição trabalhista: TST (cúpula); TRTs (âmbito regional); Varas do Trabalho. No passado existiam várias correntes sobre o assunto. A questão chegou ao TST e foi editada a Súmula n° 425, conhecida como a súmula do *jus postulandi*, e trouxe como regra que **o *jus postulandi* limita-se às varas do trabalho e aos TRTs, não alcançando a**

Ação Rescisória, a Ação Cautelar, o Mandado de Segurança e os Recursos de Competência do TST.

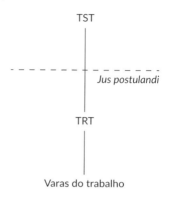

Observação

- O *jus postulandi* foi recepcionado pela CF/1988? Sobre o assunto, foi ajuizada perante o STF a ADI n° 1.127-8, ventilando que o art. 791 da CLT violava o art. 133 da CF, o qual prevê o advogado como indispensável à Administração da Justiça. O STF decidiu que o *jus postulandi* foi recepcionado, uma vez que há outras exceções além do *jus postulandi*.

- Existe dissenso doutrinário e jurisprudencial sobre a extensão do *jus postulandi* para abarcar a relação de trabalho *lato sensu*. Para a **primeira corrente**, como a competência da Justiça do Trabalho foi ampliada, também seria extensível aos trabalhadores em geral. Para a **segunda corrente**, não é cabível por conta de um estudo histórico do instituto, que foi inicialmente concebido para empregados e empregadores, bem como pela interpretação literal do art. 791 da CLT. Esta última posição é a prevalecente, conforme art. 3°, § 3°, da IN n° 27/2005 do TST. Logo, em outras demandas, diversas da relação de emprego, atraídas para a competência da Justiça do Trabalho por força da EC n° 45/2004, é obrigatória a representação da parte por advogado, não se aplicando o *jus postulandi*.

Princípios do Direito Processual do Trabalho **35**

■ Cumpre chamar a atenção ao caso da homologação do acordo extrajudicial, o art. 855-B, § 1°, da CLT prevê que esses deverão ser representados por advogados distintos, facultando-se, ainda, ao trabalhador ser assistido pelo sindicato da sua categoria.

2.3.6 Princípio da majoração dos poderes do juiz do trabalho na condução do processo

Este princípio está previsto no art. 765 da CLT e traduz a ideia de que o juiz do trabalho é o diretor do processo. Ou seja, tem ampla liberdade na condução do feito.

Porém, não podemos nos esquecer da existência do devido processo legal. O juiz tem ampla liberdade, mas respeitado o princípio do devido processo legal, sem olvidar do contraditório e ampla defesa.

2.3.7 Princípio do impulso oficial na execução trabalhista

Tal princípio está previsto no art. 878 da CLT. Em regra, o juiz somente pode atuar mediante provocação da parte. Porém, esse princípio traz a ideia de que a execução trabalhista poderá ser promovida *ex officio* pelo magistrado trabalhista. Ex.: penhora *on-line*; determinação de outras penhoras de ofício; incidente de desconsideração da PJ (espécie de intervenção de terceiros).

Observação

■ A reforma trabalhista inovou nesse aspecto, ao conferir nova redação ao art. 878 da CLT, colocando primazia na execução promovida pelas partes. Assim, a execução de ofício pelo juiz passa a ser sequencial à uma regra geral de obrigatoriedade de iniciativa da parte interessada.

■ **Reforma trabalhista:** a reforma trabalhista criou no Título X, Capítulo III, Seção IV, o **incidente de desconsideração da personalidade jurídica**, nos arts. 855-A e ss. Ainda, foi modificada a redação do art. 878 da

36 Direito Processual do Trabalho

CLT, passando a prever que a execução será promovida **pelas partes**, permitida a execução de ofício pelo juiz ou pelo Presidente do Tribunal **apenas** nos casos em que as partes não estiverem representadas por advogado. Ou seja, a Reforma Trabalhista trouxe grande mitigação do princípio do impulso oficial.

2.4 Princípio da subsidiariedade

O art. 769 da CLT traz o **princípio da subsidiariedade**, autorizando a aplicação subsidiária do processo **comum** ao processo do trabalho. A aplicação subsidiária depende de dois requisitos cumulativos:

- ◼ lacuna na CLT;
- ◼ compatibilidade de princípios e regras.

Além do art. 769 da CLT, o art. 889 da CLT dispõe sobre o princípio da subsidiariedade na execução trabalhista, autorizando a aplicação subsidiária da LEF (Lei de Execuções Fiscais – Lei nº 6.830/1980), com os mesmos requisitos cumulativos (lacuna e compatibilidade de princípios e regras).

Conforme ensinamentos da Professora Maria Helena Diniz, existe uma **classificação das lacunas:**

a) **Lacuna normativa:** são as lacunas tradicionais, ou seja, caracterizadas pela ausência de norma regulamentando o caso concreto.

b) **Lacuna ontológica:** parte da premissa da existência de norma regulamentando o caso concreto. Nesses termos, lacunas ontológicas são aquelas caracterizadas pela existência de normas desatualizadas. Ou seja, normas que sofreram ancilosamento.

c) **Lacuna axiológica:** "axioma" vem de valor. Existe uma norma aplicável ao caso concreto, porém, sua aplicação geraria uma injustiça. São as lacunas caracterizadas quando a aplicação da norma existente resultar em uma situação injusta ou insatisfatória.

Essa tipologia de lacunas é aplicável ao processo do trabalho?

- **Primeira corrente – teoria tradicional/clássica/restritiva (Pedro Paulo Teixeira Manus e Manuel Antônio Teixeira Filho):** somente a aplicação das lacunas normativas. Rechaça a aplicação das lacunas ontológicas e axiológicas, com fundamento no art. 5°, LIV, da CF, que trata do devido processo legal, e nos princípios da segurança jurídica e da estabilidade das relações jurídicas e sociais.

- **Segunda corrente – teoria moderna/evolutiva/ampliativa/sistemática (Mauro Schiavi, Bezerra Leite e Leone Pereira):** defende a aplicação das três espécies de lacunas, as normativas, ontológicas e axiológicas, com fundamento no princípio da efetividade, celeridade e razoável duração do processo (art. 5°, LXXVIII, CF) e no acesso à ordem jurídica justa (ver Enunciado 66 da 1ª Jornada de Direito Material e Processual da Justiça do Trabalho). **Teoria da civitização** representa o excesso da aplicação do processo civil ao processo do trabalho.

Com a entrada em vigor do CPC/2015, o art. 15 do referido diploma autoriza a sua aplicação **supletiva** e subsidiária ao processo do trabalho. Porém, o que é aplicação **supletiva**? O TST, tendo em vista a controvérsia, editou a **Resolução nº 203, de 15.03.2016,** a qual traz em seu bojo a Instrução Normativa nº 39/2016.

A IN nº 39/2016 enumerou artigos do CPC aplicáveis, inaplicáveis e aplicáveis com adaptação ao processo do trabalho. A própria IN prevê que tal eleição não é exaustiva. (Ler os **"considerandos".**)

O art. 1°, *caput*, da IN nº 39/2016 do TST autoriza a aplicação subsidiária e supletiva do CPC ao processo do trabalho por força dos arts. 769 e 889 da CLT, e do art. 15 do CPC, desde que preenchidos os requisitos cumulativos: lacuna e compatibilidade de princípios e regras.

2.5 Princípio do protecionismo processual ou da proteção temperada, mitigada ou relativizada no Processo do Trabalho

A igualdade (art. 5°, *caput*, CF/1988) é um direito fundamental que espraia efeitos para seara processual. O princípio da igualdade pressupõe que as pessoas colocadas em situações diferentes sejam tratadas de forma desigual: "Dar tratamento isonômico às partes significa tratar igualmente os iguais e desigualmente os desiguais, na exata medida de suas desigualdades" (NERY JUNIOR, 1999, p. 42).

E não se pode olvidar a assimetria entre empregado e empregador, nas demandas típicas da relação de emprego, a qual se perpetua no âmbito processual. Assim, o princípio da proteção nada mais é senão a aplicação do princípio da igualdade processual, como direito fundamental, no âmbito do processo trabalhista. E essa aplicação decorre da própria força normativa da Constituição (Hesse) e da máxima proteção dos direitos fundamentais (art. 5°, § 1°, CF/1988).

O princípio da proteção no processo do trabalho, portanto, busca assegurar a paridade de armas, isto é, a igualdade material no processo trabalhista.

Em regra, empregado, quando vai postular perante a Justiça do Trabalho, encontra-se em posição desfavorável em relação ao empregador nos aspectos técnico, econômico e probatório. A condição econômica de desemprego e penúria pela sobrevivência faz com que o trabalhador tenha pressa no recebimento dos valores e aceite qualquer montante que lhe for oferecido em acordo, ainda que implique renúncia a verbas incontroversas. A mesma situação de desfavor econômico leva à deficiência técnica, pois, em regra, o trabalhador não conhece seus direitos e também não tem conhecimento de quais sejam os melhores advogados, pois, como natural, o metiê forense não é sua especialidade. Ainda enfrenta dificuldades para provar seus direitos, pois as provas, ou encontram-se na posse do empregador, como filmagens, documentos, recibos etc., ou, sendo a prova oral, as testemunhas ainda trabalham para o empregador e, por certo, temerão perder o emprego, caso prestem depoimento.

Essas circunstâncias sempre foram levadas em consideração pelo legislador trabalhista, na estruturação das normas processuais, as quais nitidamente conferiam tratamento desigual às partes da demanda, buscando a igualdade real no processo. Constituíam alguns exemplos dessa aparente benesse conferida à parte hipossuficiente:

a) caso o reclamante não comparecesse à audiência inaugural ou de conciliação haveria o arquivamento da reclamação, o que não impediria que a ação fosse novamente proposta. Já se a ausência fosse do reclamado haveria revelia e, em regra, confissão ficta quanto à matéria de fato, o que conduziria a um julgamento de mérito desfavorável (art. 844 da Consolidação das Leis do Trabalho), consequência nitidamente mais gravosa;

b) poderia o reclamante litigar sob o pálio da assistência judiciária gratuita ou gozar da gratuidade de justiça (embora essa fosse a regra para o empregado, encontravam-se alguns julgados nos quais o benefício foi estendido ao empregador);

c) caso as partes pretendessem recorrer de uma sentença desfavorável, somente o reclamado ficaria sujeito ao depósito recursal, providência que objetiva garantir o juízo da execução, sendo isento o reclamante.

Essas regras especiais, que conferiam concretude ao princípio protetor, foram revistas com a Lei n° 13.467/2017, a chamada Lei da Reforma Trabalhista. Na verdade, em inúmeros pontos, que serão elucidados a seguir, o que a referida lei fez foi exatamente o contrário: privilegiou a parte forte na relação jurídica processual em detrimento da parte hipossuficiente, em evidente quebra de isonomia e, por conseguinte, do princípio protetor.

40 Direito Processual do Trabalho

Somente para ilustrar as alterações promovidas pela Lei n° 13.467/2017, que vituperam a igualdade processual, as quais serão melhor analisadas em tópicos próprios, cumpre destacar:

a) No caso de apresentação de exceção de incompetência territorial pela parte reclamada, esta terá direito a que eventual prova oral quanto à matéria alegada na exceção ocorra por carta precatória no juízo indicado como competente, o que fará com que o reclamante hipossuficiente tenha que suportar o ônus de deslocamento até esse juízo supostamente apontado como competente, para acompanhar a oitiva do excipiente e de suas testemunhas (art. 800, § 3°, CLT).

b) O preposto não mais precisa ser empregado, o que conduz à figura do preposto profissional, que dificilmente irá confessar. De outro lado, o empregado deverá prestar depoimento pessoalmente e será facilitada a chance de confissão real, em contraponto a um preposto altamente treinado (art. 843, § 3°, CLT).

c) Na hipótese de ausência do reclamante na audiência, haverá arquivamento da reclamação e sua condenação no pagamento das custas, ainda que beneficiário da justiça gratuita.

Importante!

No bojo da Ação Direta de Inconstitucionalidade n° 5766, o STF afastou a constitucionalidade de dispositivos que restringiam o acesso a justiça (notadamente na necessidade de beneficiários da justiça gratuita arcarem com ônus processuais – arts. 790-B, *caput*, § 4°, e 791-A, § 4°, da CLT, declarados inconstitucionais), **mantendo a hipótese cobrança do pagamento das custas processuais em caso de arquivamento injustificado por ausência em audiência.** Já o reclamado encontra-se dispensado do comparecimento na audiência (salvo se intimado para prestar depoimento pessoal, sob pena de confissão), pois, caso seu advogado compareça e apresente contestação,

Princípios do Direito Processual do Trabalho **41**

esta será aceita e não se produzirão os efeitos da revelia (art. 844, §§ 2º e 5º, CLT).[1]

----

d) Dispensa de garantia do juízo ou penhora às entidades filantrópicas ou àqueles que compõem ou compuseram a diretoria dessas instituições (art. 884, § 6º, CLT), ou seja, a lei ignora a natureza alimentar do crédito trabalhista e o estado de necessidade do empregado, esteja ele vinculado ou não a determinado tipo de empregador, para simplesmente dispensar a garantia do juízo e de satisfação do pagamento da dívida.

e) Isenção de depósito recursal às entidades filantrópicas e redução pela metade para entidades sem fins lucrativos, empregadores domésticos, microempreendedores individuais, microempresas e empresas de pequeno porte (art. 899, §§ 9º a 11, CLT), novamente cabível a mesma observação feita quanto à garantia do juízo, de rompimento da igualdade processual não somente quanto às partes do processo – reclamante e reclamado –, mas entre os trabalhadores em si, que receberão tratamento processual diferenciado quanto à garantia de recebimento de seu crédito a depender do empregador a que se encontravam vinculados.

f) O benefício da justiça gratuita, englobando inclusive o depósito recursal, foi estendido aos empregadores que preencherem os requisitos previstos em lei, deixando essa de ser uma particularidade do processo do trabalho.

Diante de tamanhas alterações, cabe perquirir em que medida ainda impera o princípio da proteção na esfera do processo

---

[1] Reequilibrando os papéis das partes no processo, o Enunciado nº 104, da 2ª Jornada de Direito Material e Processual do Trabalho dispõe: "O § 5º do art. 844 da CLT não afasta a revelia e seus efeitos de confissão, apenas permitindo que o juiz possa conhecer das questões de ordem pública e da matéria não alcançada pela confissão do fato constitutivo alegado pelo autor".

do trabalho ou se a Lei n° 13.467/2017 o sepultou de vez, ao inverter a lógica até então prevalecente nesta disciplina.

Parece-se que não é possível falar em extinção do princípio da proteção no processo do trabalho em razão das alterações legislativas. Isso porque, conforme visto, esse princípio específico é decorrência, corolário do princípio da igualdade, um direito fundamental com sede constitucional e que não pode ser afastado pela legislação ordinária, sob pena de grave inconstitucionalidade, indo-se na contramão da efetivação dos direitos fundamentais que, por imperativo constitucional, têm aplicação imediata e máxima efetividade (art. 5°, § 1°, CF/1988).

Os princípios, como valores informativos imperativos, podem até vir a sofrer ataques em sua conformação pelo legislador infraconstitucional, quando cabe avaliar a constitucionalidade dessa medida, mas continuam como normas jurídicas, preservados em sua integridade em razão de seu conteúdo aberto e plástico.

Ademais, ainda se deve considerar que o princípio da proteção deve incidir na fase de interpretação e aplicação da lei processual trabalhista, quando, abrindo-se uma miríade de interpretações possíveis, privilegie-se aquela que melhor atenda ao princípio protetor.

3

Jurisdição e competência

3.1 Jurisdição

Trata-se de conceito central da teoria moderna do processo. Jurisdição é, antes de tudo, um **poder** do Estado. Qualquer sociedade exige mecanismos de solução e pacificação dos conflitos. Não se admite mais que os conflitos sejam resolvidos pela lei do mais forte. Por isso, ao Estado foi atribuída a função de, quando provocado, dar uma solução ao conflito posto à análise. Uma vez provocado, o Estado possui o **dever** de solucionar o conflito. Assim, jurisdição é uma **função** do Estado. Apenas nesse conceito, verificamos dois princípios da jurisdição (**princípio da inércia de jurisdição ou princípio da ação** – art. 2°, CPC e **princípio da indeclinabilidade da jurisdição** – art. 140, CPC).

> Art. 2° O processo começa por iniciativa da parte e se desenvolve por impulso oficial, salvo as exceções previstas em lei.

> Art. 140. O juiz não se exime de decidir sob a alegação de lacuna ou obscuridade do ordenamento jurídico.

> Parágrafo único. O juiz só decidirá por equidade nos casos previstos em lei.

44 Direito Processual do Trabalho

Para que possa cumprir esse dever, a sociedade atribui ao Estado um **poder** de, quando provocado, dar uma solução **impositiva e definitiva** ao conflito. Daí a existência da **coisa julgada**.

Assim, **jurisdição** é uma **função-dever** do Estado, de quando provocado, dar uma solução **impositiva e definitiva** aos conflitos.

Pois bem, para que o Estado possa exercer a jurisdição, ele o faz **através de órgãos**. O órgão do Estado investido de jurisdição é o **juiz**. O Estado solucionará o conflito aplicando o direito material, a ordem jurídica (expressão da vontade da sociedade) ao caso concreto.

Giuseppe Chiovenda define jurisdição como "atuar à vontade concreta da lei".

Assim, **jurisdição** é uma **função-poder** do Estado de, quando provocado, dar uma solução **impositiva e definitiva** ao conflito, aplicando o direito material ao caso concreto.

A Jurisdição, sendo um poder-dever do Estado, torna-se **una, indivisível**. O poder do Estado não pode ser fracionado. Todo juiz tem jurisdição de forma idêntica. Em nosso país, em sua imensa expansão territorial, temos conflitos dos mais variados e em todos os lugares. Nesses termos, para **viabilizar o exercício da jurisdição**, a mesma será **distribuída**, e não dividida, entre os órgãos jurisdicionais, mediante a definição de **critérios objetivos definidos em lei**. Os critérios definidos em lei para distribuição da jurisdição entre os órgãos jurisdicionais são denominados **regras de competência**.

Portanto, **competência corresponde aos critérios, regras definidas em lei de distribuição da jurisdição pelos órgãos jurisdicionais, a fim de permitir o exercício da Jurisdição.**

3.2 Competência

De forma mais simples, **competência** corresponde aos critérios, regras, definidas em lei de distribuição dos processos entre os juízes.

Quando a lei define esses critérios, vai procurar atender a duas ordens de interesses: Em um primeiro plano, a lei estabelecerá os critérios de distribuição da jurisdição que atenderão aos **interesses do próprio estado, ou seja, ao interesse público**. São as regras de **competência absoluta**, isto é, as regras de competência **material (jurisdição distribuída por matéria), pessoal e funcional (jurisdição distribuída de acordo com as normas de organização judiciária)**. As regras de competência absoluta são regras examinadas **de ofício** pelo juiz, já que existem no interesse do próprio Estado e, por esta razão, podem ser arguidas a qualquer momento (**art. 64, § 1°, CPC**).

> Art. 64. A incompetência, absoluta ou relativa, será alegada como questão preliminar de contestação.
>
> § 1º A incompetência absoluta pode ser alegada em qualquer tempo e grau de jurisdição e deve ser declarada de ofício.

Se o juiz declarar de ofício a **incompetência absoluta**, o processo não será extinto. No CPC/1973 eram anulados os atos decisórios e aproveitados os demais atos. Porém, o CPC de 2015 mudou tal regra em seu **art. 64, § 4°**, o qual prevê que "salvo decisão judicial em sentido contrário, **conservar-se-ão os efeitos de decisão proferida pelo juízo incompetente** até que outra seja proferida, se for o caso, pelo juízo competente" (grifos nossos). Caso tenha sido proferida sentença transitada em julgado por juiz absolutamente incompetente, há fundamento para a Ação Rescisória (art. 966, II, do CPC).

Em um segundo plano, a lei estabelecerá critérios de distribuição da jurisdição que atenderão aos **interesses das partes**. São as regras de **competência relativa**. Tais regras procuram tornar a justiça mais próxima, mais acessível às partes. **Em nosso sistema, são as regras de competência territorial, ou competência em razão do lugar.**

No Processo Civil (art. 46 do CPC), a regra geral de competência é a de que é competente o juízo do domicílio do réu.

46 Direito Processual do Trabalho

O pressuposto de tal regra foi o de que o autor quem está provocando o Estado, logo, o réu deverá ser favorecido com meios de acessibilidade ao mesmo.

No **processo do trabalho**, a regra geral é de que é competente o **foro do local da prestação dos serviços**, nos termos do **art. 651 da CLT**, para que a Justiça do Trabalho se tornasse mais próxima e acessível ao trabalhador, parte hipossuficiente da relação de trabalho.

> Art. 651. A competência das Juntas de Conciliação e Julgamento é determinada pela localidade onde o empregado, reclamante cu reclamado, prestar serviços ao empregador, ainda que tenha sido contratado noutro local ou no estrangeiro.

Em razão de a competência relativa atender ao interesse das partes e não ao interesse público, ela (a competência relativa) não é declarada de ofício pelo juiz, exigindo provocação das partes, sendo o momento processual adequado para arguição a apresentação de **exceção de incompetência**, nos termos do art. 800 da CLT.

O art. 799 da CLT dispõe que a incompetência deve ser arguida pela reclamada por uma **exceção** e deverá ser apresentada em audiência. Porém, o referido dispositivo não destaca se a incompetência a ser arguida será a absoluta ou relativa.

> Art. 799. Nas causas da jurisdição da Justiça do Trabalho, somente podem ser opostas, com suspensão do feito, as exceções de suspeição ou incompetência.

A incompetência do art. 799 não guarda relação com a antiga exceção de incompetência do CPC/1973, sendo que neste último utilizava-se de um procedimento formal, solene e rigoroso. No processo do trabalho, inicialmente, não existia esse formalismo, podendo ser feita oralmente em audiência, antes da defesa. Em verdade, tratava-se de **arguição**, e não propriamente exceção. Porém, a consequência de tal arguição era idêntica ao Processo Civil.

Contudo, a **Reforma Trabalhista,** alterando o art. 800 da CLT (Lei nº 13.467/2017), criou a **exceção de incompetência relativa escrita** no processo do trabalho, a qual deverá ser arguida em até cinco dias, contados da notificação inicial **(citação)** da audiência.

Arguida a exceção no prazo de cinco dias contados da notificação, ocorrerá a suspensão da audiência já designada. O reclamante terá o prazo de cinco dias para manifestação sobre a exceção apresentada. Se o juiz entender necessária a produção de prova, designará audiência para a produção de provas da exceção de incompetência, sendo que o excipiente poderá requerer que suas testemunhas sejam ouvidas por carta precatória perante o juízo que ele, excipiente, indicar como competente.

> Art. 800. Apresentada exceção de incompetência territorial no prazo de cinco dias a contar da notificação, antes da audiência e em peça que sinalize a existência desta exceção, seguir-se-á o procedimento estabelecido neste artigo.
>
> § 1º Protocolada a petição, será suspenso o processo e não se realizará a audiência a que se refere o art. 843 desta Consolidação até que se decida a exceção.
>
> § 2º Os autos serão imediatamente conclusos ao juiz, que intimará o reclamante e, se existentes, os litisconsortes, para manifestação no prazo comum de cinco dias.
>
> § 3º Se entender necessária a produção de prova oral, o juízo designará audiência, garantindo o direito de o excipiente e de suas testemunhas serem ouvidos, por carta precatória, no juízo que este houver indicado como competente.
>
> § 4º Decidida a exceção de incompetência territorial, o processo retomará seu curso, com a designação de audiência, a apresentação de defesa e a instrução processual perante o juízo competente.

Criou-se um formalismo desnecessário na exceção de incompetência que o CPC tinha acabado de eliminar. **Não se pode**

48 Direito Processual do Trabalho

mais arguir a exceção na audiência, mas obedecendo-se ao rito previsto no art. 800, sob pena de preclusão. A incompetência absoluta poderá ser arguida no mesmo momento (antes da defesa), bem como em qualquer momento processual, pois, não há preclusão, por se tratar de matéria de ordem pública.

Importante!

Convém lembrar que quando se trata de ação recursal de natureza extraordinária, é necessário o devido prequestionamento, ainda que se trate de incompetência absoluta, consoante a dicção da **OJ nº 62 da SDI-1 do TST**.

O segundo dispositivo da CLT que deve ser examinado é o art. 795, § 1º. Tal artigo prevê a declaração de ofício, pelo juiz, da incompetência de foro. O termo "incompetência de foro" não é um termo dotado de rigor técnico. Parece-nos que o termo nos remete a uma incompetência de local. O § 1º parece estar declarando de ofício a incompetência de local e, portanto, relativa, **mas não é**. A doutrina e a jurisprudência atestam que o art. 795 da CLT está tratando da incompetência **absoluta**, ou seja, **o juiz não declara de ofício a incompetência territorial/relativa**.

> Art. 795. As nulidades não serão declaradas senão mediante provocação das partes, as quais deverão argui-las à primeira vez em que tiverem de falar em audiência ou nos autos.
>
> § 1º Deverá, entretanto, ser declarada *ex officio* a nulidade fundada em incompetência de foro. Nesse caso, serão considerados nulos os atos decisórios.

3.2.1 Prorrogação de competência

Somente a competência relativa pode ser prorrogada (art. 65, CPC), sendo que a incompetência absoluta é **improrrogável**. A prorrogação da competência ocorre quando nenhuma das partes argui a incompetência, e o juiz, originalmente incompetente, torna-se então competente pela prorrogação de competência. Pode a prorrogação ser **voluntária ou legal**.

a) **Voluntária:** pode ser **expressa** ou **tácita**. **Prorrogação voluntária tácita** é aquela que ocorre quando o autor propõe a ação em juízo territorialmente incompetente e o réu não argui a incompetência no momento oportuno. **Prorrogação voluntária expressa** é a chamada **eleição de foro**, a qual vem regulada nos arts. 62 e 63 do CPC e ocorre quando as partes, no contrato, elegem o foro que irá ser o competente. Só é possível nas hipóteses de competência relativa (territorial). O CPC permite ao juiz interpretar se a cláusula de eleição de foro é abusiva e, se assim entender, **antes da citação**, poderá declarar a cláusula **ineficaz** (art. 63, § 3°, CPC). Após a citação, caberá ao réu arguir a abusividade (art. 63, § 4°, CPC). Declarada ineficaz a cláusula de eleição de foro, o juiz remeterá os autos ao juiz competente. A eleição de foro **não vem** sendo admitida no processo do trabalho, em razão da hipossuficiência do trabalhador no momento da celebração do contrato. Havendo cláusula dessa natureza, a mesma será considerada **inválida** e o processo será remetido ao juiz competente pelas regras do art. 651 da CLT.

b) **Legal:** também chamada de **modificação de competência** pelo CPC. Da mesma forma, somente ocorre na **competência relativa** e poderá ser modificada pela **conexão** e **continência** (art. 54, CPC). Há **conexão** entre duas ou mais ações **quando há mesma causa de pedir ou o mesmo pedido** (art. 55, CPC). Havendo conexão entre as ações, é **obrigatória** a reunião das mesmas, salvo se alguma delas já tiver sido julgada (art. 55, § 1°, CPC). O juiz que receber as ações conexas, terá sua competência **prorrogada** ou, nos termos do CPC, **modificada**. O § 3° do art. 55 do CPC também obriga a reunião de ações quando há **risco** de sentenças conflitantes, **mesmo não havendo conexão**. Há **continência** entre duas ou mais ações

50 Direito Processual do Trabalho

quando houver identidade quanto às partes e à causa de pedir, **mas o pedido de uma, por ser mais amplo, abrange o das demais (art. 56, CPC)**. Temos, mesmas partes, mesma causa de pedir, mas o pedido de uma das ações é mais abrangente, compreende do cue da outra. Temos uma **ação continente** e uma **ação contida**. Se a **ação continente foi proposta em data anterior** à **ação contida**, esta última será **extinta sem resolução de mérito** (art. 57, CPC). Se ocorrer o inverso, ou seja, a **ação contida** for proposta antes da **ação continente**, **haverá a reunião das ações**, ocasião em que haverá **modificação legal** de competência. O juiz que receberá as ações reunidas, será o juiz **prevento** (art. 58, CPC). O CPC, no art. 59, define que **a prevenção se dará pela data da distribuição da ação. No processo do trabalho, a prevenção sempre se deu pela data da distribuição da ação.**

3.3 Competência em razão da pessoa

Trata-se de regra de **competência absoluta**. Porém, não há regra científica para sua fixação. É uma regra circunstancial, acidental, opção política do legislador. A pessoa que está no processo define o juiz competente. **Ex.:** regra do foro privilegiado. O art. 109, I, da CF define a competência da **Justiça Federal** nas ações envolvendo a União (Direta, autarquias, Fundações Públicas Federais e a Empresas Públicas Federais, **não alcançando a Sociedade de Economia Mista**). O art. 45 do CPC estabelece que o juiz remeterá o processo para a Justiça Federal sempre que a mesma for interveniente no processo. Existem quatro exceções em que o critério material de competência prevalece sobre o pessoal:

a) **Matéria eleitoral:** mesmo envolvendo a União, a competência da Justiça Eleitoral.

b) **Falência:** mesmo envolvendo União, competência do juízo falimentar, na Justiça Estadual.

c) **Acidente de trabalho:** mesmo envolvendo União, competência da justiça Estadual. Nesse caso, é importante chamar a atenção de que se trata das ações acidentárias relacionadas a benefícios previdenciários (art. 109, I, da CF/1988). Inclusive, prevalece no STJ o entendimento de que:

> A competência para julgar as demandas que objetivam a concessão de benefício previdenciário relacionado a acidente de trabalho deve ser determinada em razão do pedido e da causa de pedir contidos na petição inicial. Isto porque, a definição do juiz competente é anterior a qualquer outro juízo de valor a respeito da demanda. (STJ, AgRg no AgRg no REsp 1.522.998/ES, Rel. Min. Mauro Campbell Marques, 2ª Turma, *DJe* 25.09.2015.)

d) **Matéria de competência da Justiça do Trabalho:** naturalmente, competência da Justiça do Trabalho. A matéria prevalecerá sobre a pessoa.

3.4 Competência em razão do valor da causa

No processo civil, classifica-se tal regra de competência como sendo de incompetência relativa. Porém, mesmo no processo civil, não temos praticamente regra de competência pelo valor da causa. **Exceção: Juizados Especiais Cíveis.** No processo do trabalho, **não temos** nenhuma regra de competência quanto ao valor da causa. **No processo trabalhista, o valor da causa define procedimento:**

a) **Procedimento de alçada exclusiva da vara ou procedimento sumário:** regulado pela Lei nº 5.584/1970. Processos cujos valores da causa sejam de até dois salários mínimos. A sentença é irrecorrível por meio de Recurso Ordinário, mas somente através de Recurso Extraordinário por violação à Constituição Federal.

52 Direito Processual do Trabalho

b) **Procedimento sumaríssimo:** regulado pelos arts. 852-A a 852-I da CLT. São as ações cujos valores da causa estão entre 2 a 40 salários mínimos.

c) **Procedimento ordinário:** para as ações cujos valores da causa forem superiores a 40 salários mínimos.

Observação

A competência das Varas Distritais é de natureza **funcional**, uma vez tais regras não decorrem de lei, mas de normas internas de Organização Judiciária e, nesses casos, as regras são de **competência absoluta**.

3.5 Competência específica da Justiça do Trabalho

3.5.1 Competência material da Justiça do Trabalho

Trata-se da razão de existência da Justiça do Trabalho. É uma **Justiça Federal** especializada pela matéria (Direito do Trabalho). Vem definida no art. 114 da Constituição Federal, com grande alteração pela EC n° 45/2004, ampliando profundamente a competência material da Justiça do Trabalho.

Na redação **anterior** à EC n° 45/2004, o art. 114, *caput*, estabelecia duas espécies de competências da Justiça do Trabalho:

a) **Competência típica da Justiça do Trabalho:** conciliar e julgar os conflitos entre trabalhadores e **empregadores**. Com o termo "empregador", concluía-se que a Justiça do Trabalho era competente para julgar as controvérsias envolvendo **relação de emprego**, pois somente nesta há empregador.

b) **Competência derivada da Justiça do Trabalho:** competência para julgar os conflitos da relação de emprego e, **mediante lei**, outras decorrentes da relação de trabalho, tais como:

Jurisdição e competência **53**

- pequeno empreiteiro – art. 652, *a*, III, da CLT;
- trabalhador temporário – art. 19 da Lei n° 6.019/1974; e
- trabalhador avulso – art. 643 da CLT.

As demais relações de trabalho eram de competência da Justiça Estadual.

A Emenda Constitucional n° 45/2004 vem alterar profundamente essa estrutura, ampliando a competência material da Justiça do Trabalho.

No modelo anterior à EC n° 45/2004, a Justiça do Trabalho tinha competência constitucional para **conciliar** ("compete à Justiça do Trabalho conciliar e julgar (...)"). Após a EC n° 45/2004, o *caput* do art. 114 passou a prever:

> Art. 114. Compete à Justiça do Trabalho processar e julgar:
> (Redação dada pela Emenda Constitucional n° 45, de 2004.)
>
> I – as ações oriundas da relação de trabalho, abrangidos os entes de direito público externo e da administração pública direta e indireta da União, dos Estados, do Distrito Federal e dos Municípios; (Incluído pela Emenda Constitucional n° 45, de 2004.)
>
> II – as ações que envolvam exercício do direito de greve; (Incluído pela Emenda Constitucional n° 45, de 2004.)
>
> III – as ações sobre representação sindical, entre sindicatos, entre sindicatos e trabalhadores, e entre sindicatos e empregadores; (Incluído pela Emenda Constitucional n° 45, de 2004.)
>
> IV – os mandados de segurança, *habeas corpus* e *habeas data*, quando o ato questionado envolver matéria sujeita à sua jurisdição; (Incluído pela Emenda Constitucional n° 45, de 2004.)
>
> V – os conflitos de competência entre órgãos com jurisdição trabalhista, ressalvado o disposto no art. 102, I, *o*; (Incluído pela Emenda Constitucional n° 45, de 2004.)

54 Direito Processual do Trabalho

VI – as ações de indenização por dano moral ou patrimonial, decorrentes da relação de trabalho; (Incluído pela Emenda Constitucional n° 45, de 2004.)

VII – as ações relativas às penalidades administrativas impostas aos empregadores pelos órgãos de fiscalização das relações de trabalho; (Incluído pela Emenda Constitucional n° 45, de 2004.)

VIII – a execução, de ofício, das contribuições sociais previstas no art. 195, I, a, e II, e seus acréscimos legais, decorrentes das sentencas que proferir; (Incluído pela Emenda Constitucional n° 45, de 2004.)

IX – outras controvérsias decorrentes da relação de trabalho, na forma da lei. (Incluído pela Emenda Constitucional n° 45, de 2004.)

§ 1° Frustrada a negociação coletiva, as partes poderão eleger árbitros.

§ 2° Recusando-se qualquer das partes à negociação coletiva ou à arbitragem, é facultado às mesmas, de **comum acordo**, ajuizar dissídio coletivo de natureza econômica, podendo a Justiça do Trabalho decidir o conflito, respeitadas as disposições mínimas legais de proteção ao trabalho, bem como as convencionadas anteriormente. (Redação dada pela Emenda Constitucional n° 45, de 2004.)

§ 3° Em caso de greve em atividade essencial, com possibilidade de lesão do interesse público, o Ministério Público do Trabalho poderá ajuizar dissídio coletivo, competindo à Justiça do Trabalho decidir o conflito. (Redação dada pela Emenda Constitucional n° 45, de 2004.) (Grifos nossos.)

Analisemos detidamente a competência constitucional material da Justiça do Trabalho:

a) **Conflitos oriundos da relação de trabalho**

I – as ações oriundas da relação de trabalho, abrangidos os entes de direito público externo e da administração pública direta e indireta da União, dos Estados, do Distrito Federal e dos Municípios; (Incluído pela Emenda Constitucional nº 45, de 2004.)

Trata-se de notável modificação, pois, como já visto, a competência típica da Justiça a do Trabalho era somente para julgamento da relação de emprego. Porém, agora, qualquer relação de trabalho será de competência da Justiça do Trabalho. **O inciso IX** afirma que, **mediante lei**, outras controvérsias decorrentes da relação de trabalho serão de competência da Justiça do Trabalho. Critica-se a redação do inciso IX do art. 114, uma vez que o inciso I já prevê a competência da Justiça do Trabalho para julgar os conflitos decorrentes da relação de trabalho. No entanto, prevalece o entendimento de que, mediante lei, outras controvérsias paralelas à relação de trabalho poderiam ser atraídas para a Justiça do Trabalho, como, por exemplo, as ações previdenciárias.

Necessário traçar os limites da ampliação da competência da Justiça do Trabalho. A jurisprudência tem posicionamento firme de que a competência da Justiça do Trabalho diz respeito ao trabalho prestado por **pessoa física**. Logo, não alcança a prestação de serviços **efetivada** por pessoas jurídicas, por coletividades e corporações. Contudo, se for o caso de **pejotização**, quando a pessoa jurídica for um artifício para burlar direitos trabalhistas do empregado pessoa física, será a Justiça do Trabalho competente para dirimir tal controvérsia.

Ainda, nas relações de trabalho com profissionais liberais, embora seja serviço prestado por pessoa física, não envolvendo direito do trabalhador, **mas sim direitos do consumidor, a competência será da Justiça Estadual**.

Em termos práticos, a jurisprudência vem admitindo que, pela regra do art. 114, I e IX, da CF, a Justiça do Trabalho é competente para processar e julgar, além das controvérsias oriundas da relação de emprego, as seguintes relações de trabalho:

- trabalhador autônomo;
- trabalhador eventual;

56 Direito Processual do Trabalho

- pequeno empreiteiro (já era de competência da Justiça do Trabalho antes da EC n° 45/2004);
- trabalhador avulso;
- trabalhador temporário.

Observação

- Embora historicamente se defendesse a competência para ações envolvendo representantes comerciais pessoas físicas, o STF, em 2020, ao fixar tese no **Tema de Repercussão Geral n° 550**, declarou a competência da Justiça comum nos casos envolvendo relação jurídica entre representante e representada comerciais, por entender que não há relação de trabalho entre as partes, mas relação comercial regida por lei própria (Lei n° 4.886/1965).

- Historicamente também se defendia a competência para demandas envolvendo motoristas autônomos, mas, no julgamento da Ação Declaratória de Constitucionalidade n° 48, o STF decidiu ser constitucional a Lei n° 11.442/2007, que dispõe sobre o transporte rodoviário de cargas por conta de terceiros. Na esteira desse julgado, em reclamação constitucional (Reclamação Constitucional n° 46.356), o STF reconheceu a competência da Justiça Comum, e não da Justiça do Trabalho, para analisar a existência de vínculo de emprego de motorista autônomo.

- O STF, no julgamento da ADI n° 3.684, julgou procedente o pedido formulado na ação direta, de modo a conferir interpretação conforme à Constituição ao seu art. 114, I, IV e IX, na redação dada pela Emenda Constitucional n° 45, para afastar qualquer interpretação que entenda competir à Justiça do Trabalho processar e julgar ações penais, nos termos da medida cautelar anteriormente deferida pelo Plenário, nos termos do voto do Relator, vencidos os Ministros Edson Fachin e Marco Aurélio. Plenário, Sessão Virtual de 1°.05.2020 a 08.05.2020.

- ADIn n° 3.395 (21.10.2020): o Tribunal, por maioria, conheceu da ação direta e julgou parcialmente procedente o pedido formulado, confirmando a decisão liminar concedida e fixando, com aplicação de interpretação conforme à Constituição, sem redução de texto, que o disposto no inciso I do art. 114 da Constituição Federal não abrange causas ajuizadas para discussão de relação jurídico-estatutária entre o Poder Público dos Entes da Federação e seus Servidores, nos termos do voto do Relator, vencidos os Ministros Edson Fachin, Marco Aurélio e Rosa Weber, que julgavam improcedente o pedido. O Ministro Roberto Barroso acompanhou o Relator com ressalvas. Não participou deste julgamento, por motivo de licença médica no início da sessão, o Ministro Celso de Mello (art. 2°, § 5°, da Resolução n° 642/2019). Plenário, Sessão Virtual de 03.04.2020 a 14.04.2020.

Questão que era controvertida, mas já pacificada pela jurisprudência, é a competência da ação cobrança dos honorários do profissional liberal. Com a EC n° 45/2004, a jurisprudência entendia que a competência para tal ação seria da Justiça do Trabalho se envolvesse a pessoa física do profissional liberal. Contudo, **o STJ**, através da **Súmula n° 363**, definiu que a competência para julgamento da ação de cobrança de honorários do profissional liberal é de competência da Justiça Estadual.

> **Súmula n° 363** – Compete à Justiça estadual processar e julgar a ação de cobrança ajuizada por profissional liberal contra cliente. (Corte Especial, julgado em 15.10.2008, *DJe* 03.11.2008.)

O inciso I do art. 114 da CF define ainda a competência da Justiça do Trabalho para julgar os conflitos oriundos da relação de trabalho, **abrangidos os entes da Administração Pública** Direta e Indireta. Pela redação, a competência seria da JT, inclusive, quanto aos servidores estatutários. Entretanto, o STF (ADI n° 3.395) e a jurisprudência trabalhista firmaram entendimento de que **somente o servidor regido pela CLT, federal, estadual ou municipal,** é que terá sua controvérsia submetida à Justiça do Trabalho.

Ainda, o inciso I do art. 114 da CF prevê que serão de competência da Justiça do Trabalho as controvérsias decorrentes da relação de trabalho, abrangidos os entes de Direito Público ex-

58 Direito Processual do Trabalho

terno. Trata-se dos Estados estrangeiros (representações diplomáticas) e das Organizações Internacionais. Quanto às embaixadas, a questão antecede ao problema de competência, é antes uma questão de jurisdição. Um Estado soberano se submete ao Poder de outro Estado soberano? Durante muito tempo se entendeu que as embaixadas tinham **imunidade de jurisdição**, não se submetendo à jurisdição de outro Estado. Nas décadas de 1970 e 1980, o Direito Internacional começou a distinguir entre os Atos de Império dos Atos de Gestão das embaixadas. Nos Atos de Império, a Embaixada estava atuando como Estado soberano e, assim, **mantinha a imunidade de jurisdição em tais atos**. País **acreditante** é o da representação diplomática. **País acreditado** é o país onde a representação diplomática está situada. São Atos de Gestão os atos da vida cotidiana, da vida rotineira, do país acreditado. Entre esses atos de gestão estão os contratuais, **inclusive a contratação de trabalhadores no país acreditado.** Acabou se firmando o entendimento de que, nos **Atos de Gestão**, a representação não tem imunidade de jurisdição e submete-se à Jurisdição país acreditado. Logo, nas ações trabalhistas desses trabalhadores, a embaixada se submete à Justiça do Trabalho brasileira, quando contratados no Brasil. **Tais regras não se aplicam aos Organismos Internacionais, pois estes gozam de imunidade de jurisdição, nos termos da OJ n° 416 da SDI-1 do TST. Arguida imunidade de jurisdição em Reclamação Trabalhista, o processo será extinto sem resolução de mérito.**

> OJ N° 416. IMUNIDADE DE JURISDIÇÃO. ORGANIZAÇÃO OU ORGANISMO INTERNACIONAL. (*DEJT* divulgado em 14, 15 e 16.02.2012) (mantida conforme julgamento do processo TST-E-RR-61600-41.2003.5.23.0005 pelo Tribunal Pleno em 23.05.2016.)
>
> As organizações ou organismos internacionais gozam de imunidade absoluta de jurisdição quando amparados por norma internacional incorporada ao ordenamento jurídico brasileiro, não se lhes aplicando a regra do Direito Consue-

tudinário relativa à natureza dos atos praticados. Excepcionalmente, prevalecerá a jurisdição brasileira na hipótese de renúncia expressa à cláusula de imunidade jurisdicional.

Questão recente e controvertida diz respeito à autorização para o trabalho artístico do menor de idade. A Constituição Federal proíbe o trabalho do menor de 16 anos, e permite o trabalho a partir dos 14 anos como aprendiz, conforme art. 7º, XXXIII. No entanto, por força do ECA e em razão de Convenções Internacionais, é possível o **trabalho artístico**, mediante **autorização judicial**. Antes da EC nº 45, tinha-se o entendimento que a competência para outorgar tal autorização era da Justiça Estadual. Após a EC nº 45/2004, houve questionamento se a competência não seria da Justiça do Trabalho, onde foram criados os Juizados da Infância e da Adolescência na Justiça do Trabalho. Porém, as empresas de radiodifusão não concordaram com a situação, ocasião em que foi proposta ADI nº 5.326, atacando as normas dos Ministérios Públicos Estaduais que recomendavam a autorização pela Justiça do Trabalho. Nesta ADI, houve a concessão de uma liminar pelo Ministro Marco Aurélio, definindo a competência da **Justiça Estadual** para a concessão da autorização.

b) **Conflitos decorrentes da greve**

> II – as ações que envolvam exercício do direito de greve; (Incluído pela Emenda Constitucional nº 45, de 2004.)

Como só existe greve na relação de trabalho, a rigor, seria desnecessária a redação desse inciso. Porém, algumas polêmicas foram resolvidas com a redação. A Justiça do Trabalho é competente para julgar o dissídio coletivo de greve. O julgamento de Ação Indenizatória decorrente de greve passou a ser de competência da Justiça do Trabalho.

Também, as Ações Possessórias decorrentes da greve passaram a ser de competência da Justiça do Trabalho. O STJ chegou a entender que a competência seria da Justiça Estadual. Porém, a

Súmula Vinculante nº 23 do STF definiu a competência da Justiça do Trabalho para as ações possessórias relativas ao exercício do direito de greve.

> **Súmula Vinculante nº 23** – A Justiça do Trabalho é competente para processar e julgar ação possessória ajuizada em decorrência do exercício do direito de greve pelos trabalhadores da iniciativa privada.

Em se tratando de greve envolvendo servidores públicos, celetistas ou estatutários, da administração pública direta, autárquica ou fundacional, a competência é da Justiça Comum, estadual ou federal:

> **A justiça comum, federal ou estadual, é competente para julgar a abusividade de greve de servidores públicos celetistas da Administração pública direta, autarquias e fundações públicas.** (STF, Plenário, RE 846.854/SP, Rel. orig. Min. Luiz Fux, red. p/ o ac. Min. Alexandre de Moraes, julgado em 1º.08.2017. Repercussão geral. Informativo 871.) (Grifos nossos.)

c) **Conflitos de representação sindical**

> III – as ações sobre representação sindical, entre sindicatos, entre sindicatos e trabalhadores, e entre sindicatos e empregadores; (Incluído pela Emenda Constitucional nº 45, de 2004.)

Nosso modelo de organização sindical acaba gerando conflitos entre sindicatos disputando a representação de determinada categoria de trabalhadores ou empregadores, bem como entre os trabalhadores e/ou empregadores e os respectivos sindicatos. Com a EC nº 45/2004, a competência para a solução desses conflitos passou a ser da Justiça do Trabalho. Alcança também os conflitos *interna corporis* do sindicato (trabalhadores movem ação contra a diretoria do sindicato). Nesses termos, passou a ser também da Justiça do Trabalho a competência para solucionar os **conflitos da eleição sindical.** Ainda, o inciso III alcança também as ações de cobrança de contribuição sindical.

Observação

- A Subseção I de Dissídios Individuais do Tribunal Superior do Trabalho possui entendimento sobre ações que abrangem eleições sindicais de servidores regidos por vínculo jurídico-administrativo, reconhecendo que a competência não pertence à Justiça do Trabalho, mas à Justiça Comum (E-RR-24300-63.2013.5.24.0006, Subseção I Especializada em Dissídios Individuais, Rel. Min. Alexandre Luiz Ramos, *DEJT* 02.10.2020).

- A competência material da Justiça do Trabalho prevista no art. 114 da CF **não alcança** o julgamento dos crimes decorrentes da relação de trabalho. A Justiça do Trabalho não tem competência para julgamento de qualquer crime. Quando se tratar de crime decorrente da relação de trabalho que atinge **esfera coletiva** de trabalhadores, a competência será da **Justiça Federal.** Se o crime atinge a **esfera individual** de trabalhador, a competência será da **Justiça Estadual.**

---

d) **Mandado de segurança, *habeas corpus* e *habeas data***

> IV – os mandados de segurança, habeas corpus e habeas data, quando o ato questionado envolver matéria sujeita à sua jurisdição; (Incluído pela Emenda Constitucional nº 45, de 2004.)

Em 2005, tentou-se resolver a questão do *habeas corpus* contra ordem de prisão de juiz do trabalho em caso de depositário infiel no processo do trabalho, que era de competência do TRF. Com a EC nº 45/2004 o *habeas corpus* que ataca ordem de prisão do Juiz do Trabalho passa a ser de competência da Justiça do Trabalho e do TRT. Porém, essa única hipótese em que o juiz do

62 Direito Processual do Trabalho

trabalho decretava prisão deixou de existir pela Súmula Vinculante nº 25 do STF.

> **Súmula Vinculante nº 25** – É ilícita a prisão civil de depositário infiel, qualquer que seja a modalidade do depósito.

e) Conflitos de competência entre os órgãos da Justiça do Trabalho

> V – os conflitos de competência entre órgãos com jurisdição trabalhista, ressalvado o disposto no art. 102, I, *o*; (Incluído pela Emenda Constitucional nº 45, de 2004.)

Quando o conflito de competência se der entre ramos de diferentes **justiças**, a competência para julgamento será do STJ, nos termos do art. 105 da CF, **salvo quando o conflito envolver o próprio STJ e outro tribunal superior**, ocasião em que será julgado pelo STF.

f) Ações de indenização por dano moral ou material decorrentes da relação de trabalho

> VI – as ações de indenização por dano moral ou patrimonial, decorrentes da relação de trabalho; (Incluído pela Emenda Constitucional nº 45, de 2004.)

Trata-se do inciso do art. 114 que, em termos numéricos, foi o que mais trouxe ações para a Justiça do Trabalho. Isso porque, antes da EC nº 45/2004, o STF e o STJ entendiam que tais ações de indenização por dano moral ou material, decorrentes da relação de emprego, já eram da Justiça do Trabalho, **exceto a ação de indenização por dano moral ou material decorrente de acidente do trabalho, que era da Justiça Estadual, em razão da interpretação que o STF dava ao art. 109, I, da CF**.

Na legislação previdenciária, o termo "acidente de trabalho" abrange a doença profissional ou ocupacional. O art. 109, I, da CF, que define a competência da Justiça Federal para as ações envolvendo a União e suas autarquias (INSS), é uma regra de competência em razão da pessoa.

Entretanto, uma das hipóteses em que a matéria prevalecerá sobre a pessoa é a do **acidente do trabalho** e, nesse caso, a competência é da Justiça Estadual. Por conta desse dispositivo constitucional, o STF e o STJ definiram, à época, que qualquer ação por acidente de trabalho seria de competência da Justiça Estadual. Porém, **tal interpretação era equivocada**, já que o STF e o STJ confundiram as naturezas das ações acidentárias.

Nós temos duas espécies de ações de acidente de trabalho:

- **Ação acidentária previdenciária:** é uma ação do segurado contra o INSS. Envolve responsabilidade **objetiva** do INSS. Esta é a ação de que o art. 109, I, da CF está cuidando.
- **Ação acidentária indenizatória:** ação em que o trabalhador move contra o **empregador**. Envolve responsabilidade **subjetiva** do empregador ou objetiva em atividade de risco (Tema 932, com repercussão geral reconhecida pelo STF, no qual se decidiu que o trabalhador que atua em atividade de risco tem direito à indenização em razão de danos decorrentes de acidente de trabalho, independentemente da comprovação de culpa ou dolo do empregador).

O inciso VI do art. 114 da CF veio a corrigir essa interpretação equivocada do STF e STJ, **firmando posicionamento de que a ação de acidente do trabalho indenizatória passou a ser da competência da Justiça do Trabalho.** Num primeiro momento, o STJ não reconheceu essa mudança de competência. Porém, encerrando a controvérsia, o STF editou súmula vinculante a respeito da matéria:

> **Súmula vinculante nº 22** – A Justiça do Trabalho é competente para processar e julgar as ações de indenização por danos morais e patrimoniais decorrentes de acidente de trabalho propostas por empregado contra empregador, inclusi-

64 Direito Processual do Trabalho

ve aquelas que ainda não possuíam sentença de mérito em primeiro grau quando da promulgação da Emenda Constitucional n° 45/2004.

A Súmula Vinculante n° 22 manteve uma competência residual da Justiça Estadual. As ações que já tinham sentença de mérito antes da EC n° 45/2004, portanto, até dezembro de 2004, permaneceram na Justiça Estadual. As mesmas ações que não tinham sentença de mérito até a EC n° 45/2004 foram remetidas para a Justiça do Trabalho.

Ação	Competência
Ação previdenciária comum	Justiça Federal – regra do art. 109, I, CF
Ação previdenciária acidentár a	Justiça Estadual – **exceção** do art. 109, I, CF
Ação acidentária indenizatória	Justiça do Trabalho – art. 114, VI, CF

E se a ação acidentária indenizatória é movida pelos dependentes ou sucessores do trabalhador falecido? Havia discussão na jurisprudência se, nesse caso, a competência seria da Justiça Estadual ou do Trabalho. Mas o TST editou a Súmula n° 392, definindo a competência da Justiça do Trabalho em tais ações. Tal Súmula decorre de uma decisão do STF.

> **Súmula n° 392 do TST – DANO MORAL E MATERIAL. RELAÇÃO DE TRABALHO. COMPETÊNCIA DA JUSTIÇA DO TRABALHO (redação alterada em sessão do Tribunal Pleno realizada em 27.10.2015) – Res. n° 200/2015, *DEJT* divulgado em 29.10.2015 e 03 e 04.11.2015.**
>
> Nos termos do art. 114, inc. VI, da Constituição da República, a Justiça do Trabalho é competente para processar e julgar ações de indenização por dano moral e material, decorrentes da relação de trabalho, inclusive as oriundas de acidente de trabalho e doenças a ele equiparadas, **ainda que propostas pelos dependentes ou sucessores do trabalhador falecido.** (Grifos nossos.)

Jurisdição e competência **65**

g) **Ações relativas ou decorrentes de penalidades administrativas aplicadas ao empregador**

VII – as ações relativas às penalidades administrativas impostas aos empregadores pelos órgãos de fiscalização das relações de trabalho; (Incluído pela Emenda Constitucional nº 45, de 2004.)

São as ações que decorrem da fiscalização administrativa do trabalho, exercida pelos Auditores-Fiscais do Trabalho. A Subsecretaria de Inspeção do Trabalho (SIT), integrante do atual Ministério do Trabalho e Previdência (Decreto nº 10.761, de 2 de agosto de 2021), órgão do Poder Executivo, exerce função de fiscalização do trabalho, podendo autuar uma empresa em razão da constatação de ilegalidades. Nesses termos, podem surgir ações questionando tais atos. A jurisprudência do TST firmou posicionamento de que é atribuição do fiscal do trabalho verificar e autuar trabalhadores que estão exercendo função de forma subordinada, não constituindo invasão da competência jurisdicional da Justiça do Trabalho.

Antes da EC nº 45/2004, tais ações eram de competência da Justiça Federal e, agora, são da competência de Justiça do Trabalho. Aqui temos a questão do **mandado de segurança**. Antes da EC nº 45/2004 só tínhamos uma espécie de Mandado de Segurança na Justiça do Trabalho, que era contra ato do Juiz do Trabalho, de competência originária dos TRTs ou do TST; não existia Mandado de Segurança na Vara do Trabalho.

Após a EC nº 45/2004, **o Mandado de Segurança que ataca ato do Auditor-Fiscal do Trabalho, passou a ser da competência da Justiça do Trabalho, devendo ser julgado pela Vara do Trabalho.** Ainda, foi trazida para a competência da Justiça do Trabalho o processamento e julgamento da execução fiscal das multas administrativas aplicadas ao empregador.

h) **Execução das contribuições sociais decorrentes das sentenças proferidas na Justiça do Trabalho**

66 Direito Processual do Trabalho

VIII – a execução, de ofício, das contribuições sociais previstas no art. 195, I, *a*, e II, e seus acréscimos legais, decorrentes das sentenças que proferir; (Incluído pela Emenda Constitucional nº 45, de 2004.)

Envolve também o **acordo homologado** na Justiça do Trabalho, que tem valor de sentença irrecorrível, nos termos do art. 831 da CLT. O termo "contribuições sociais" não trata apenas da contribuição previdenciária, abrangendo também a contribuição do SAT (Seguro de Acidentes do Trabalho), nos termos da Súmula nº 454, TST:

> **Súmula nº 454 do TST – COMPETÊNCIA DA JUSTIÇA DO TRABALHO. EXECUÇÃO DE OFÍCIO. CONTRIBUIÇÃO SOCIAL REFERENTE AO SEGURO DE ACIDENTE DE TRABALHO (SAT). ARTS. 114, VIII, E 195, I, A, DA CONSTITUIÇÃO DA REPÚBLICA. (conversão da Orientação Jurisprudencial nº 414 da SBDI-1) – Res. nº 194/2014, *DEJT* divulgado em 21, 22 e 23.05.2014.**
>
> Compete à Justiça do Trabalho a execução, de ofício, da contribuição referente ao Seguro de Acidente de Trabalho (SAT), que tem natureza de contribuição para a seguridade social (arts. 114, VIII, e 195, I, *a*, da CF), pois se destina ao financiamento de benefícios relativos à incapacidade do empregado decorrente de infortúnio no trabalho (arts. 11 e 22 da Lei nº 8.212/1991).

Veja que a Justiça do Trabalho somente tem competência para processar e julgar as contribuições sociais **decorrentes da sentença que proferiu.** Nos demais casos, a competência será da Justiça Federal.

A Súmula nº 368 do TST preconiza que a Justiça do Trabalho é competente para julgar as contribuições sociais somente das sentenças **condenatórias,** excluindo-se, portanto, as declaratórias:

> **Súmula nº 368 do TST – DESCONTOS PREVIDENCIÁRIOS E FISCAIS. IMPOSTO DE RENDA. COMPETÊN-**

CIA. RESPONSABILIDADE PELO PAGAMENTO. FORMA DE CÁLCULO. FATO GERADOR (aglutinada a parte final da Orientação Jurisprudencial nº 363 da SBDI-I à redação do item II e incluídos os itens IV, V e VI em sessão do Tribunal Pleno realizada em 26.06.2017) – Res. nº 219/2017, republicada em razão de erro material – DEJT divulgado em 12, 13 e 14.07.2017.

I – A Justiça do Trabalho é competente para determinar o recolhimento das contribuições fiscais. A competência da Justiça do Trabalho, quanto à execução das contribuições previdenciárias, limita-se às sentenças condenatórias em pecúnia que proferir e aos valores, objeto de acordo homologado, que integrem o salário de contribuição. (Ex-OJ nº 141 da SBDI-1 – inserida em 27.11.1998.)

II – É do empregador a responsabilidade pelo recolhimento das contribuições previdenciárias e fiscais, resultantes de crédito do empregado oriundo de condenação judicial. A culpa do empregador pelo inadimplemento das verbas remuneratórias, contudo, não exime a responsabilidade do empregado pelos pagamentos do imposto de renda devido e da contribuição previdenciária que recaia sobre sua quota-parte. (Ex-OJ nº 363 da SBDI-1, parte final.)

III – Os descontos previdenciários relativos à contribuição do empregado, no caso de ações trabalhistas, devem ser calculados mês a mês, de conformidade com o art. 276, § 4º, do Decreto nº 3.048/1999 que regulamentou a Lei nº 8.212/1991, aplicando-se as alíquotas previstas no art. 198, observado o limite máximo do salário de contribuição. (Ex-OJs nºs 32 e 228 da SBDI-1 – inseridas, respectivamente, em 14.03.1994 e 20.06.2001.)

IV – Considera-se fato gerador das contribuições previdenciárias decorrentes de créditos trabalhistas reconhecidos ou homologados em juízo, para os serviços prestados até 04.03.2009, inclusive, o efetivo pagamento das

68 Direito Processual do Trabalho

verbas, configurando-se a mora a partir do dia dois do mês seguinte ao da liquidação (art. 276, *caput*, do Decreto nº 3.048/1999). Eficácia não retroativa da alteração legislativa promovida pela Medida Provisória nº 449/2008, posteriormente convertida na Lei nº 11.941/2009, que deu nova redação ao art. 43 da Lei nº 8.212/1991.

V – Para o labor realizado a partir de 05.03.2009, considera-se fato gerador das contribuições previdenciárias decorrentes de créditos trabalhistas reconhecidos ou homologados em juízo a data da efetiva prestação dos serviços. Sobre as contribuições previdenciárias não recolhidas a partir da prestação dos serviços incidem juros de mora e, uma vez apurados os créditos previdenciários, aplica-se multa a partir do exaurimento do prazo de citação para pagamento, se descumprida a obrigação, observado o limite legal de 20% (art. 61, § 2º, da Lei nº 9.430/1996).

VI – O imposto de renda decorrente de crédito do empregado recebido acumuladamente deve ser calculado sobre o montante dos rendimentos pagos, mediante a utilização de tabela progressiva resultante da multiplicação da quantidade de meses a que se refiram os rendimentos pelos valores constantes da tabela progressiva mensal correspondente ao mês do recebimento ou crédito, nos termos do art. 12-A da Lei nº 7.713, de 22.12.1988, com a redação conferida pela Lei nº 13.149/2015, observado o procedimento previsto nas Instruções Normativas da Receita Federal do Brasil.

O STF confirmou tal entendimento na Súmula Vinculante nº 53:

> **Súmula vinculante nº 53** – A competência da Justiça do Trabalho prevista no art. 114, VIII, da Constituição Federal alcança a execução de ofício das contribuições previdenciárias relativas ao objeto da condenação constante das sentenças que proferir e acordos por ela homologados.

A Lei nº 13.467/2017 conferiu nova redação ao art. 876, parágrafo único, da CLT, passando a encampar a diretiva sumular.

Observação

- Existe ainda toda uma casuística específica de temáticas relevantes para provas e concursos de competência da Justiça do Trabalho: a) danos pré e pós-contratuais; b) danos decorrentes de irregularidades no manejo de dados pessoais; c) cadastramento PIS/PASEP; d) desobediência a normas de meio ambiente de trabalho; e) lides envolvendo FGTS e sua individualização.

- O STF também definiu que a Justiça do Trabalho é competente para julgar ação que tenha por objeto diferenças salariais com reflexos nas contribuições previdenciárias no âmbito do Tema de Repercussão Geral nº 1.166 (RE 1.265.564).

- Historicamente se tinha a defesa da competência da Justiça do Trabalho para julgar demandas em face de entidades de complementação de aposentadoria quando decorrentes do contrato de trabalho. O STF, porém, assentou nos REs 586.453 e 583.050, que é da justiça comum a competência para julgar demandas decorrentes de contrato de previdência complementar, mas modulou essa decisão para manter na justiça trabalhista os processos em que já havia sentença de mérito.

- Tem ganhado cada vez mais importância na seara processual a discussão sobre **práticas e processos estruturais** que seriam aquelas no âmbito da tutela coletiva que permitem resolver demandas de massa e prevenir ilícitos difusos e coletivos. Nesse ponto, é importante chamar a atenção de que o TST possui entendimentos reiterados de que há competência para demandas cobrando a implementação de políticas públicas (RR-75700-37.2010.5.16.0009, 3ª Turma, Rel. Min. Mauricio Godinho Delgado, *DEJT* 20.09.2013; RR-32100-09.2009.5.16.0006, 2ª Turma, Redator Min. José Roberto Freire Pimenta, *DEJT* 11.09.2015).

3.5.2 Competência territorial da Justiça do Trabalho

O art. 651 da CLT regulamenta a competência territorial da Justiça do Trabalho, tendo como regra geral o juízo do local da prestação dos serviços, ainda que o contrato tenha sido celebrado em outro local.

> Art. 651. A competência das Juntas de Conciliação e Julgamento é determinada pela localidade onde o empregado, reclamante ou reclamado, prestar serviços ao empregador, ainda que tenha sido contratado noutro local ou no estrangeiro.

A regra privilegia tal critério para tornar a Justiça do Trabalho mais acessível ao trabalhador. O próprio art. 651 estabelece algumas exceções:

O § 1º do art. 651 da CLT cuida da hipótese do empregado que não tem local fixo de trabalho. Nesse caso, a competência será do juízo do domicílio da sede ou filial da empresa a qual o empregado está subordinado. Caso não seja possível definir a qual filial o empregado está subordinado, a competência será do juízo do domicílio do trabalhador.

> Art. 651. (..)
>
> § 1º Quando for parte de dissídio agente ou viajante comercial, a competência será da Junta da localidade em que a empresa tenha agência ou filial e a esta o empregado esteja subordinado e, na falta, será competente a Junta da localização em que o empregado tenha domicílio ou a localidade mais próxima. (Redação dada pela Lei nº 9.851, de 27.10.1999.)

O § 3º do art. 651 da CLT trata da situação em que o empregador, pela natureza de sua atividade, leva o empregado a trabalhar em diversos locais diferentes. Nesse caso, a lei autoriza o trabalhador a **optar, escolher**, por ajuizar ação no local da prestação dos serviços ou no local de sua contratação.

A 6ª Turma da SDI-1 do TST, no RR 10334.59.2016.5. 03.0023, julgado em agosto de 2018, fez uma aplicação por analogia do § 1º do art. 651 da CLT: na hipótese, a trabalhadora trabalhou em um banco organizado nacionalmente, na cidade de Florianópolis/SC (local da prestação de serviços). Com o fim do contrato, a empregada retornou ao seu domicílio, em Belo Horizonte/MG, ajuizando a reclamação trabalhista na capital mineira. No caso, o TST entendeu que o foro competente é o do domicílio da empregada, ou seja, Belo Horizonte/MG, pois o banco tem sede também em Belo Horizonte/MG, o que não prejudicaria a defesa do banco reclamado. Já determinar que a ação fosse ajuizada em Florianópolis/SC impediria o acesso à justiça da empregada.

> Art. 651. (...)
>
> § 3º Em se tratando de empregador que promova realização de atividades fora do lugar do contrato de trabalho, é assegurado ao empregado apresentar reclamação no foro da celebração do contrato ou no da prestação dos respectivos serviços.

Por fim, o § 2º do art. 651 da CLT, ainda que esteja inserido em dispositivo que cuida de regra de competência territorial, **diz respeito à regra de jurisdição**, quando trata da hipótese em que o trabalhador, domiciliado no Brasil, é contratado no Brasil para prestar serviços no exterior e autoriza que o trabalhador ajuíze reclamação trabalhista perante a Justiça do Trabalho **brasileira** e, nesse caso, será competente o foro do local da contratação.

> Art. 651. (...)
>
> § 2º A competência das Juntas de Conciliação e Julgamento, estabelecida neste artigo, estende-se aos dissídios ocorridos em agência ou filial no estrangeiro, desde que o empregado seja brasileiro e não haja convenção internacional dispondo em contrário.

72 Direito Processual do Trabalho

Existia a Súmula n° 207 do TST que previa que, no caso do trabalho prestado no exterior, a justiça brasileira seria competente para julgamento, porém, aplicando-se o direito material do trabalho do país onde ccorreu a prestação dos serviços (**princípio da territorialidade das normas de proteção social** – Tratado Internacional Código Bustamante de 1929, art. 198).

A Lei n° 7.064/1982 se aplicava apenas a alguns profissionais da construção civil e, para estes profissionais, o art. 3°, II, da referida lei prevê que, no caso de trabalho no exterior, se a lei brasileira fosse mais benéfica ao trabalhador em sua unidade em determinada matéria, nessa matéria aplica-se a lei brasileira.

Em 2009, porém, a Lei n° 11.962 alterou e estendeu o regramento a todos os trabalhadores que forem trabalhar no exterior. Nesses termos, o art. 3°, II, da Lei n° 7.064/1982 estabelece que, se a lei trabalhista brasileira for mais favorável que a lei trabalhista estrangeira, em seu **conjunto** e em determinada **matéria, aplica-se a lei brasileira.** Trata-se da aplicação do princípio da norma mais favorável ao trabalhador, pela **teoria do conglobamento por institutos.** Diante de tal alteração legislativa, o TST **cancelou** a Súmula n° 207.

3.5.3 Competência funcional da Justiça do Trabalho

Estudaremos aqui as normas de organização interna da Justiça do Trabalho, que são regras de competência **funcional** e, portanto, absoluta.

A Justiça do Trabalho é uma Justiça **Federal**, da União, especializada pela sua competência material.

A característica mais marcante da Justiça do Trabalho é a sua organização em três graus: dois graus na **instância ordinária** (Varas do Trabalho e Tribunais Regionais do Trabalho – TRTs) e um grau na **instância superior extraordinária** (Tribunal Superior do Trabalho – TST).

Jurisdição e competência **73**

3.5.3.1 *Varas do Trabalho*

Está prevista no art. 116 da Constituição Federal e é o primeiro grau da instância ordinária da Justiça do Trabalho. É um juízo monocrático, singular, composto por um juiz de carreira recrutado por concurso público.

A Vara do Trabalho tem a competência para conhecer/julgar originariamente todos os dissídios individuais.

- **Dissídio individual:** este termo é utilizado apenas para distinguir as ações trabalhistas dos chamados **dissídios coletivos**. O dissídio coletivo não é processado pela Vara do Trabalho.
- **Ações plúrimas:** termo usado para definir o litisconsórcio ativo.
- **Ações em que o sindicato atua como substituto processual.**
- **Ação civil pública** movida pelo MPT.
- **Conflitos decorrentes da greve: exceção** feita ao dissídio coletivo da greve.
- **Ações de conflito de representação sindical.**
- **Ações decorrentes das penalidades administrativas** aplicadas ao empregador, incluindo o MS contra o ato do Auditor-Fiscal do Trabalho.
- **Execução fiscal** das multas administrativas.
- **Executar sentenças, incluindo a execução das contribuições sociais decorrentes da sentença trabalhista condenatória ou objeto de acordo judicial.** Não há distribuição de competência por matéria. Todas as ações são distribuídas livremente pela Vara do Trabalho (VT).

A Resolução n° 63/2010 autoriza que os TRTs criem Varas Especializadas em acidente de trabalho e em execução fiscal.

Arts. 112 da CF e 668 da CLT: O juiz estadual pode excepcionalmente assumir toda a competência trabalhista quando na sua comarca não existir nenhuma VT com competência territorial.

> Art. 112, CF. A lei criará varas da Justiça do Trabalho, podendo, nas comarcas não abrangidas por sua jurisdição, atri-

74 Direito Processual do Trabalho

buí-la aos juízes de direito, com recurso para o respectivo Tribunal Regional do Trabalho. (Redação dada pela Emenda Constitucional nº 45, de 2004.)

Art. 668, CLT. Nas localidades não compreendidas na jurisdição das Juntas de Conciliação e Julgamento, os Juízos de Direito são os órgãos de administração da Justiça do Trabalho, com a jurisdição que lhes for determinada pela lei de organização judiciária local. (*Vide* Constituição Federal de 1988.)

Sua sentença pode ser atacada por recurso ordinário ao Tribunal Regional do Trabalho.

3.5.3.2 Tribunais Regionais do Trabalho (2º Grau)

O TRT deve ser composto por, no mínimo, sete juízes (mais de 30 anos e menos de 65 anos).

Art. 115. Os Tribunais Regionais do Trabalho compõem-se de, no mínimo, sete juízes, recrutados, quando possível, na respectiva região, e nomeados pelo Presidente da República dentre brasileiros com mais de trinta e menos de sessenta e cinco anos, sendo: (Redação dada pela Emenda Constitucional nº 45, de 2004.)

I – um quinto dentre advogados com mais de dez anos de efetiva atividade profissional e membros do Ministério Público do Trabalho com mais de dez anos de efetivo exercício, observado o disposto no art. 94; (Redação dada pela Emenda Constitucional nº 45, de 2004.)

II – os demais, mediante promoção de juízes do trabalho por antiguidade e merecimento, alternadamente. (Redação dada pela Emenda Constitucional nº 45, de 2004.)

§ 1º Os Tribunais Regionais do Trabalho instalarão a justiça itinerante, com a realização de audiências e demais funções de atividade jurisdicional, nos limites territoriais da respectiva jurisdição, servindo-se de equipamentos públicos e comunitários. (Incluído pela Emenda Constitucional nº 45, de 2004.)

§ 2º Os Tribunais Regionais do Trabalho poderão funcionar descentralizadamente, constituindo Câmaras regionais, a fim de assegurar o pleno acesso do jurisdicionado à justiça em todas as fases do processo. (Incluído pela Emenda Constitucional nº 45, de 2004.)

- 1/5 da composição do tribunal é reservada para indicação alternativa entre MPT e OAB.
- O quinto é característica de qualquer tribunal do Brasil. Órgão de origem: Lista sêxtupla.
- OAB indica a lista sêxtupla pelos seus Conselhos regionais.
- O TRT forma uma lista tríplice dentre os 6 nomes da lista sêxtupla.
- A presidência da república nomeia o juiz do quinto constitucional, dentro da lista elaborada pelo TRT. Nomeado juiz, ele passa a integrar a magistratura togada, com todas as garantias e restrições de um magistrado togado.
- Os outros 4/5 serão oriundos da carreira, por promoção alternada, por critério de antiguidade e merecimento (uma vez pelo critério da antiguidade e outra vez pelo critério de merecimento).

Os tribunais maiores podem ser organizar em:

- **Turmas:** Lei nº 7.701/1988, art. 6º: as turmas do tribunal exercem a competência recursal ordinária do TRT, de conhecer/julgar de recurso ordinário e agravo de petição, atacando sentença da VT. Conhecem e julgam em última instância o agravo de Instrumento que ataca despacho denegatório de recurso ordinário e agravo de petição.

Art. 6º Os Tribunais Regionais do Trabalho que funcionarem divididos em Grupos de Turmas promoverão a especialização de um deles com a competência exclusiva para a conciliação e julgamento de dissídios coletivos, na forma prevista no *caput* do art. 1º desta Lei.

76 Direito Processual do Trabalho

Parágrafo único. O Regimento Interno disporá sobre a constituição e funcionamento do Grupo Normativo, bem como dos demais Grupos de Turmas de Tribunal Regional do Trabalho.

■ **Grupos de Turmas – Seções:** deverá haver ao menos uma seção especializada em dissídio coletivo.

Os TRTs podem funcionar somente em seu Pleno, que exerce toda a competência recursal ordinária, mas os TRTs maiores podem se organizar em turmas e seções (grupos de turma):

■ As turmas exercem a competência recursal ordinária.
■ As seções exercem a competência originária para algumas ações.
■ Pelo menos uma das seções terá competência para julgar os dissídios coletivos (art. 6º da Lei nº 7.701/1988).

3.5.3.2.1 Competência originária dos TRTs

a) **Dissídio coletivo:** quem julga é o Pleno, quando somente tiver o Pleno ou uma seção especializada (SDC).

Observação

Vara do Trabalho não tem poder normativo.
----

b) **Ação rescisória de sentença proferida em dissídio coletivo (sentença normativa):** competência para julgar ação rescisória de suas próprias decisões.

c) **Mandado de segurança contra atos de seus integrantes:** que ataca ato do juiz da Vara do Trabalho ou então ato de desembargador do próprio TRT.

Observação

O mandado de segurança que ataca ato do Auditor-Fiscal do Trabalho é competência da Vara do Trabalho.

Jurisdição e competência **77**

d) **Ação rescisória que tem como objeto sentença da Vara do Trabalho ou acórdão do próprio TRT (ações em gerais):** o art. 678, I, *c*, 2 da CLT estabelece a competência dos tribunais em ação rescisória em última instância. Contudo, a Súmula n° 158 do TST veio estabelecer que cabe RO ao TST das decisões em ações rescisórias (competência originária).

e) ***Habeas corpus:*** para atacar ordem de prisão do juiz da Vara do Trabalho.

f) **Pleno do TRT:** O Pleno do TRT tem a competência para declarar a inconstitucionalidade de lei pela maioria absoluta de seus integrantes (art. 97 da CF). Nos termos da Súmula Vinculante n° 10, a declaração de inconstitucionalidade de lei é uma reserva legal do Pleno, ainda que de forma incidental no processo.

> **Súmula Vinculante n° 10** – viola a cláusula de reserva de plenário (CF, art. 97) a decisão de órgão fracionário de tribunal que, embora não declare expressamente a inconstitucionalidade de lei ou ato normativo do poder público, afasta sua incidência, no todo ou em parte.

g) **Órgão especial:** os tribunais que contarem com mais de 25 membros (vale para qualquer tribunal) podem criar um órgão especial (art. 93, XI, da CF). Esse órgão especial, se for criado, terá no mínimo 11 membros e no máximo 25 membros. Emenda Constitucional n° 45/04: Será constituído por:

- metade pelos membros mais antigos;
- a outra metade eleita pelo Pleno.

O órgão especial pode assumir competência do Pleno (integralmente ou parcialmente, a depender do Regimento Interno do Tribunal).

Observação

A depender do Regimento Interno, o órgão especial pode inclusive declarar a inconstitucionalidade de lei.

----

78 Direito Processual do Trabalho

3.5.3.2.2 *Conflito de competência*

O TRT, no Pleno, nos órgãos especiais ou em suas seções (dependendo do Regimento Interno), tem a competência para julgar conflito de competência entre:

- seus integrantes (desembargadores, turmas, seções);
- Varas do Trabalho subordinadas ao próprio tribunal;
- Vara do Trabalho e Juiz Estadual, no exercício de competência trabalhista, sob jurisdição do tribunal.

3.5.3.2.3 *Competência funcional jurisdicional do Presidente do Tribunal*

Presidente do Tribunal: cargo preponderamente administrativo com atribuições administrativas.

Porém, também há competências funcionais jurisdicionais (competências privativas – art. 682, *caput*, da CLT):

a) O Presidente do Tribunal que preside as audiências de conciliação em dissídio coletivo (art. 682, V, da CLT).

b) Também é atribuição do Presidente despachar os recursos que atacam decisão do próprio tribunal (art. 682, IX, da CLT). Exemplo: despacho de admissibilidade do Recurso de Revista. Com a Reforma Trabalhista, se criou mais um pressuposto para o Recurso de Revista: a Transcendência (art. 896-A, § 1°, da CLT: O recurso de revista tem que tratar de um tema que transcende o interesse das partes – paralelo com a ideia da repercussão geral no RE para o STF).

- **Econômica**
- **Política**
- **Jurídica**
- **Social**
- **Entre outros**

Observação

- O Presidente do TRT não examina o requisito da transcendência, sendo esse requisito examinado pelo TST.

Jurisdição e competência **79**

- O Regimento Interno pode delegar a competência privativa do Presidente do TRT para outro membro (por ser competência privativa, e não exclusiva). Exemplo: transferir competência para o vice-presidente.

---

c) Decidir sobre o efeito suspensivo do recurso que ataca decisão do próprio tribunal, desde a data de sua interposição até a data do despacho de admissibilidade do recurso. Previsto na Súmula nº 414 do TST que faz referência ao art. 1.029 do CPC.

d) Pedido de revisão do valor da causa (art. 2º da Lei nº 5.584/1970): o valor da causa, no processo do trabalho, define procedimento, o valor de pagamento das custas, a depender do processo etc. Com a atual redação do art. 840, § 1º, da CLT, no caso de petição escrita, o autor tem que indicar o valor da causa, sob pena de extinção do processo. Quando o valor da causa for indefinido, o juiz, na audiência, fixará o valor da causa. Da decisão que fixa o valor da causa, em audiência, cabe um pedido de revisão ao Presidente do Tribunal no prazo de 48 horas (art. 2º da Lei nº 5.584/1970) – trata-se de **exceção** ao **princípio da irrecorribilidade imediata das decisões interlocutórias** no processo do trabalho.

3.5.3.3 *Tribunal Superior do Trabalho*

Trata-se da instância extraordinária da Justiça do Trabalho. A lei brasileira é preponderantemente federal (aplicação no território nacional). Porém, essa lei é aplicada por um Poder Judiciário local (regionalizado), gerando o risco de que a lei federal seja aplicada de modo diferente em cada região do país, por isso a instância extraordinária (STJ e TST) cumpre a função de uniformizar a aplicação da lei federal no território nacional.

Por tal razão, no Recurso de Revista não se discute matéria de fato, mas tão somente matéria de direito (uniformizar a aplicação da lei). Até o Recurso Ordinário a parte pode corrigir a injustiça daquela decisão.

80 Direito Processual do Trabalho

3.5.3.3.1 *Composição*

O Tribunal Superior do Trabalho está previsto como órgão do Poder Judiciário no art. 92, II-A, da CF, mas sua composição está prevista no art. 111-A da CF. O TST é composto por 27 ministros, com mais de 35 e menos de 65 anos de idade.

Um quinto dos cargos de Ministros é reservado para indicação da OAB e do MPT, eleitos por uma escolha complexa e devem ter, no mínimo, dez anos de exercício na sua origem. Os demais são juízes de carreira que são escolhidos entre os desembargadores dos TRTs.

Observação

■ Os desembargadores que forem eleitos pelo quinto nos TRTs não podem ser escolhidos.

■ Quando abre uma vaga para ministro no TST, o próprio TST elege uma lista sêxtupla entre aqueles que se inscreverem para o cargo e essa lista vai para o Presidente da República para nomear.

----

a) **Turmas e seções**

As turmas do TST são compostas por três ministros e exercem a competência recursal extraordinária da Justiça do Trabalho. As turmas exercem a competência recursal extraordinária do TST. Julgam os Recursos de Revista que atacam os acórdãos dos TRTs nos dissídios individuais. As turmas também julgam em última instância o Agravo de Instrumento que ataca o despacho denegatório de Recurso de Revista. Julgam ainda os Agravos que atacam decisões monocráticas do relator (antigamente conhecido como Agravo Regimental).

No Regimento Interno ainda se utiliza o termo "Agravo Regimental". No CPC é chamado de Agravo Interno. E, atualmente, na Justiça do Trabalho, é apenas Agravo (Súmulas atuais do TST). Ocorre quando o relator toma alguma decisão singular (monocrática). Nesse caso, cabe um recurso interno que será julgado pelo colegiado que iria julgar o recurso original. Isso pode ocorrer em Recurso de Revista e em Agravo de Instrumento. Exemplo: quando o relator não conhecer monocraticamente o Recurso de Revista (denegar seguimento ao Recurso de Revista – art. 896, § 14, da CLT – com a redação da Lei nº 13.467/2017), essa decisão monocrática pode ser atacada pelo Agravo Interno.

Observação

Art. 896-A, § 2º, da CLT: o relator pode denegar seguimento, monocraticamente, ao Recurso de Revista por ausência de transcendência (além dos pressupostos recursais gerais e específicos, o Recurso Revista tem que tratar de matéria que transcende os objetivos daquele recurso – transcendência social, econômica, jurídica etc.). Esse pressuposto só é examinado no TST (o presidente do TRT não examina esse pressuposto). Se o relator entender que não há transcendência, ele denega seguimento ao Recurso de Revista. Dessa decisão monocrática do relator que não conhece o Recurso de Revista, cabe Agravo Interno que será julgado pela turma.

Particularidade trazida pela Lei nº 13.467/2017: art. 896-A, § 5º, da CLT. No caso de Agravo de Instrumento, o relator do AI pode denegar seguimento monocraticamente por ausência de transcendência. E, nesse caso, não cabe Agravo à turma (decisão monocrática irrecorrível).

As turmas ainda julgam os Embargos Declaratórios de suas próprias decisões.

As seções são divididas em:

- SDI – Seção de Dissídio Individual: SDI-1 e SDI-2;
- SDC – Seção de Dissídios Coletivos.

A SDI tem competência originária para julgar:

- Ação rescisória que procura rescindir acórdão de turma ou decisão da própria SDI.

82 Direito Processual do Trabalho

■ Mandado de segurança que ataca ato de membro da turma ou de membro da própria da SDI.

A SDI tem competência recursal originária para julgar:

■ Recurso Ordinário que ataca decisão do TRT nas ações de competência originária do TRT em dissídios individuais;
■ Agravo de Instrumento que ataca despacho denegatório de Recurso Ordinário;
■ Agravo Interno que ataca a decisão monocrática do relator.

A SDI também vai decidir os conflitos de competência entre:

■ TRTs em dissídios individuais;
■ Varas do Trabalho que estão vinculadas a TRTs diferentes;
■ o Juiz Estadual (de direito) no exercício da competência trabalhista e Vara do Trabalho sob jurisdição de TRTs diferentes.

A SDI também exerce uma competência recursal extraordinária para julgar:

■ Embargos que estão previstos no art. 894, II, da CLT (antigamente chamados de Embargos de Divergência) – recurso interno que serve para uniformizar a jurisprudência interna: cabe quando a decisão da turma divergir de decisão de outra turma ou da própria SDI da mesma matéria.

A SDI tem a função de editar as chamadas "Orientações Jurisprudenciais – OJs", que são verbetes de uniformização de jurisprudência.

Observação

As Súmulas são editadas pelo Pleno do TST.

Toda a competência funcional da SDI está regulada no art. 3° da Lei n° 7.701/1938 (cuidado: essa lei ainda utiliza o termo "Embargos de Divergência" que hoje é chamado de "Embargos a SDI").

A SDC tem competência originária para julgar:

- Dissídio coletivo em que a sentença normativa vai ser aplicada no âmbito de uma categoria profissional organizada num sindicato cuja base territorial ultrapasse os limites de jurisdição de um TRT (casos em que o sindicato profissional é interestadual ou internacional).

  Exceção: Estado de São Paulo: TRT 2ª Região (Grande São Paulo e Baixada Santista) e 15ª Região (restante do Estado). Quando se tratar de dissídio coletivo em que a sentença normativa será aplicada para uma categoria organizada em um território que ultrapasse a jurisdição de um dos dois TRT, nesse caso, a competência originária é do TRT da 2ª Região – Lei nº 9.254/1996. Se o conflito ultrapassar a base estadual de São Paulo, nesse caso, a jurisdição é do TST.

- Ação Rescisória que tem por objeto rescindir suas próprias decisões.
- Mandado de Segurança que ataca ato de seus integrantes.

  A SDC tem competência recursal ordinária para julgar:

- Recurso Ordinário que ataca decisão de TRT em dissídios coletivos;
- Recurso Ordinário em decisão de TRT em suas ações originárias (Ação Rescisória e Mandado de Segurança) em dissídios coletivos;
- Agravos que atacam decisões monocráticas de seus integrantes.

  A SDC julga conflitos de competência entre Tribunais Regionais em dissídio coletivo.

Observação

Vara do Trabalho não julga dissídio coletivo.

A SDC julga também os Embargos previstos no art. 894, I, da CLT. Antigamente chamados de Embargos Infringentes. Hoje chamados de "Embargos a SDC".

Ataca a decisão não unânime (por maioria) da própria SDC nos dissídios coletivos de sua competência originária. Se a decisão for unânime, não há recurso cabível.

Observação

Ao RO que ataca decisão de TRT: não cabe Embargos ao SDC. A competência da SDC está prevista no art. 2º da Lei nº 7.701/1988.

---

b) **Pleno do TST**

O Pleno do TST tem competência para declarar a inconstitucionalidade de lei por sua maioria absoluta.

Ademais, edita as Súmulas do TST (jurisprudência uniformizada) e aprova os precedentes normativos (papel da Súmula em dissídios coletivos).

4

Condições da ação e substituição processual

4.1 Direito de ação

Temos, na Teoria Geral do Processo, uma tríade conceitual, relativa aos institutos que formam a base do processo: Jurisdição, Ação e Processo. Estudar o direito de ação é estudar a jurisdição, sob o ângulo de quem provoca o Estado.

4.1.1 Teorias sobre o direito de ação

Inicialmente, o direito de ação (século XIX e início do século XX) era visto como mero acessório do direito material. O Código Civil de 1916 previa regra de que "a todo direito corresponde a uma ação", conhecida como **teoria civilista do direito de ação**.

Na primeira metade do século XX, a doutrina começou a perceber que existem fenômenos diferentes, que se encontram ligados: uma coisa é o que eu quero da parte contrária, uma dívida, uma reintegração de posse, cobrança de verbas rescisórias etc. A isso se deu o nome de **pretensão**, que é a exigibilidade em relação à parte contrária; outra coisa é o que eu quero do Estado. A provocação ao Estado não se confunde com a pretensão de direito material, e tem como finalidade que o Estado exerça uma atividade estatal, qual seja, a **jurisdição**, fornecendo um provimento jurisdicional de mérito. Eis aqui o **direito de ação**.

Nesses termos, a doutrina reconheceu que o **direito de ação** é um direito **autônomo**, não se confundindo com a pretensão de direito material. Foi nesse momento que nasceu a **teoria moderna do processo**.

Embora seja autônomo, o direito de ação somente se completaria quando o Estado, após provocado, fornecesse um provimento jurisdicional favorável. Se o provimento fosse **desfavorável**, o direito de ação não se completou. Trata-se da **teoria concretista do direito de ação**, que sustenta que o direito de ação somente se completa se o provimento jurisdicional for favorável. Um dos maiores concretistas foi **Giusseppe Chiovenda**.

Porém, na segunda metade do século XX, a doutrina começou a perceber que, independentemente de o provimento ser favorável ou desfavorável, foi de **mérito**. Logo, o Estado deu uma solução ao conflito. Surge então a **teoria da ação como direito autônomo e abstrato**. Se a parte recebe um provimento de **mérito**, que soluciona o conflito, favorável ou desfavoravelmente, a provocação ao Estado atingiu sua finalidade. **Enrico Tullio Liebman** foi o precursor desta teoria trazendo-a para o Brasil na Escola de Direito Processual da Faculdade de Direito da USP.

Há confusão terminológica quanto ao termo "abstrato". Nos livros de direito constitucional, é muito comum se utilizar o termo "direito de ação" para se referir ao direito genérico de petição, garantia constitucional. Este é o direito de peticionar, a qualquer autoridade do Estado, e ter uma resposta.

É comum ainda, nos manuais de processo civil, se referir à esta teoria abstrata (**Liebman**) como **teoria eclética do direito de ação** e utilizar o termo "abstrato" para se referir ao direito de petição. Na classificação doutrinária, porém, a teoria abstrata é a teoria de Liebman.

Em nosso sistema, esses dois direitos (de ação e de petição), estão em dois dispositivos vizinhos. O direito de petição está previsto no inciso XXXIV e o efetivo direito de ação está no inciso XXXV do art. 5º da CF.

O direito de ação não é um termo equívoco, mas **unívoco**, definindo uma coisa só, qual seja, o direito de provocar o Estado, participar do devido processo legal, e receber do Estado um provimento jurisdicional de mérito, favorável ou desfavorável. Ele é utilizado de forma equívoca para definir o direito de **petição**, não de ação.

Assim, na Teoria Geral do Processo, o direito de ação é um direito **autônomo** e **abstrato**. Essa teoria do direito de ação, em alguns manuais, é chamada de teoria **eclética** do direito de ação. Por envolver atividade estatal, o direito de ação é sempre um direito público. É um direito público à disposição da parte e, por isso, é chamado de direito público subjetivo.

A locução "procedente em parte **a ação**" que aparece no dispositivo das sentenças, tecnicamente, está errada, pois, se a sentença é de mérito, **a ação procede**, o que pode improceder é o **pedido**, a **pretensão**. Assim, o correto seria: "procedente em parte os pedidos/pretensão". Se quiser ser mais técnico ainda, de acordo com o CPC, usar os termos "acolher os pedidos", "rejeitar os pedidos". A ação somente improcede quando o processo é extinto sem resolução de mérito.

Por fim, ao final do século XX, a doutrina passou a conceituar ação como: o direito autônomo e abstrato, público, subjetivo e **instrumental** ao provimento jurisdicional de mérito.

O exercício do direito de ação sempre importa em custos, em uma movimentação do Estado. Custos, de tempo e dinheiro, para o Estado e também para as partes.

Por essa razão, a ordem jurídica estabelece alguns pressupostos para o exercício do direito e ação. Alguns desses pressupostos são meramente formais, de qualquer processo, pouco impor-

88 Direito Processual do Trabalho

tando a pretensão material deduzida em juízo. Outros, porém, não são pressupostos de qualquer processo, mas sim daquele processo específico.

Para o exame de tais pressupostos específicos, necessária a análise da pretensão de direito material deduzida em juízo. Essa segunda categoria de pressupostos farão o elo, a relação entre o que eu quero da parte contrária (pretensão material) e o que quero do Estado (provimento jurisdicional). Tais pressupostos são as **condições da ação.**

As condições da ação são pressupostos para o exercício do direito de ação, não de qualquer processo, mas de processo específico, pois fazem ligação entre a pretensão material e o direito de ação.

Em nosso sistema, são duas as condições da ação: **interesse processual e a legitimidade** (arts. 17 e 485, VI, CPC). No CPC/1973 eram três: legitimidade, interesse de agir e **possibilidade jurídica do pedido.** Porém, o CPC suprimiu esta última da categoria das condições da ação.

> Art. 17. Para postular em juízo é necessário ter interesse e legitimidade.

> Art. 485. O juiz não resolverá o mérito quando:

> (...)

> VI – verificar ausência de legitimidade ou de interesse processual;

4.1.2 Interesse processual ou interesse de agir

É a relação de **necessidade** e **adequação** entre o provimento jurisdicional que se requer do Estado e a pretensão material formulada contra a parte contrária.

É preciso que o provimento solicitado ao Estado seja **necessário** à satisfação da pretensão material deduzida. Se a pretensão puder ser alcançada sem a interferência do Estado, qual seria a razão de movimentação do mesmo?

Além de necessário, o provimento jurisdicional deverá ser **adequado** à satisfação da pretensão deduzida em juízo.

Podemos resumir essa relação em uma relação de **utilidade**. O provimento requerido ao Estado precisa ser **útil** àquela pretensão de direito material.

É muito comum se "alargar" o espaço do interesse processual. Não se deve analisar se a pretensão material é boa ou má, justa ou injusta. Não se deve adentrar no mérito. Analisa-se o interesse processual pela petição inicial.

No processo do trabalho, temos como exemplo os casos de estabilidade no emprego, as chamadas estabilidades provisórias.

O art. 8°, VIII, da CF prevê a estabilidade do Dirigente Sindical, desde o registro da candidatura até um ano após o término do mandato. É considerada estabilidade absoluta, isto é, o Dirigente Sindical protegido pela estabilidade não pode ser dispensado por seu empregador. Para ser dispensado, necessário o ajuizamento de Inquérito Judicial para Apuração de Falta Grave, ação judicial de natureza constitutivo-negativa.

Também temos a empregada gestante, prevista no art. 10, II, *b*, do ADCT da CF, que possui proteção contra a dispensa arbitrária ou sem justa causa, desde o início do estado de gravidez até cinco meses após o parto. Dispensa arbitrária é aquela que é imotivada, sem qualquer motivação. Sem justa causa é a dispensa que não tem uma justa causa, podendo ter motivação técnica, econômica ou financeira. A **empregada gestante poderá ser dispensada por justa causa e, nesse caso, o empregador não precisará ajuizar o Inquérito Judicial para Apuração de Falta Grave**. Nesse caso, se o empregador ajuizar o mencionado procedimento especial (Inquérito Judicial), lhe faltará interesse processual, já que a empregada gestante pode ser dispensada por justa causa e tal provimento é desnecessário para sua satisfação.

90 Direito Processual do Trabalho

4.1.3 Legitimidade

É a chamada pertinência subjetiva da ação. Legitimidade é a titularidade do direito de ação.

O processo civil individual definiu uma regra básica em que o titular do direito de ação é também o titular do direito material que será discutido, estabelecendo uma **regra de coincidência**. Tal regra de coincidência consubstancia a chamada legitimação ordinária (art. 18, CPC).

> Art. 18. Ninguém poderá pleitear direito alheio em nome próprio, salvo quando autorizado pelo ordenamento jurídico.

Contudo, o processo admite uma regra diferente da constante no citado art. 18, prevendo uma situação diversa da legitimação ordinária. Trata-se de uma **regra de não coincidência**, em que o titular do direito de ação não é o titular do direito material que será discutido em juízo. Tal não coincidência se trata da legitimação extraordinária.

A legitimação extraordinária poderá ser de duas espécies:

a) **Legitimação extraordinária concorrente:** hipótese em que se tem um legitimado extraordinário, que será o titular do direito de ação, mas não é o titular do direito material, mas a lei mantém a legitimação ordinária do titular do direito material. Daí o termo "concorrente".

b) **Legitimação extraordinária exclusiva:** nesta espécie, temos o legitimado extraordinário, titular do direito de ação, mas não é titular do direito material deduzido em juízo. Porém, nesse caso, a lei suprime a legitimação ordinária do titular do direito material. Foi na legitimação extraordinária exclusiva que o termo "substituição processual" apareceu pela primeira vez.

O termo "substituição processual" passou a ser usado em qualquer espécie de legitimação extraordinária como sinônima. No processo do trabalho, só temos legitimação extraordinária **concorrente**.

4.2 Substituto processual

Trata-se de um legitimado extraordinário, titular do direito de ação, movendo ação em nome próprio, porém, defendo direito material alheio, do substituído. Eis razão da definição clássica da doutrina: **substituto processual age em nome próprio, defendendo direito alheio.**

O substituto processual não precisa da autorização do titular do direito material, ou seja, do substituído, já que demanda em nome próprio. Entretanto, o substituído (titular do direito material) poderá intervir no processo como assistente litisconsorcial, nos termos do parágrafo único do art. 18 do CPC, passando, assim, a também ser parte no processo, podendo praticar todos os atos inerentes à parte, até mesmo atos de disponibilidade.

O substituto poderá praticar atos de disponibilidade do processo, já que é titular da ação, mas não poderá praticar atos de disponibilidade do direito material, uma vez que, do direito material, ele não é titular. Se houver resolução do processo com julgamento do mérito em caso de renúncia, transação ou reconhecimento da procedência do pedido (art. 487, III, CPC), estaremos diante de ato de disponibilidade de direito material.

4.2.1 Distinção entre o representante processual e o substituto processual

Substituto processual	Representante processual
Age em nome próprio, defendendo direito alheio. É parte no processo, já o substituído não.	Age em nome alheio, defendendo direito alheio. Está no processo em nome do representado e defendendo direito do representado.
As custas e os ônus processuais recaem sobre o substituto, já que este é parte no processo, e não sobre o substituído.	As custas e os ônus processuais recaem sobre o representado, e não sobre o representante.
Os efeitos da sentença recaem sobre o substituto, já que este é parte no processo, mas recaem também sobre o substituído, pois é o titular do direito material que está sendo julgado.	Os efeitos da sentença recaem sobre o representado e não sobre seu representante.

92 Direito Processual do Trabalho

4.2.2 Substituição processual no processo do trabalho

A primeira hipótese de legitimação extraordinária está prevista no art. 195, § 2°, da CLT. Cuida da ação de cobrança do adicional de insalubridade e de periculosidade e autoriza o sindicato a mover esta ação como substituto processual em favor dos sócios/sindicalizados. Trata-se de **legitimação extraordinária concorrente**.

> Art. 195. A caracterização e a classificação da insalubridade e da periculosidade, segundo as normas do Ministério do Trabalho, far-se-ão através de perícia a cargo de Médico do Trabalho ou Engenheiro do Trabalho, registrados no Ministério do Trabalho. (Redação dada pela Lei n° 6.514, de 22.12.1977.)
>
> (...)
>
> § 2° Arguida em juízo insalubridade ou periculosidade, seja por empregado, seja por Sindicato em favor de grupo de associado, o juiz designará perito habilitado na forma deste artigo, e, onde não houver, requisitará perícia ao órgão competente do Ministério do Trabalho.

A segunda hipótese de legitimação extraordinária está no art. 872, parágrafo único, da CLT, que cuida da ação de cumprimento. Trata-se da ação de cumprimento de **sentença normativa** (proferida no dissídio coletivo). A sentença normativa não forma título executivo, razão pela qual necessita da Ação de Cumprimento para ter sua eficácia garantida, caso não seja cumprida ou seja violada.

Nesses termos, o sindicato está autorizado a mover a Ação de Cumprimento como substituto processual em favor dos sócios/sindicalizados. Também se trata de **legitimação extraordinária concorrente**.

> Art. 872. Celebrado o acordo, ou transitada em julgado a decisão, seguir-se-á o seu cumprimento, sob as penas estabelecidas neste Título.

Parágrafo único. Quando os empregadores deixarem de satisfazer o pagamento de salários, na conformidade da decisão proferida, poderão os empregados ou seus sindicatos, independentes de outorga de poderes de seus associados, juntando certidão de tal decisão, apresentar reclamação à Junta ou Juízo competente, observado o processo previsto no Capítulo II deste Título, sendo vedado, porém, questionar sobre a matéria de fato e de direito já apreciada na decisão. (Redação dada pela Lei nº 2.275, de 30.07.1954.)

No processo do trabalho, a substituição processual foi utilizada como uma espécie de coletivização do processo. Ao invés de cada trabalhador mover sua ação individual, o sindicato, com uma única ação, pode obter uma tutela jurisdicional para uma coletividade de trabalhadores.

As duas hipóteses de substituição processual da CLT diferem da hipótese de substituição do CPC.

O sindicato, para suscitar dissídio coletivo (art. 859, CLT), precisa de **autorização** da assembleia da categoria. No **dissídio coletivo**, o Sindicato atua como **representante processual**, e não substituto processual.

A Lei nº 8.036/1990, em seu art. 25, autoriza o Sindicato a mover ação como substituto processual para cobrar os depósitos de FGTS em **favor dos trabalhadores da categoria e não somente em nome dos sócios**.

Art. 25. Poderá o próprio trabalhador, seus dependentes e sucessores, ou ainda o Sindicato a que estiver vinculado, acionar diretamente a empresa por intermédio da Justiça do Trabalho, para compeli-la a efetuar o depósito das importâncias devidas nos termos desta lei.

Parágrafo único. A Caixa Econômica Federal e o Ministério do Trabalho e da Previdência Social deverão ser notificados da propositura da reclamação.

A grande questão debatida sobre substituição processual veio com a CF/1988. O art. 8º, III, estabeleceu a regra de que cabe ao sindicato defender os direitos coletivos e individuais dos membros da categoria, inclusive judicialmente. Surgiu polêmica se o dispositivo constitucional estava atribuindo ao sindicato ampla legitimação extraordinária para atuar na tutela de qualquer direito, coletivo ou individual, da categoria. O TST, na antiga Súmula nº 310, adotou uma concepção restritiva, de que a regra do processo do trabalho era a legitimação ordinária (art. 6º, CPC/1973; art. 18 CPC/2015), só havendo legitimação extraordinária excepcionalmente nas hipóteses autorizadas por lei. Após severas críticas, no fim da década de 1990 e início do ano 2000, o STF começou a proferir decisões no sentido de que o art. 8º, III, da CF é uma regra de ampla legitimação extraordinária do Sindicato, autorizando-o a agir como **substituto processual** na defesa de qualquer direito, coletivo ou individual, dos membros da categoria.

Em razão da posição do STF, em 2003 o TST cancelou a Súmula nº 310, não a substituindo. Nesses termos, toda a jurisprudência, inclusive do próprio TST, passou a adotar a posição do STF, admitindo a ampla legitimação extraordinária do sindicato. Mesmo nos casos em que a lei limitava aos sócios do sindicato (arts. 195, § 2º, e 872, parágrafo único, CLT), passou-se a estender a legitimação extraordinária para todos os trabalhadores. Ainda, o TST tem decidido que o Sindicato possui legitimidade extraordinária até mesmo para direitos puramente individuais de um único trabalhador.

Sempre que no processo estiver em discussão direito difuso, coletivo e individual homogêneo, a regra será a legitimação **autônoma** para interesses difusos e coletivos, e legitimação **extraordinária** para os interesses individuais homogêneos (art. 83, CDC – aplicável ao processo do trabalho), sendo tal legitimação atribuída aos órgãos governamentais, Ministério Público e às associações Civis (sindicato). Ainda, o art. 8º, III, da CF atribui ao sindicato ampla legitimação extraordinária, alcançando, inclusive, os interesses puramente individuais.

Art. 103. Nas ações coletivas de que trata este código, a sentença fará coisa julgada:

I – *erga omnes*, exceto se o pedido for julgado improcedente por insuficiência de provas, hipótese em que qualquer legitimado poderá intentar outra ação, com idêntico fundamento valendo-se de nova prova, na hipótese do inciso I do parágrafo único do art. 81;

II – *ultra partes*, mas limitadamente ao grupo, categoria ou classe, salvo improcedência por insuficiência de provas, nos termos do inciso anterior, quando se tratar da hipótese prevista no inciso II do parágrafo único do art. 81;

III – *erga omnes*, apenas no caso de procedência do pedido, para beneficiar todas as vítimas e seus sucessores, na hipótese do inciso III do parágrafo único do art. 81.

§ 1º Os efeitos da coisa julgada previstos nos incisos I e II não prejudicarão interesses e direitos individuais dos integrantes da coletividade, do grupo, categoria ou classe.

§ 2º Na hipótese prevista no inciso III, em caso de improcedência do pedido, os interessados que não tiverem intervindo no processo como litisconsortes poderão propor ação de indenização a título individual.

(...)

§ 4º Aplica-se o disposto no parágrafo anterior à sentença penal condenatória.

Nos interesses **difusos e coletivos**, na ação movida pelo MP, associação civil ou sindicato e/ou qualquer outro legitimado, a coisa julgada produzida na sentença atingirá a todos, que figurem ou não no processo. Trata-se da coisa julgada *erga omnes*, nos interesses difusos e *ultra partes* nos interesses coletivos (art. 103, I e II, CDC), quando a sentença for favorável/procedente ou desfavorável/improcedente ao legitimado, salvo quando for improcedente por insuficiência de provas.

96 Direito Processual do Trabalho

Já nos **interesses individuais homogêneos**, a coisa julgada atinge a todos (*erga omnes*), quem está e quem não está no processo, quando a sentença for favorável/procedente. Contudo, quando a sentença for desfavorável/improcedente por qualquer hipótese, **a coisa julgada somente atingirá quem estiver no processo** (art. 103, III, CDC). Aqui temos a coisa julgada *secundum eventum litis* em sua plenitude. Ou seja, se o sindicato move ação como substituto processual reclamando direitos dos trabalhadores de sua categoria, caso seja procedente a ação, a coisa julgada atinge o sindicato e os titulares do direito material, os trabalhadores, os quais podem, inclusive, ingressar no processo para executar o direito assegurado sem sentença. Porém, se a sentença for desfavorável, o trabalhador, que não estava no processo, poderá mover ação idêntica, já que a coisa julgada não o atingirá.

O art. 104 do CDC cuida da questão referente à litispendência (aplicável ao processo do trabalho) entre uma ação coletiva movida por um dos legitimados (MP, Associação Civil, Sindicato) na tutela de interesses difusos, coletivos e individuais homogêneos e uma ação individual. Nesse caso, **não haverá** litispendência para as ações individuais, mas os efeitos da coisa julgada *erga omnes* ou *ultra partes* a que aludem os incisos II e III do artigo anterior não beneficiarão os autores das ações individuais, **se não for requerida sua suspensão no prazo de 30 dias**, a contar da ciência nos autos do ajuizamento da ação coletiva.

> Art. 104. As ações coletivas, previstas nos incisos I e II e do parágrafo único do art. 81, não induzem litispendência para as ações individuais, mas os efeitos da coisa julgada *erga omnes* ou *ultra partes* a que aludem os incisos II e III do artigo anterior não beneficiarão os autores das ações individuais, se não for requerida sua suspensão no prazo de trinta dias, a contar da ciência nos autos do ajuizamento da ação coletiva.

Se a ação coletiva for julgada **procedente**, a ação individual será extinta e o trabalhador poderá simplesmente liquidar e executar a sentença coletiva. Porém, se a ação coletiva for julgada **improcedente**, poderá ingressar ou dar continuidade ao seu processo individual.

5

Litisconsórcio e intervenção de terceiros

5.1 Litisconsórcio

5.1.1 Conceito e base legal

É o fenômeno processual da pluralidade de partes no processo em um dos polos da ação (ativo ou passivo) ou em ambos. Essa é uma primeira classificação e se refere quanto à posição das partes no processo.

O litisconsórcio está previsto nos arts. 113 a 118 do CPC. Requisito básico para a configuração do litisconsórcio é o **vínculo** entre os sujeitos por um ponto comum, que poderá ser a comunhão de direitos, a conexão ou a afinidade por qualquer ponto comum, de fato ou de direito.

5.1.2 Classificação ou espécies

a) **Quanto à posição processual**

- **Litisconsórcio ativo:** no processo do trabalho, é chamado de **ação plúrima**, ou seja, vários reclamantes movendo ação em face de uma reclamada.

98 Direito Processual do Trabalho

- **Litisconsórcio passivo:** quando são colocados mais de um reclamado no polo passivo.
- **Litisconsórcio misto/bilateral/recíproco:** ocorre em ambos os polos da relação jurídica processual.

b) **Quanto ao momento de formação**

- **Litisconsórcio inicial (formado na petição inicial).**
- **Litisconsórcio ulterior ou superveniente** (por aditamento da inicial, denunciação da lide ou chamamento ao processo).

c) **Quanto ao resultado ou regime material**

- **Litisconsórcio simples:** admite resultados diferentes para cada litisconsorte.
- **Litisconsórcio unitário:** o resultado deve ser único/idêntico para cada litisconsorte. Só será unitário por conta do direito material ser único e indivisível = **comunhão indivisível**. Todo litisconsórcio baseado em afinidade, conexão ou comunhão divisível é **simples**, uma vez que cada litisconsorte defende o seu direito ou a parte certa e determinada. Em regra, todo litisconsórcio unitário é necessário e o litisconsórcio simples é facultativo (mas existem exceções).

d) **Quanto à obrigatoriedade**

- **Litisconsórcio facultativo:** vem regulado no art. 113 do CPC e é aquele formado em razão da vontade da parte. Esta "faculdade" é para o autor, que estabelecerá os limites objetivos e subjetivos do processo. Caberá quando houver:
  - □ **comunhão de direitos ou obrigações** (ex.: obrigações solidárias ativas ou passivas): no processo do trabalho temos a hipótese do **grupo econômico** (art. 2°, § 2°, CLT) como litisconsórcio passivo facultativo;
  - □ **conexão entre as ações:** ou seja, quando nas ações existem a mesma causa de pedir ou o mesmo pedido. Nesse caso, o juiz **deve** reunir as ações conexas (art. 55, § 1°, CPC). **Exceção:** o autor poderá ou não formar o litisconsórcio, mas, se o juiz verificar a conexão, o magistrado

Litisconsórcio e intervenção de terceiros 99

irá reunir as ações e teremos um litisconsórcio ulterior, formado no curso do processo pelo juiz;

☐ **afinidade de questões por um ponto comum de fato ou de direito:** trata-se de hipótese mais ampla do que a anterior. É muito comum nessa hipótese aparecer o litisconsórcio multitudinário (multidões), caso em que o juiz poderá limitar o litisconsórcio.

▪ **Litisconsórcio necessário:** está previsto no art. 114 do CPC. É aquele obrigatório para a validade do processo. A necessidade decorre da lei que o prevê expressamente ou da natureza indivisível da relação jurídica debatida. Ex.: no polo passivo da ação de usucapião, é necessário incluir os confrontantes (art. 246, § 3°, CPC). Na hipótese de litisconsórcio necessário, a eficácia da sentença depender da citação de todos os litisconsortes.

Observação

Sempre que o direito material for único e indivisível, o litisconsórcio será **unitário** (art. 116, CPC), ou seja, a sentença deve ser uniforme para todos os litisconsortes (sob pena de **nulidade** – art. 115, I, CPC) e, em regra, também será **necessário, salvo quando a lei prever legitimidade concorrente disjuntiva para os titulares do direito, torando-o facultativo.** Ex.: os condôminos que, de acordo com o art. 1.314 do Código Civil, podem mover ação para defesa da coisa comum em conjunto ou isoladamente. Quando a sentença puder ser diferente em litisconsórcio necessário, a sentença será **ineficaz** apenas para os que não forem citados (art. 115, II, CPC). Se o juiz verificar no início do processo que o litisconsórcio é necessário passivo e o autor não o formou, o magistrado determina ao autor que providencie a citação dos demais litisconsortes, sob pena de extinção do processo sem resolução de mérito. No processo do trabalho, o juiz determinará o autor que **emende a petição inicial** (e não providencie a citação) e formule o pedido contra os demais litisconsortes necessários, sob pena de extinção do processo sem resolução de mérito.

----

100 Direito Processual do Trabalho

- **Litisconsórcio multitudinário (art. 113):** trata-se do litisconsórcio com número elevado de litisconsortes, ou seja, gera uma **multidão** em um dos polos da ação. Se a "multidão" for facultativa, poderá ser reduzido de ofício ou a requerimento quando:

  1. impedir a rápida solução do litígio; ou

  2. dificultar a defesa ou o cumprimento de sentença.

  O requerimento de redução do litisconsórcio interrompe o prazo de resposta ou de manifestação, que recomeça com a intimação da decisão.

Observação

Apesar de a lei não detalhar, a redução do litisconsórcio ocorrerá por meio do desmembramento do processo em quantos forem necessários, os quais tramitarão perante o mesmo juízo que já estará prevento.

- **Implementação do litisconsórcio ativo necessário:** quando um dos litisconsortes se recusa a mover a ação com os demais, a doutrina diverge quanto à solução: Fred Didier e Alexandre Freitas Câmara entendem que tal situação é **inconstitucional**, uma vez que fere o acesso à justiça, não se podendo vedar a defesa individual do direito. Bedaque e Nelson Nery sugerem que basta citar o litisconsorte relutante como réu. Já para Cássio Scarpinella Bueno e Marcus Vinícius Rios Gonçalves, o litisconsorte relutante deve ser citado **antes** do réu para poder escolher: 1. integrar o polo ativo; 2. integrar o polo passivo, resistindo ao pedido; 3. silenciar, ocasião em que se tornará revel. A escolha do litisconsorte é irrelevante, pois, para a validade do processo, basta que seja citado.

- **Hipóteses de litisconsórcio necessário no processo do trabalho:**

  Súmula nº 406, TST – litisconsórcio na ação rescisória: o item I da referida súmula prevê que, na ação rescisória, o litisconsórcio é necessário no polo passivo quando houver indivisibilidade do objeto. Imaginemos uma ação rescisória ajuizada pelo MPT em que não foi parte no processo no qual foi proferida a sentença que se pretende rescindir. Nesse caso, a sentença será ou não rescindida para o autor e réu da ação originária. O que a súmula chama de "indivisibilidade" em verdade é litisconsórcio **unitário**. Necessariamente o MPT deverá formar um litisconsórcio passivo com o autor e o réu da ação originária, uma vez que a sentença é uniforme a todos os litisconsortes. O litisconsórcio **ativo** será sempre facultativo, não podendo condicionar a ação à presença de todos os litisconsortes, mesmo que haja indivisibilidade do objeto.

> **Súmula nº 406 do TST – AÇÃO RESCISÓRIA. LITIS-CONSÓRCIO. NECESSÁRIO NO POLO PASSIVO E FACULTATIVO NO ATIVO. INEXISTENTE QUANTO AOS SUBSTITUÍDOS PELO SINDICATO (conversão das Orientações Jurisprudenciais nºs 82 e 110 da SBDI-2) – Resolução nº 137/2005, *DJ* 22, 23 e 24.08.2005.**
>
> I – O litisconsórcio, na ação rescisória, é necessário em relação ao polo passivo da demanda, porque supõe uma comunidade de direitos ou de obrigações que não admite solução díspar para os litisconsortes, em face da indivisibilidade do objeto. Já em relação ao polo ativo, o litisconsórcio é facultativo, uma vez que a aglutinação de autores se faz por conveniência e não pela necessidade decorrente da natureza do litígio, pois não se pode condicionar o exercício do direito individual de um dos litigantes no processo originário à anuência dos demais para retomar a lide. (Ex-OJ nº 82 da SBDI-2 – inserida em 13.03.2002.)
>
> II – O Sindicato, substituto processual e autor da reclamação trabalhista, em cujos autos fora proferida a decisão rescindenda, possui legitimidade para figurar como réu na ação rescisória, sendo descabida a exigência de citação de todos os empregados substituídos, porquanto inexistente litisconsórcio passivo necessário. (Ex-OJ nº 110 da SBDI-2 – *DJ* 29.04.2003.)

Reforma trabalhista: foi acrescentado o § 5º ao art. 611-A da CLT, prevendo que no caso de **ação anulatória**, individual ou coletiva, de cláusula de ACT ou CCT, o litisconsórcio é necessário em relação aos sindicatos subscritores. A doutrina sustenta ser uma forma de se inibir e dificultar o ajuizamento deste tipo de ação na forma **individual**, isso porque, em caso de anulação da cláusula, ela alcançaria apenas o trabalhador envolvido, e não toda a categoria econômica, não havendo o que justifique o litisconsórcio nesse caso.

Intermediação fraudulenta de mão de obra (terceirização ilícita): sempre que houver uma intermediação fraudulenta de mão de obra, deverão integrar o polo passivo o tomador dos serviços, requerendo-se a anulação do contrato com o intermediário por fraude. Nesse caso, teremos um **litisconsórcio unitário**, pois ou se anula o contrato para todos ou não se anula para ninguém. Assim, teremos aqui um **litisconsórcio necessário**, já que seu regime será unitário.

5.1.3 Outras espécies de litisconsórcio

a) **Litisconsórcio anômalo:** é aquele em que os litisconsortes são adversários em outra ação. Ex.: denunciante e denunciado da lide na ação principal (arts. 127 e 128, I, CPC).

b) **Litisconsórcio alternativo:** é aquele fundado em dúvida razoável sobre o verdadeiro legitimado (Cândido Rangel Dinamarco): o autor move ação contra os prováveis legitimados, pedindo que a sentença de mérito só atinja o verdadeiro legitimado. Ex.: consignação em pagamento com dúvida sobre quem deve receber. O art. 339, § 2º, do CPC prevê que, quando o réu alegar ilegitimidade, ele **deve** indicar o verdadeiro legitimado e o autor pode optar por incluir o indicado.

c) **Intervenção litisconsorcial voluntária:** trata-se de um litisconsórcio facultativo, **ulterior**, por iniciativa de quem não era parte na ação. Ex.: o PM 1 que move ação contra o Estado e outro PM 2 pede para ingressar na ação movida como litisconsorte, por entender que tem direito igual (não o mesmo). O CPC não trata expressamente da matéria, mas prevê que, após o despacho saneador, é vedado alterar o pedido ou a causa de pedir. Parte da doutrina admite a intervenção com base na economia processual, desde que: (i) antes do despacho saneador (com o saneador ocorre a estabilização objetiva da demanda: nem com o consentimento do réu é possível alterar pedido ou causa de pedir); e (ii) desde que não exista liminar (Cândido Rangel Dinamarco e José Roberto Bedaque). Outros entendem que a intervenção é **inconstitucional**, por ofensa ao princípio do juiz natural, já que permitiria ao interveniente escolher o juízo (Alexandre Câmara e Vicente Greco Filho), o que será irrelevante nas comarcas com vara única. Na prática, o art. 55, § 3º, do CPC determina a reunião dos processos quando tramitarem em juízos diferentes, o que enfraquece essa segunda corrente.

d) **Litisconsórcio eventual:** é aquele que somente será necessário conforme o tipo de ação escolhido.

e) **Intervenção *iussu judicis*:** é a intervenção por força do juiz, que coloca alguém no polo passivo da ação por ato de autoridade. Foi admitido no STF em mandado de segurança quando se incluiu mais uma autoridade coatora. É excepcional em razão do princípio dispositivo, segundo o qual a parte autora escolhe quando e contra quem quer mover ação. Por isso, só pode ser aceito nas ações impessoais, como são os remédios constitucionais. O CPC, de certa forma, admite essa figura quando, por exemplo, ao tratar da produção antecipada da prova, permite ao juiz, de ofício, determinar a citação de eventuais interessados quando houver caráter contencioso. Para o ministro Luiz Fux, é sinônimo de litisconsórcio necessário (em doutrina e acórdãos do STJ como relator), mas a rigor é instituto diverso: no litisconsórcio necessário, o máximo que o juiz faz é intimar o autor para que cite mais um litisconsorte, sob pena de extinção do processo (o autor escolhe). Na intervenção *iussu judicis*, o juiz determina a citação de mais alguém sem consultar o autor.

f) **Litisconsórcio pendular:** decorre da legitimidade bifronte da pessoa jurídica de direito público lesada que, na ação popular e na ação de improbidade em que não é autora, é litisconsorte e pode escolher compor o polo ativo ou o polo passivo.

5.1.4 Regras sobre a relação entre os litisconsortes – regime processual (art. 117, CPC)

Em geral, cada litisconsorte é um litigante autônomo nas relações com o adversário: cada um arca com o pagamento das custas processuais, na medida do seu direito e recebe ou paga honorários de sucumbência na proporção da sua atuação. Os atos ou omissões de um não aproveitam e nem prejudicam os demais litisconsortes.

No litisconsórcio simples, a regra é a **independência** (autonomia absoluta), ou seja, a conduta de um não prejudica nem beneficia os demais, **salvo** a prova produzida (**princípio da comunhão da prova**), recursos e defesas baseados em tese ou direito comum. Ex.: o curso move ação de cobrança contra 50 alunos, no mesmo ano. Se um deles alegar prescrição, poderá beneficiar a todos.

No litisconsórcio **unitário**, a regra é a **dependência** (autonomia mitigada), ou seja, os atos benéficos de um favorecem a todos, sempre. Porém, os atos prejudiciais não prejudicam nem mesmo quem os praticou, **salvo** se ratificado por todos. A autonomia também é mitigada por alguns princípios ou regras específicas.

Nos termos do art. 1.005 do CPC, a interposição de recurso por um litisconsorte aproveita aos demais, **salvo** se forem distintos os interesses.

Conforme art. 229 do CPC, litisconsortes com advogados de escritórios diferentes, no processo físico, terão prazo em dobro, **salvo** para recorrer se somente um sucumbiu, nos termos da

Súmula n° 641 do STF (essa regra não se aplica ao processo do trabalho, conforme OJ n° 310, SDI-1, TST).

5.1.5 Litisconsórcio no processo do trabalho

O art. 842 da CLT prevê a possibilidade de ações plúrimas quando houver identidade de matéria em face da mesma reclamada. Trata-se de conceito extremamente genérico e pouco técnico.

Por essa razão, aplica-se supletiva e subsidiariamente o CPC ao processo do trabalho quanto ao litisconsórcio.

5.2 Intervenção de terceiros no processo do trabalho

5.2.1 Conceito e base legal

A **intervenção de terceiros** está prevista nos arts. 119 e ss. do CPC. Trata-se do ingresso de terceiro em um processo alheio desde que devidamente autorizado por lei. Esse terceiro é quem, originariamente, não era parte no processo.

Justificativas:

■ Em razão das relações jurídicas serem interligadas e a decisão sobre uma, influi em outras.
■ Economia processual, uma vez que, permitindo a intervenção de terceiros, evita-se mais um processo.
■ A harmonia nas decisões, evitando-se decisões conflitantes.

5.2.2 Espécies de intervenção de terceiros

O CPC traz cinco espécies: **assistência, denunciação da lide, chamamento ao processo, incidente de desconsideração da personalidade jurídica e o amigo da corte** (*amicus curiae*).

106 Direito Processual do Trabalho

O CPC não mais prevê a **nomeação à autoria**, que foi substituída por uma preliminar de ilegitimidade com indicação do legitimado (arts. 338 e 339, CPC). A **oposição** passou a ser uma ação de **procedimento especial** de conhecimento.

O recurso de terceiro prejudicado, embora previsto apenas como legitimidade recursal no art. 996 do CPC, a rigor, é uma intervenção de terceiros: o terceiro que poderia ter sido assistente ingressa no processo recorrendo da decisão que pode lhe prejudicar.

Existem algumas espécies **fora** do CPC: a) assistência provocada; b) intervenção especial da Fazenda Pública.

5.2.3 Classificação das intervenções

a) **Quanto à iniciativa:** pode ser **intervenção espontânea**, aquele em que o terceiro peticiona livremente sem ser intimado (assistência, *amicus curiae*), e **intervenção provocada/forçada**, que é aquela em que o terceiro é citado ou intimado para intervir no processo (denunciação da lide, desconsideração PJ, *amicus curiae*, chamamento ao processo).

b) **Quanto à previsão no CPC:** pode ser **intervenção típica**, que são aquelas previstas no CPC, e as **intervenções atípicas**, que são aquelas previstas em leis especiais e que não se enquadram na sistemática do CPC (assistência provocada, intervenção especial da Fazenda, intervenção do art. 1.698, segunda parte, do Código Civil).

c) **Intervenção adesiva e intervenção principal:** adesiva ocorre quando o terceiro ingressa no processo como auxiliar da parte. Na intervenção principal o terceiro ingressa e assume a qualidade de parte, tornando a relação jurídica processual complexa.

> **Observação**
>
> Antes do CPC, o *amicus curiae* era intervenção atípica, apesar de suas peculiaridades.

5.2.4 Competência

Em regra, a intervenção de terceiros não altera a competência, **salvo** a intervenção da União, Estado e outros entes públicos.

5.2.5 Ampliação do processo

Todas as intervenções geram ampliação subjetiva, já que trazem ao processo mais um sujeito além de autor e réu. Denunciação da lide, chamamento ao processo e incidente de desconsideração de PJ geram ampliação objetiva da lide.

5.2.6 Assistência (arts. 119 a 124, CPC)

5.2.6.1 *Conceito*

Trata-se da intervenção que permite ao terceiro ingressar para ajudar uma das partes. O parágrafo único do art. 119 prevê que cabe em qualquer processo, em qualquer fase e grau de jurisdição.

> **Observação**
>
> A assistência cabe tanto na execução quanto no processo de conhecimento, comum ou especial. Não cabe nos Juizados Especiais (art. 10, Lei n° 9.099/1995).

108 Direito Processual do Trabalho

> Art. 119 (...)
>
> Parágrafo único. A assistência será admitida em qualquer procedimento e em todos os graus de jurisdição, recebendo o assistente o processo no estado em que se encontre.

O que qualifica a assistência é o interesse jurídico. O pedido de ingresso do assistente é feito por petição escrita. Não havendo impugnação, no prazo de 15 dias, o juiz acolhe o pedido, salvo caso de rejeição liminar. Caso haja impugnação, o juiz decide, sem suspensão do processo É uma decisão interlocutória.

Assim, no processo civil, cabe Agravo de Instrumento e no processo do trabalho não há recurso de imediato.

Apesar de a lei permitir a assistência em qualquer grau de jurisdição, o STJ restringia o Recurso Especial do Assistente Simples, concluindo que, se a parte principal não recorreu, o Assistente Simples não poderia recorrer. Porém, o CPC, no parágrafo único do art. 121, prevê que, se o Assistido for revel ou omisso, o assistente simples se torna **substituto processual** (parte principal).

> Art. 121. O assistente simples atuará como auxiliar da parte principal, exercerá os mesmos poderes e sujeitar-se-á aos mesmos ônus processuais que o assistido.
>
> Parágrafo único. Sendo revel ou, de qualquer outro modo, omisso o assistido, o assistente será considerado seu substituto processual.

O TST consagra expressamente o cabimento da assistência no processo do trabalho, conforme Súmula nº 82.

5.2.6.2 *Requisito básico*

O requisito básico é o interesse jurídico, que nasce de uma relação jurídica paralela com a relação jurídica material debatida no processo.

Litisconsórcio e intervenção de terceiros **109**

5.2.6.3 *Espécies de assistência*

a) **Assistência simples:** o interesse jurídico é **indireto**. O assistente simples tem relação jurídica somente com o assistido. É uma relação jurídica diferente, mas **dependente** da relação discutida no processo. **Ex.: sublocatário.** O assistente simples é **parte secundária** e **subordinada** ao Assistido, podendo fazer tudo para ajudar e suprir as omissões do assistido, mas não poderá contrariar o mesmo, e não impede o reconhecimento do pedido, a desistência da ação, a transação e a renúncia (arts. 121 e 122, CPC). O assistente simples não é atingido pela coisa julgada, mas pelo efeito da justiça da decisão (art. 123, CPC), ou seja, o assistente não poderá discutir com o assistido a justiça da decisão do processo em que interveio, salvo se pelo estado em que recebeu o processo ou em razão da conduta do assistido, o assistente não pôde influir na decisão. Se o assistido for omisso ou revel, o assistente torna-se substituto processual, passando a ser parte em nome próprio defendendo direito alheio.

> Art. 122. A assistência simples não obsta a que a parte principal reconheça a procedência do pedido, desista da ação, renuncie ao direito sobre o que se funda a ação ou transija sobre direitos controvertidos.

> Art. 123. Transitada em julgado a sentença no processo em que interveio o assistente, este não poderá, em processo posterior, discutir a justiça da decisão, salvo se alegar e provar que:

> I – pelo estado em que recebeu o processo ou pelas declarações e pelos atos do assistido, foi impedido de produzir provas suscetíveis de influir na sentença;

> II – desconhecia a existência de alegações ou de provas das quais o assistido, por dolo ou culpa, não se valeu.

b) **Assistência litisconsorcial (art. 124, CPC):** o interesse jurídico é **direto**. O assistente litisconsorcial tem relação jurídica com o adversário co assistido, exatamente a relação jurídica discutida no processo, ou seja, o assistente litisconsorcial é titular ou legitimado para pleitear o direito discutido na lide. O assistente litisconsorcial tem **autonomia de litisconsorte** e é atingido pela coisa julgada, pois, em regra, é titular do direito objeto da lide.

Observação

A assistência litisconsorcial pressupõe substituição processual: o assistido é sempre um substituto processual e o assistente é o substituído ou um colegitimado. É quem, desde o início, poderia ter sido litisconsorte do assistido. Ex.: condômino 1 move ação contra invasor de imóvel. O condômino 2 pode ingressar como Assistente Litisconsorcial.

> Art. 124. Considera-se litisconsorte da parte principal o assistente sempre que a sentença influir na relação jurídica entre ele e o adversário do assistido.

Assistência simples	Assistência litisconsorcial
Assistente só tem relação jurídica com o assistido, relação esta diferente, mas **dependente** da discutida no processo.	Assistente litisconsorcial tem relação com o adversário do assistido. É a mesma relação jurídica discutida no processo. É titular do direito discutido, no todo ou em parte, ou é um colegitimado. Pressupõe substituição processual: o assistido é sempre um substituto processual e o assistente, em regra, é o substituído.
O interesse é **indireto**.	O interesse é **direto**.
O assistente simples é parte secundária e indireta.	O assistente litisconsorcial ingressa com autonomia de litisconsorte.
Se o assistido for omisso ou revel, o assistente torna-se substituto processual (torna-se parte).	—
Assistente simples não é atingido pela coisa julgada, mas pelo efeito da Justiça da decisão (art. 123, CPC).	Assistente litisconsorcial é atingido pela coisa julgada.

Litisconsórcio e intervenção de terceiros   **111**

5.2.6.4 Procedimento

- Terceiro peticiona o ingresso como Assistente, demonstrando seu interesse jurídico.
- **Sem suspender o processo**, o juiz ouvirá as partes em 15 dias.
- Decisão de plano ou após a instrução do processo. Sendo em primeiro grau, dessa decisão não caberá recurso imediato. Se for no Tribunal, o relator decide monocraticamente, cabendo Agravo Interno.

5.2.7 Denunciação da lide (arts. 125 a 129, CPC)

5.2.7.1 Conceito

É a intervenção de terceiros que permite às partes trazer ao processo o **garante** para exercer contra ele o direito de regresso, seja ele terceiro ou quem já é parte. É exercício antecipado de direito de regresso.

5.2.7.2 Natureza jurídica

Ação autônoma de **regresso** contra o garante.

5.2.7.3 Cabimento

É típica do processo de conhecimento, ou seja, não cabe na execução, **exceto** aqueles previstos no art. 88 do CDC. Também não cabe nos Juizados Especiais.

5.2.7.4 Hipóteses de cabimento

a) **No caso de evicção** (perda da propriedade por decisão judicial) – o adquirente que no processo corre o risco de perder a coisa pode denunciar da lide o alienante imediato.

112 Direito Processual do Trabalho

Observação

■ O CPC revogou a denunciação *per saltum*, prevista no art. 456 do Código Civil.

■ Pelo CPC, só nesse caso cabe denunciação sucessiva **uma única vez** para que o denunciado traga o seu alienante imediato.

---

b) **Quando a lei ou o contrato obriga alguém a indenizar.** Ex.: contrato de seguro.

5.2.7.5 Procedimento

■ O autor a faz na petição inicial, requerendo a citação de seu garante. Se for o reclamado, a fará na contestação.

■ Deferida a denunciação, o denunciante tem 30 dias para providenciar a citação do denunciado na mesma comarca ou dois meses em outro local, sob pena de ficar prejudicada a denunciação.

Observação

Basta ao denunciante providenciar os meios necessários para que a citação ocorra, não lhe prejudicando a demora do Poder Judiciário.

■ Citado, o denunciado: a) será réu do denunciante na ação de regresso; b) também será litisconsorte do denunciante na **ação principal**.

Observação

■ Como litisconsorte na ação principal, a Seguradora (denunciada) tem **autonomia** de parte principal; será atingida pela coisa julgada.

■ Se o denunciado for vencido na ação principal e na denunciação, poderá ser executado diretamente pelo vencedor da ação principal, nos

Litisconsórcio e intervenção de terceiros **113**

limites da garantia. Em razão disso, o STJ sumulou: o Autor vencedor pode executar diretamente a seguradora denunciada da lide pelo réu, nos limites da apólice (Súmula n° 537, STJ).

■ Após a contestação do denunciado, o processo segue o procedimento da ação principal até sentença conjunta (primeiro julga-se a **ação** e só depois a **denunciação**, pois, se o denunciante vencer a ação principal, a denunciação perde o objeto e é extinta sem resolução de mérito).

A denunciação da lide é sempre **facultativa** e, se não for feita ou se o procedimento não permitir, nada impede a ação de regresso em processo autônomo.

O juiz deve indeferir a denunciação da lide quando, no caso concreto, ela contrariar a economia processual que se pretende, trazendo questão complexa que se exigirá provas que na ação principal não serão necessárias.

Art. 125. É admissível a denunciação da lide, promovida por qualquer das partes:

I – ao alienante imediato, no processo relativo à coisa cujo domínio foi transferido ao denunciante, a fim de que possa exercer os direitos que da evicção lhe resultam;

II – àquele que estiver obrigado, por lei ou pelo contrato, a indenizar, em ação regressiva, o prejuízo de quem for vencido no processo.

§ 1º O direito regressivo será exercido por ação autônoma quando a denunciação da lide for indeferida, deixar de ser promovida ou não for permitida.

§ 2º Admite-se uma única denunciação sucessiva, promovida pelo denunciado, contra seu antecessor imediato na cadeia dominial ou quem seja responsável por indenizá-lo, não podendo o denunciado sucessivo promover nova denunciação, hipótese em que eventual direito de regresso será exercido por ação autônoma.

114 Direito Processual do Trabalho

Art. 126. A citação do denunciado será requerida na petição inicial, se o denunciante for autor, ou na contestação, se o denunciante for réu, devendo ser realizada na forma e nos prazos previstos no art. 131.

Art. 127. Feita a denunciação pelo autor, o denunciado poderá assumir a posição de litisconsorte do denunciante e acrescentar novos argumentos à petição inicial, procedendo-se em seguida à citação do réu.

Art. 128. Feita a denunciação pelo réu:

I – se o denunciado contestar o pedido formulado pelo autor, o processo prosseguirá tendo, na ação principal, em litisconsórcio, denunciante e denunciado;

II – se o denunciado for revel, o denunciante pode deixar de prosseguir com sua defesa, eventualmente oferecida, e abster-se de recorrer, restringindo sua atuação à ação regressiva;

III – se o denunciado confessar os fatos alegados pelo autor na ação principal, o denunciante poderá prosseguir com sua defesa ou, aderindo a tal reconhecimento, pedir apenas a procedência da ação de regresso.

Parágrafo único. Procedente o pedido da ação principal, pode o autor, se for o caso, requerer o cumprimento da sentença também contra o denunciado, nos limites da condenação deste na ação regressiva.

Art. 129. Se o denunciante for vencido na ação principal, o juiz passará ao julgamento da denunciação da lide.

Parágrafo único. Se o denunciante for vencedor, a ação de denunciação não terá o seu pedido examinado, sem prejuízo da condenação do denunciante ao pagamento das verbas de sucumbência em favor do denunciado.

5.2.8 Chamamento ao processo

Tal modalidade de intervenção de terceiros está prevista nos arts. 130 a 132 do CPC.

5.2.8.1 Conceito

É a intervenção de terceiros que permite ao reclamado trazer ao processo os coobrigados para exercer direito de sub-rogação.

5.2.8.2 Natureza jurídica

Trata-se de ação autônoma de sub-rogação.

5.2.8.3 Cabimento

Somente é cabível no processo de conhecimento.

5.2.8.4 Hipóteses de cabimento

No CPC, o reclamado ou é um **fiador**, ocasião em que poderá chamar ao processo os demais fiadores ou o devedor principal (afiançado), ou então o é um **devedor solidário**, e poderá chamar ao processo os demais devedores solidários.

5.2.8.5 Procedimento

- O Réu faz o chamamento na contestação.
- Deferido o chamamento, a citação deverá ser realizada em 30 dias, se na mesma comarca, ou em dois meses, se for em outro local.
- Citado, o chamado integra o polo passivo como litisconsorte.
- A sentença procedente condena todos os litisconsortes passivos e, aquele que pagar, sub-roga-se e executa a mesma sentença contra os demais litisconsortes.

Observação

- O art. 88 do CDC veda a denunciação da lide em algumas ações. E o art. 101, inciso II, do mesmo código permite que o fornecedor faça o chamamento ao processo da sua seguradora quando for réu de ação de indenização.

- O chamamento ao processo é sempre facultativo.

- O chamamento pelo fiador ao devedor principal é **indispensável** para, na fase de cumprimento de sentença, o fiador usar o benefício de ordem, sob pena de a sentença não ser título executivo judicial contra o devedor principal.

Art. 130. É admissível o chamamento ao processo, requerido pelo réu:

I – do afiançado, na ação em que o fiador for réu;

II – dos demais fiadores, na ação proposta contra um ou alguns deles;

III – dos demais devedores solidários, quando o credor exigir de um ou de alguns o pagamento da dívida comum.

Art. 131. A citação daqueles que devam figurar em litisconsórcio passivo será requerida pelo réu na contestação e deve ser promovida no prazo de 30 (trinta) dias, sob pena de ficar sem efeito o chamamento.

Parágrafo único. Se o chamado residir em outra comarca, seção ou subseção judiciárias, ou em lugar incerto, o prazo será de 2 (dois) meses.

Art. 132. A sentença de procedência valerá como título executivo em favor do réu que satisfizer a dívida, a fim de que possa exigi-la, por inteiro, do devedor principal, ou, de cada um dos codevedores, a sua quota, na proporção que lhes tocar.

5.2.9 Incidente de desconsideração da personalidade jurídica

Em regra, a pessoa jurídica possui autonomia patrimonial. É um princípio do Direito Civil, segundo o qual o patrimônio da pessoa jurídica não se confunde com os bens de seus sócios.

Porém, com o passar dos anos (anos 50 e 60), começou a haver um abuso da personalidade jurídica com base no princípio da autonomia patrimonial. Com esse cenário, surgiu a possibilidade de, verificando o julgador que a pessoa jurídica foi usada para, fraudulentamente, abusivamente, prejudicar credores, seria possível ao juiz estender a responsabilidade patrimonial pelo pagamento aos sócios. Nessa época, a teoria do *disregard doctrine* era fulcrada, por analogia, no art. 135 do Código Tributário Nacional.

Com o passar dos anos, especialmente com a entrada em vigor do Código de Defesa do Consumidor, em seu art. 28, passou-se a prever o instituto da desconsideração da personalidade jurídica quando houvesse abuso da personalidade jurídica com o fim de prejudicar direito do consumidor. Foi um grande avanço, mas ainda não possuía âmbito geral, mas dispositivo específico pressupondo relação de consumo.

Apenas com a entrada em vigor do atual Código Civil é que a desconsideração da personalidade jurídica, em seu art. 50, possibilitou a aplicação do instituto.

É possível a desconsideração **inversa** da pessoa jurídica, quando, por exemplo, um sócio pessoa física contrair dívidas e transferir seu patrimônio para a pessoa jurídica, a fim de se livrar de seus credores. O procedimento, nesse caso, será idêntico ao da desconsideração direta da PJ.

Ainda no direito material, importante a distinção entre **débito** e **responsabilidade**. Pela teoria alemã *Schuld* e *Haftung*, tem o débito aquele que efetivamente contraiu a obrigação. Por outro lado, tem responsabilidade aquele que responde judicialmente com seus bens pelo cumprimento da obrigação, pela dívida. Uma coisa é ter a obrigação, outra é responder por ela.

Em regra, quem tem o débito também tem a responsabilidade. Porém, existem casos em que a responsabilidade atingirá quem não é exatamente o devedor. Ex.: fiador que responde pela dívida, embora não seja o devedor. Isso reflete no direito processual, por se delimitar a legitimidade.

Assim, quando verificados os requisitos e o juiz decreta a desconsideração, o juiz não transforma o sócio em codevedor, mas estende a responsabilidade patrimonial a ele.

5.2.9.1 Natureza jurídica

Trata-se de incidente declaratório da responsabilidade patrimonial dos sócios.

5.2.9.2 Cabimento

Caberá em qualquer processo (conhecimento ou execução), em qualquer fase (cumprimento de sentença ou fase recursal, inclusive), no processo de conhecimento, de execução e, inclusive, nos Juizados Especiais Cíveis (art. 1.062, CPC), **sempre após a petição inicial**, pois, se for na petição inicial não seria mero incidente, mas sim cumulação de pedidos e ações. Trata-se da única hipótese de intervenção de terceiros cabível no procedimento sumaríssimo.

O art. 855-A da CLT consagra expressamente a aplicação do incidente de desconsideração da personalidade jurídica ao processo do trabalho.

5.2.9.3 Procedimento

- A parte ou o MP (fiscal da lei) requer a desconsideração através de simples petição, descrevendo os requisitos legais.
- Deferido o processamento: a) o **processo será suspenso**, sendo que a eficácia suspensiva retroage à data do protocolo do re-

Litisconsórcio e intervenção de terceiros **119**

querimento; b) o juiz comunicará o distribuidor para anotação do incidente e inclusão do sócio no polo passivo; c) o sócio será citado.

■ Citado, o sócio terá 15 dias para contestar o pedido e requerer provas.

■ Após eventuais provas, o juiz decidirá. Se for em primeiro grau, será decisão interlocutória e irrecorrível na fase de conhecimento. Na fase de execução, caberá agravo de petição. Se for em segundo grau, quem decidirá é o relator, monocraticamente, cabendo Agravo Interno ou Regimental.

■ Procedente o pedido, três coisas ocorrerão: a) o sócio é incluído no polo passivo da ação; b) reconhece a responsabilidade do sócio; c) a venda de bens dos sócios pode caracterizar fraude à execução (art. 137, CPC).

5.2.9.4 *Desconsideração da personalidade jurídica requerida na petição inicial*

Nesse caso, a desconsideração vem como **pedido** na petição inicial. A empresa continua sendo a única devedora, porém, já na petição inicial, o credor indica a citação do sócio para que seja responsável, com seu patrimônio, pelo pagamento da dívida. Não haverá incidente, mas ação dirigida a dois réus, com pedidos diferentes para cada qual.

Em tal hipótese, o processo **não será suspenso**. Verificado que a inicial preenche os requisitos, ambos, empresa e sócio, serão citados: a empresa, para se defender da dívida, e o sócio para se defender: (1) da desconsideração e (2) do pedido principal em face da empresa, por apresentar interesse na causa.

Ao final, o juiz proferirá **sentença** sobre os dois pedidos, o principal e o de desconsideração da personalidade jurídica. Se julgar improcedente o pedido principal, nos parece que a desconsideração restará prejudicada. Julgada procedente a ação, na mesma sentença, decretará ou não a desconsideração. Nesse caso, o recurso cabível será o **recurso ordinário**.

120 Direito Processual do Trabalho

Art. 133. O incidente de desconsideração da personalidade jurídica será instaurado a pedido da parte ou do Ministério Público, quando lhe couber intervir no processo.

§ 1º O pedido de desconsideração da personalidade jurídica observará os pressupostos previstos em lei.

§ 2º Aplica-se o disposto neste Capítulo à hipótese de desconsideração inversa da personalidade jurídica.

Art. 134. O incidente de desconsideração é cabível em todas as fases do processo de conhecimento, no cumprimento de sentença e na execução fundada em título executivo extrajudicial.

§ 1º A instauração do incidente será imediatamente comunicada ao distribuidor para as anotações devidas.

§ 2º Dispensa-se a instauração do incidente se a desconsideração da personalidade jurídica for requerida na petição inicial, hipótese em que será citado o sócio ou a pessoa jurídica.

§ 3º A instauração do incidente suspenderá o processo, salvo na hipótese do § 2º.

§ 4º O requerimento deve demonstrar o preenchimento dos pressupostos legais específicos para desconsideração da personalidade jurídica.

Art. 135. Instaurado o incidente, o sócio ou a pessoa jurídica será citado para manifestar-se e requerer as provas cabíveis no prazo de 15 (quinze) dias.

Art. 136. Concluída a instrução, se necessária, o incidente será resolvido por decisão interlocutória.

Parágrafo único. Se a decisão for proferida pelo relator, cabe agravo interno.

Art. 137. Acolhido o pedido de desconsideração, a alienação ou a oneração de bens, havida em fraude de execução, será ineficaz em relação ao requerente.

5.2.10 *Amicus curiae* (amigo da corte – art. 138, CPC)

Trata-se de instituto típico dos países da *commow law*. Foi introduzido no Brasil pelo regimento interno do STF, na década de 1970, e passou a ter os contornos atuais no final da década de 1990, nas leis sobre controle de constitucionalidade.

Na década de 2000, também foi previsto no CPC no julgamento da repercussão geral.

No CPC, está previsto como modalidade de intervenção de terceiros, embora exista divergência na doutrina quanto à sua natureza jurídica, tendo o Codex universalizado seu cabimento para quaisquer tipos de ações.

5.2.10.1 *Conceito*

É a intervenção que permite ao terceiro ingressar para auxiliar o juízo (Tribunal) a chegar na melhor decisão. O *amicus curiae* não tem interesse jurídico na demanda. O resultado da ação não o atinge, direta ou indiretamente. O seu interesse é no precedente, na tese jurídica a ser firmada.

5.2.10.2 *Cabimento*

Em regra, cabe em processo de conhecimento, já que neste pode ter uma decisão, um precedente.

5.2.10.3 *Requisitos*

Quanto à causa (requisitos objetivos – alternativos), exige-se que:

a) a matéria seja relevante;
b) especificidade do tema;
c) repercussão social da controvérsia.

Quanto ao sujeito (requisitos subjetivos – cumulativos):

a) pessoa (natural ou jurídica), órgão ou entidade (não se exige personalidade);
b) deve ser especializada, pertinência temática;
c) representatividade adequada.

A ideia de representatividade adequada ou legitimidade conglobante reúne requisitos: condição efetiva para contribuir com o julgamento, incluindo desde a constituição formal da pessoa jurídica, a amplitude de sua representação e capacidade econômica e jurídica.

5.2.10.4 *Poderes do* amicus curiae

O CPC prevê que cabe ao juiz ou relator fixá-los na decisão que admite ou solicita a intervenção. Em regra, o *amicus curiae* não pode recorrer (exceto Embargos de Declaração e recurso da decisão proferida no IRDR).

Observação

■ De acordo com o CPC, o amigo da corte pode ser uma intervenção espontânea (requer o ingresso) ou provocada (o juiz ou relator solicita a sua participação). A decisão que admite o amigo da corte é **irrecorrível**, nos termos do art. 138, *caput*, CPC.

■ A doutrina diverge quanto à recorribilidade da decisão que **não admite** o amigo da corte: para a **primeira corrente**, tal decisão seria recorrível, uma vez que a regra do art. 138 do CPC comporta interpretação restritiva e que, no mais, aplica-se o art. 1.015, IX, do CPC. Já a **segunda corrente** defende que essa decisão é irrecorrível em razão de uma interpretação sistemática do dispositivo, inclusive do próprio art. 138, § 3°, que restringe e taxa as hipóteses em que o amigo da corte pode recorrer.

5.2.10.5 Prazo

O prazo para manifestação é de 15 dias, contados da decisão que solicita ou admite.

5.2.10.6 Ingresso da União ou ente federal

O ingresso da União ou ente federal como amigo da corte não desloca a competência.

5.2.10.7 Capacidade postulatória

O art. 138 não exige advogado para o *amicus curiae*. O amigo da corte é um mecanismo de legitimação das decisões judiciais, e sua importância cresce na mesma proporção em que se valorizam os precedentes. Mesmo que se admita que o art. 138 ampliou e facilitou a intervenção do amigo da corte, dispensando advogado, sem este último ele não poderá praticar atos privativos desse profissional (recorrer, peticionar, sustentação oral etc.). Contudo, nada impede o envio de documentos e a participação em audiência pública sem advogado.

Observação

Sempre houve a preocupação da jurisprudência em deixar para o caso concreto a análise dos poderes ou direitos do amigo da corte. Ex.: sobre a possibilidade de sustentação oral, o STJ já decidiu que depende do relator.

> Art. 138. O juiz ou o relator, considerando a relevância da matéria, a especificidade do tema objeto da demanda ou a repercussão social da controvérsia, poderá, por decisão irrecorrível, de ofício ou a requerimento das partes ou de quem pretenda manifestar-se, solicitar ou admitir a participação de pessoa natural ou jurídica, órgão ou entidade especializada, com representatividade adequada, no prazo de 15 (quinze) dias de sua intimação.

§ 1º A intervenção de que trata o *caput* não implica alteração de competência nem autoriza a interposição de recursos, ressalvadas a oposição de embargos de declaração e a hipótese do § 3º.

§ 2º Caberá ao juiz ou ao relator, na decisão que solicitar ou admitir a intervenção, definir os poderes do *amicus curiae*.

§ 3º O *amicus curiae* pode recorrer da decisão que julgar o incidente de resolução de demandas repetitivas.

6

Partes e procuradores

6.1 Conceito de parte

Parte no processo é quem demanda em **nome próprio** uma atuação jurisdicional do Estado e é aquele em face de quem, em **nome próprio**, essa atuação é demandada. No processo do trabalho costuma-se utilizar a denominação **reclamante** e **reclamada**. Tal nomenclatura tem origem na herança histórica do período administrativo da Justiça do Trabalho.

Trata-se de conceito eminentemente formal, um conceito do processo. Não é necessária a investigação ou análise da relação jurídica de direito material para se saber quem é parte no processo.

6.2 Princípios que regem a atuação das partes no processo

a) **Princípio da dualidade:** para que exista o processo, é necessária a existência de pelo menos duas partes em posições antagônicas. O processo possui três sujeitos e um deles é imparcial, que é o representante do Estado, o Juiz. Tem ainda dois sujeitos parciais, em posições contrapostas, que são as partes no processo, autor e réu. Trata-se de relação jurídica **trilateral**.

126 Direito Processual do Trabalho

b) **Princípio da igualdade:** as partes devem sempre receber tratamento igualitário no processo. O juiz deve tratar as partes com igualdade. Tal regra estava presente no CPC/1973 e foi repetida no CPC, em seu art. 139, inciso I. O CPC reforçou tal ideia, trazendo realce do princípio da igualdade em seu art. 7°, estabelecendo que as partes têm direito à paridade de tratamento, com os mesmos direitos, faculdades, ônus e deveres no processo.

> Art. 139. O juiz dirigirá o processo conforme as disposições deste Código, incumbindo-lhe:
>
> I – assegurar às partes igualdade de tratamento;

> Art. 7° É assegurada às partes paridade de tratamento em relação ao exercício de direitos e faculdades processuais, aos meios de defesa, aos ônus, aos deveres e à aplicação de sanções processuais, competindo ao juiz zelar pelo efetivo contraditório.

c) **Princípio do contraditório:** muitos afirmam que se trata do princípio mais relevante do processo. Tal princípio garante que a parte tenha ciência de todos os atos praticados no processo (princípio da publicidade), tendo a oportunidade de sobre eles se manifestar (princípio da ampla defesa). O princípio do contraditório está contemplado na Constituição Federal, no art. 5°, LV, e assegura às partes o pleno contraditório e a ampla defesa. No CPC, o princípio do contraditório veio extremamente reforçado em diversos dispositivos, como no próprio art. 7° acima transcrito, que em sua parte final garante à parte o "efetivo contraditório". Ainda, em seu art. 9°, o CPC reforça novamente o contraditório, estabelecendo que não se proferirá decisão contra uma das partes sem que ela seja ouvida, excetuadas as tutelas provisórias. Nessa toada, também o art. 10 do CPC destaca o contraditório e estabelece que o juiz não pode decidir com base em fundamento a respeito do qual a parte não teve a oportunidade de se manifestar, procurando-se evitar a chamada "decisão surpresa".

Art. 9º Não se proferirá decisão contra uma das partes sem que ela seja previamente ouvida.

Parágrafo único. O disposto no *caput* não se aplica:

I – à tutela provisória de urgência;

II – às hipóteses de tutela da evidência previstas no art. 311, incisos II e III;

III – à decisão prevista no art. 701.

Art. 10. O juiz não pode decidir, em grau algum de jurisdição, com base em fundamento a respeito do qual não se tenha dado às partes oportunidade de se manifestar, ainda que se trate de matéria sobre a qual deva decidir de ofício.

6.3 Capacidade processual das partes

A capacidade processual se desdobra em três espécies de capacidade:

a) **Capacidade de ser parte.**
b) **Capacidade de estar em juízo ou de agir.**
c) **Capacidade postulatória.**

São os pressupostos processuais formais **subjetivos** do processo, já que dizem respeito às partes. Analisaremos cada um desses desdobramentos.

6.3.1 Capacidade de ser parte

No direito material, a ordem jurídica vai apontar quem tem a aptidão para gozar direitos, ou seja, quem é sujeito de direitos.

Nesses termos, toda pessoa física e toda pessoa jurídica tem aptidão para titularizar direitos. No Direito Civil, isso é chamado de **capacidade jurídica**. Todo titular de direito tem capacidade de ser parte no processo. Significa que possui **plena capacidade de demandar em nome próprio e de ser demandado em nome próprio**. Portanto, toda pessoa física e toda pessoa jurídica tem capacidade de ser parte no processo. Mas o processo vai além, e reconhece que na sociedade existem alguns entes sem personalidade jurídica, ou seja, entes despersonalizados, mas que têm relevância nas relações sociais e, por isso, reconhece a capacidade de ser parte para alguns desses entes despersonalizados. Tais entes estão indicados no art. 75 do CPC:

> Art. 75. Serão representados em juízo, ativa e passivamente:
>
> I – a União, pela Advocacia-Geral da União, diretamente ou mediante órgão vinculado;
>
> II – o Estado e o Distrito Federal, por seus procuradores;
>
> III – o Município, por seu prefeito, procurador ou Associação de Representação de Municípios, quando expressamente autorizada;
>
> IV – a autarquia e a fundação de direito público, por quem a lei do ente federado designar;
>
> V – a **massa falida**, pelo administrador judicial;
>
> VI – a **herança jacente ou vacante**, por seu curador;
>
> VII – o **espólio**, pelo inventariante;
>
> VIII – a pessoa jurídica, por quem os respectivos atos constitutivos designarem ou, não havendo essa designação, por seus diretores;
>
> IX – a **sociedade e a associação irregulares e outros entes organizados sem personalidade jurídica**, pela pessoa a quem couber a administração de seus bens;
>
> X – a pessoa jurídica estrangeira, pelo gerente, representante ou administrador de sua filial, agência ou sucursal aberta ou instalada no Brasil;

XI – o **condomínio**, pelo administrador ou síndico.

§ 1º Quando o inventariante for dativo, os sucessores do falecido serão intimados no processo no qual o espólio seja parte.

§ 2º A sociedade ou associação sem personalidade jurídica não poderá opor a irregularidade de sua constituição quando demandada.

§ 3º O gerente de filial ou agência presume-se autorizado pela pessoa jurídica estrangeira a receber citação para qualquer processo.

§ 4º Os Estados e o Distrito Federal poderão ajustar compromisso recíproco para prática de ato processual por seus procuradores em favor de outro ente federado, mediante convênio firmado pelas respectivas procuradorias. (Grifos nossos.)

6.3.2 Capacidade de agir ou de estar em juízo

Vimos que todos têm capacidade e aptidão para titularizar direitos. Porém, somente algumas pessoas têm a capacidade de exercer tais direitos. A ordem jurídica vai restringir a algumas pessoas a capacidade de exercício dos direitos. São as regras de incapacidade absoluta e relativa previstas no Código Civil, oferecendo a essas pessoas mecanismos de integração da capacidade, mediante a **representação e a assistência**. No processo, quem tem plena capacidade de exercício dos direitos terá plena capacidade para agir ou estar em juízo. É a regra do art. 70 do CPC ("Art. 70. Toda pessoa que se encontre no exercício de seus direitos tem capacidade para estar em juízo"). Quem possuir restrições na capacidade de exercício dos direitos, terá as mesmas restrições na capacidade de agir no processo, ou seja, irá precisar dos mesmos mecanismos de integração, quais sejam, a representação e a assistência. É a regra do art. 71 do CPC ("Art. 71. O incapaz será representado ou assistido por seus pais, por tutor ou por curador, na forma da lei"). Deve-se transpor as regras de capacidade e exercício de Direito Civil para o Processo Civil e do Direito do Trabalho ao processo do trabalho.

130 Direito Processual do Trabalho

As regras de incapacidade civil estão nos arts. 3° e 4° do Código Civil:

> Art. 3° São absolutamente incapazes de exercer pessoalmente os atos da vida civil os menores de 16 (dezesseis) anos.
>
> **[No processo civil necessitará de um representante]**
>
> Art. 4° São incapazes, relativamente a certos atos ou à maneira de os exercer:
>
> I – os maiores de dezesseis e menores de dezoito anos;
>
> II – os ébrios habituais e os viciados em tóxico;
>
> III – aqueles que, por causa transitória ou permanente, não puderem exprimir sua vontade;
>
> IV – os pródigos.
>
> Parágrafo único. A capacidade dos indígenas será regulada por legislação especial.

Com relação à idade, a incapacidade absoluta do empregado vai até os 16 anos. A incapacidade relativa do empregado vai dos 16 aos 18 anos e, por fim, a capacidade plena é para os maiores de 18 anos.

> Art. 439, CLT. É lícito ao menor firmar recibo pelo pagamento dos salários. Tratando-se, porém, de rescisão do contrato de trabalho, é vedado ao menor de 18 (dezoito) anos dar, sem assistência dos seus responsáveis legais, quitação ao empregador pelo recebimento da indenização que lhe for devida.

A regra da idade, no Direito do Trabalho, ultrapassa os limites da capacidade e engloba o objeto do contrato de trabalho. Isso porque o art. 7°, XXXIII, da CF **proíbe o trabalho do menor de 16 anos, salvo para o aprendiz, a partir dos 14 anos.** Se trabalhar e, após, ajuizar reclamação trabalhista, será considerado **absolutamente incapaz** no processo do trabalho, e deverá ser representado. Dos 16 aos 18 anos, a incapacidade do empregado é **relativa**. O relativamente incapaz necessitará da assistência na contratação e na rescisão. Os atos praticados durante o contrato de trabalho, o adolescente pratica sozinho.

O art. 793 da CLT prevê quem será o **assistente** ao menor no processo do trabalho:

> Art. 793. A reclamação trabalhista do menor de 18 anos será feita por seus representantes legais e, na falta destes, pela Procuradoria da Justiça do Trabalho, pelo sindicato, pelo Ministério Público estadual ou curador nomeado em juízo.

A redação do dispositivo pode causar um pouco de confusão, pois prevê que a reclamação trabalhista do menor será feita **por seus representantes legais**. Porém, a redação é tecnicamente incorreta, pois o reclamante será sempre a **criança/adolescente**, que será assistido ou, excepcionalmente, representado. O art. 793 cuida do instituto jurídico da **assistência/representação**.

Em primeiro lugar, quem prestará assistência ao menor será seu representante legal (pai, mãe ou tutor). Na ausência deste, quem prestará a assistência será o membro do Ministério Público do Trabalho (MPT). Na ausência de órgão do MPT, quem prestará a assistência será o sindicato da categoria. Na ausência de sindicato, será o membro do Ministério Público Estadual quem prestará a assistência. Por fim, na ausência deste, quem prestará assistência ao menor será um curador, nomeado pelo juiz, à lide. Há, portanto, uma enumeração em ordem sucessiva.

a) Representante legal (pais, mães ou curadores).

b) MPT.

c) Diretor de sindicato.

d) MP estadual.

e) Curador nomeado pelo juiz à lide.

Trata-se de ordem sequencial **obrigatória**, não podendo ser invertida ou alterada e, se não for respeitada, incorrerá em **nulidade absoluta**.

Quanto à pessoa jurídica e o ente despersonalizado, estes também necessitarão de um **representante** para agir no processo. Trata-se de mais uma hipótese de **representação**. Tal representação é necessária, pois a pessoa jurídica é uma criação da lei e necessita de alguém que fale por elas no processo.

No processo do trabalho não existem regras regulando a matéria, razão pela qual as regras de representação de tais pessoas estão reguladas no art. 75 do CPC:

- **União:** será representada pela Advocacia Geral da União (art. 131, CF e LC n° 73/1993).
- **Estados e Distrito Federal:** serão representados por seus procuradores, pela Procuradoria dos Estados.
- **Municípios:** serão representados por seus prefeitos, procuradores ou Associação de Representação de Municípios, quando expressamente autorizada.
- **Autarquias ou fundações públicas:** serão representadas no processo por quem a lei indicar. A lei que cria tais entidades já indicará quem as representará no processo.
- **Pessoa jurídica de direito privado:** será representada por quem seus atos constitutivos designarem (contrato social, estatuto civil etc.).
- **Pessoa jurídica estrangeira:** será representada no processo pelo gerente de sua filial no Brasil.

6.3.3 Entes despersonalizados

a) **Massa falida:** será representada no processo por seu Administrador Judicial (Lei n° 11.101/2005, art. 22, III, alínea *c*). O CPC/1973 previa que o síndico representava a massa falida, termo previsto na antiga lei de falências. **Porém, quem re-**

presentará no processo a empresa em recuperação judicial? Na verdade, a empresa em recuperação judicial não perde a titularidade e administração de seus bens. Assim, terá a mesma representação das pessoas jurídicas de direito privado em geral, já que o fato de estar em recuperação judicial não tira da mesma a capacidade de ser parte e de agir em juízo.

b) **Herança vacante ou jacente:** será representada no processo por seu curador.

c) **Condomínio:** será representado no processo por seu síndico ou administrador.

d) **Espólio:** trata-se de ente sem personalidade jurídica que se forma no processo de inventário. Será representado no processo por seu inventariante. Quando se tratar de inventariante **dativo**, os **sucessores** deverão ser intimados do processo (art. 75, § 1°, CPC). Em particular, quando o empregado falece, a Lei n° 6.858/1980 traz uma peculiaridade, estabelecendo que, no caso de falecimento do empregado, o empregador deverá pagar as verbas decorrentes do contrato de trabalho para os dependentes do empregado inscritos na **Previdência Social**. Grande equívoco ocorre na prática quando, em nome do empregado falecido, a ação é ajuizada pelo Espólio. As verbas rescisórias previstas na Lei n° 6.858/1980 não se submetem ao inventário (art. 666, CPC), ou seja, não vão para o espólio e são pagas diretamente para os dependentes do empregado falecido. Nesse caso, se for necessário o ajuizamento de reclamação trabalhista na Justiça do Trabalho, não será o espólio quem ajuizará a ação, mas sim os **dependentes**. O **art. 1°, § 1°, da Lei n° 6.858/1980** prevê que as parcelas que couberem ao menor de **18 anos não podem ser pagas diretamente para a mãe ou pai, mas deverão ser depositadas em poupança em nome do menor**, **salvo** se o pagamento se destinar à aquisição de residência, subsistência ou educação da criança/adolescente:

> Art. 1° Os valores devidos pelos empregadores aos empregados e os montantes das contas individuais do Fundo de Garantia do Tempo de Serviço e do Fundo de Participação PIS-PASEP, não

> recebidos em vida pelos respectivos titulares, serão pagos, em quotas iguais, aos dependentes habilitados perante a Previdência Social ou na forma da legislação específica dos servidores civis e militares, e, na sua falta, aos sucessores previstos na lei civil, indicados em alvará judicial, independentemente de inventário ou arrolamento.
>
> § 1º As quotas atribuídas a menores ficarão depositadas em caderneta de poupança, rendendo juros e correção monetária, e só serão disponíveis após o menor completar 18 (dezoito) anos, salvo autorização do juiz para aquisição de imóvel destinado à residência do menor e de sua família ou para dispêndio necessário à subsistência e educação do menor.

Não havendo dependentes, ainda assim, esse dinheiro não irá para o espólio, já que esses valores não se submetem ao inventário, sendo que o pagamento será feito aos sucessores na linha civil. Se houver processo de inventário, junta-se uma **certidão** do mesmo apenas para indicar quem são os sucessores, já que o Juiz do Trabalho não tem competência para definir quem são os sucessores na linha civil.

e) **Sociedade de fato ou irregular:** tem capacidade de ser parte no processo (demandar e ser demandada em nome próprio). É a sociedade comercial que atua como tal, mas não tem seus atos constitutivos registrados no Registro Público das Empresas Mercantis na JUCESP. A sociedade de fato não tem atos constitutivos. A sociedade irregular será representada no processo por quem a administrar, pelo sócio que administra o negócio. O art. 75, § 2º, do CPC destaca que a sociedade de fato ou irregular não pode alegar a sua irregularidade para não ser demandada.

f) **Categoria profissional econômica no Dissídio Coletivo (hipótese particular do processo do trabalho):** no dissídio coletivo as partes são, de um lado, uma **categoria profissional** e, de outro, **categoria econômica** (art. 511, CLT). A categoria profissional e a categoria econômica serão representadas, no dissídio coletivo, por um **sindicato**. A parte é a **categoria**, o sindicato é seu **representante**. Tanto é assim, que o sindicato somente poderá suscitar o dissídio coletivo por autorização da assembleia da categoria, nos termos do art. 859 da CLT, o que revela o caráter **representativo** do sindicato. Se o sindicato fosse **parte** no dissídio coletivo, não seria necessária tal autorização, já que atuaria em nome próprio. O TST cancelou a Súmula n° 177 que afirmava a vigência do art. 859. No entanto, a súmula foi cancelada, o que poderia dar a ideia de que o dispositivo teria sido revogado. Porém, não é essa a ideia: o art. 859 da CLT não foi inteiramente recepcionado pela CF/1988, já que o art. 8°, I, consagra o princípio da autonomia sindical, que veda a intervenção do Estado na administração interna do sindicato.

6.4 Representante processual

Representante processual não é parte no processo, mas sim o **representado**. Este é que está no processo em nome próprio. O **representante** está no processo integrando a capacidade de agir do **representado**. Nesses termos, a doutrina afirma que o **representante** processual age em nome alheio, defendendo direito alheio.

6.4.1 Representação do empregador em audiência

O instituto da **preposição** está regulamentado no art. 843, § 1°, da CLT. Não se confunde com o instituto da **representação processual** do art. 75 do CPC já estudado.

> Art. 843. Na audiência de julgamento deverão estar presentes o reclamante e o reclamado, independentemente do comparecimento de seus representantes salvo, nos casos de Reclamatórias Plúrimas ou Ações de Cumprimento, quando os empregados poderão fazer-se representar pelo Sindicato de sua categoria.

§ 1º É facultado ao empregador fazer-se substituir pelo gerente, ou qualquer outro preposto que tenha conhecimento do fato, e cujas declarações obrigarão o proponente.

Trata-se da preposição da representação do empregador para um **ato** do processo, qual seja, a **audiência** e autoriza que qualquer empregador, pessoa física, jurídica ou ente despersonalizado, seja representado por uma pessoa, um **preposto**, que tenha conhecimento dos fatos discutidos no processo.

A Súmula nº 377 do TST exige que o preposto deverá ser **empregado** do empregador, a fim de se evitar a profissionalização de prepostos, exceto o empregador doméstico e a micro ou pequena empresa:

> **Súmula nº 377 do TST – PREPOSTO. EXIGÊNCIA DA CONDIÇÃO DE EMPREGADO (nova redação) – Res. nº 146/2008, *DJ* 28.04.2008, 02 e 05.05.2008.**
>
> Exceto quanto à reclamação de empregado doméstico, ou contra micro ou pequeno empresário, o preposto deve ser necessariamente empregado do reclamado. Inteligência do art. 843, § 1º, da CLT e do art. 54 da Lei Complementar nº 123, de 14 de dezembro de 2006.

Entretanto, a **Reforma Trabalhista** introduziu o § 3º ao art. 843 da CLT, dispensando a condição de empregado do preposto, podendo, portanto, ser qualquer pessoa.

> § 3º O preposto a que se refere o § 1º deste artigo não precisa ser empregado da parte reclamada.

Assim, em que pese a súmula não ter sido revista, encontra-se superada pelo art. 843, § 3º, da CLT.

Ainda, o § 2º do art. 843 da CLT autoriza que o empregado, se estiver impossibilitado de comparecer, poderá ser **representado** em audiência por um colega de profissão ou por um diretor de seu sindicato. Também não se confunde com a representação do art.

75 do CPC. O colega de profissão pode ser da mesma categoria profissional, não necessariamente da mesma profissão. É uma representação com limites mais estreitos, a fim de se evitar o arquivamento do processo ou a pena de confissão, não podendo o representante praticar atos na audiência, devendo o juiz **suspender** a audiência para que o empregado possa comparecer.

> Art. 843. (...)
>
> § 2º Se por doença ou qualquer outro motivo poderoso, devidamente comprovado, não for possível ao empregado comparecer pessoalmente, poderá fazer-se representar por outro empregado que pertença à mesma profissão, ou pelo seu sindicato.

6.5 Capacidade postulatória

O terceiro desdobramento da capacidade processual das partes é a **capacidade postulatória**. Trata-se da capacidade de **postular**, de requerer, validamente, em juízo. Ex.: petição inicial, defesa, especificação de provas, apresentação de memoriais, interposição de recursos etc.

No processo civil, a parte não tem capacidade postulatória, dependendo da presença de um advogado (art. 103, CPC), salvo hipóteses excepcionais, em situações de urgência.

Nesse aspecto, o processo do trabalho se diferencia do processo civil, já que no processo do trabalho a regra é inversa, ou seja, a parte tem capacidade postulatória (arts. 791 e 839 da CLT). Trata-se do *jus postulandi* das partes no processo do trabalho. No processo do trabalho, o advogado não é indispensável e a parte poderá postular validamente em juízo.

> Art. 791. Os empregados e os empregadores poderão reclamar pessoalmente perante a Justiça do Trabalho e acompanhar as suas reclamações até o final.

Art. 839. A reclamação poderá ser apresentada:

a) pelos empregados e empregadores, pessoalmente, ou por seus representantes, e pelos sindicatos de classe;

Essa capacidade era ampla, até mesmo para o Recurso de Revista no TST. Contudo, recentemente, a jurisprudência acabou criando algumas restrições, limitações. Tal entendimento ficou consolidado na Súmula n° 425 do TST:

> **Súmula n° 425 do TST – *JUS POSTULANDI* NA JUSTIÇA DO TRABALHO. ALCANCE. Res. n° 165/2010, *DEJT* divulgado em 30.04.2010 e 03 e 04.05.2010.**
>
> O *jus postulandi* das partes, estabelecido no art. 791 da CLT, limita-se às Varas do Trabalho e aos Tribunais Regionais do Trabalho, não alcançando a ação rescisória, a ação cautelar, o mandado de segurança e os recursos de competência do Tribunal Superior do Trabalho.

Nesses termos, o *jus postulandi* prevalece nos atos praticados na Vara do Trabalho e no Tribunal Regional do Trabalho (TRT). Não alcança os atos praticados, ou seja, os recursos, ao Tribunal Superior do Trabalho (TST). Da mesma forma, não alcança as cautelares (tutela provisória de urgência cautelar), o mandado de segurança e a ação rescisória. Nessas exceções, sempre se exigirá advogado.

O *jus postulandi* tem origem na fase administrativa da Justiça do Trabalho, como órgão do Poder Executivo, na década de 1930. Por esta razão, não se exigia a presença de advogado nas reclamações.

A Constituição Federal de 1946 incorporou a Justiça do Trabalho ao Poder Judiciário. Porém, o *jus postulandi* foi mantido, sob o argumento de que seria um instrumento importante do trabalhador para facilitar o seu acesso à Justiça.

Na Constituição Federal de 1988, o art. 133 elevou o Advogado à condição de **indispensável à administração da justiça.**

Após o advento da constituição cidadã, iniciou-se forte debate sobre a recepção ou não do *jus postulandi* pela CF/1988.

Porém, o TST e, após, o STF acabaram firmando entendimento de que os arts. 791 e 839 da CLT haviam sido recepcionados pela CF/1988, pois não guardavam incompatibilidade com o art. 133 da Constituição Federal. O entendimento foi que o art. 133 tratava da administração da justiça de forma genérica e não estava cuidando de um pressuposto específico do processo.

Após a resolução da polêmica, surgiu a Lei n° 8.906/1994 (Estatuto da Advocacia), que em seu art. 1°, I, estabeleceu que o advogado é indispensável em qualquer processo, em qualquer Justiça:

> Art. 1º São atividades privativas de advocacia:
>
> I – a postulação a ~~qualquer~~ órgão do Poder Judiciário e aos juizados especiais; (*Vide* **ADIN n° 1.127-8**) (...)

Em tese, o Estatuto da Advocacia teria revogado os arts. 791 e 839 da CLT. Porém, tal estatuto sofreu resistência muito grande quanto ao referido dispositivo e, por conta dessa resistência, foi ajuizada perante o STF a ADI n° 1.127-8. Tal ADI suspendeu a eficácia de diversos dispositivos da Lei n° 8.906/1994, inclusive do art. 1°, I, acima transcrito. O STF entendeu que a exigência genérica do advogado em qualquer processo viola a garantia constitucional do acesso à jurisdição (art. 5°, XXXV, CF). Assim, o *jus postulandi* acabou sendo **reforçado** com a sanção do Estatuto da Advocacia, sendo mantido com os limites estabelecidos na Súmula n° 425 do TST.

Importante salientar que para as demandas diversas da relação de emprego, atraídas para a Justiça do Trabalho por força da EC n° 45/2004, é aplicável o princípio da sucumbência recíproca e as partes devem, necessariamente, estar representadas por advogado.

O *jus postulandi* no processo do trabalho trazia uma consequência muito importante, qual seja, em regra, não havia no

140 Direito Processual do Trabalho

processo do trabalho condenação em sucumbência e honorários advocatícios, já que, no processo trabalhista, o advogado não é indispensável.

Porém, a regra de que não haveria condenação em honorários advocatícios e sucumbência comportava algumas **exceções** previstas na Súmula n° 219 do TST:

> **Súmula n° 219 do TST – HONORÁRIOS ADVOCATÍCIOS. CABIMENTO (alterada a redação do item I e acrescidos os itens IV a VI em decorrência do CPC de 2015) – Res. n° 204/2016, *DEJT* divulgado em 17, 18 e 21.03.2016.**
>
> I – Na Justiça do Trabalho, a condenação ao pagamento de honorários advocatícios não decorre pura e simplesmente da sucumbência, devendo a parte, concomitantemente: a) estar assistida por sindicato da categoria profissional; b) comprovar a percepção de salário inferior ao dobro do salário mínimo ou encontrar-se em situação econômica que não lhe permita demandar sem prejuízo do próprio sustento ou da respectiva família. (art. 14, § 1°, da Lei n° 5.584/1970). (Ex--OJ n° 305da SBDI-I.)
>
> II – É cabível a condenação ao pagamento de honorários advocatícios em ação rescisória no processo trabalhista.
>
> III – São devidos os honorários advocatícios nas causas em que o ente sindical figure como substituto processual e nas lides que não derivem da relação de emprego.
>
> IV – Na ação rescisória e nas lides que não derivem de relação de emprego, a responsabilidade pelo pagamento dos honorários advocatícios da sucumbência submete-se à disciplina do Código de Processo Civil (arts. 85, 86, 87 e 90).
>
> V – Em caso de assistência judiciária sindical ou de substituição processual sindical, excetuados os processos em que a Fazenda Pública for parte, os honorários advocatícios são devidos entre o mínimo de dez e o máximo de vinte por cento sobre o valor da condenação, do proveito econômico obtido ou, não sendo possível mensurá-lo, sobre o valor atualizado da causa (CPC de 2015, art. 85, § 2°).

VI – Nas causas em que a Fazenda Pública for parte, aplicar-se-ão os percentuais específicos de honorários advocatícios contemplados no Código de Processo Civil.

A **Lei nº 13.467/2017 (Reforma Trabalhista)** veio alterar esse modelo do processo do trabalho, pois acrescentou o art. 791-A, que trouxe a nova regra de sucumbência em honorários advocatícios: o advogado, mesmo em causa própria, vai receber honorários advocatícios pela sucumbência, de 5% a 15% do valor da liquidação ou do proveito econômico obtido ou do valor da causa atualizado.

Os honorários advocatícios serão devidos inclusive na sucumbência parcial (honorários recíprocos – art. 791-A, § 3º, da CLT), vedada a compensação de honorários.

Se a parte for beneficiária da justiça gratuita, os honorários advocatícios podem ser deduzidos dos valores que a parte recebeu no próprio processo ou de valores em que a parte tenha recebido em outros processos (art. 791-A, § 4º, da CLT).

Observação

- **E se a parte não tiver nenhum valor a reter?** A execução dos honorários fica numa condição suspensiva por dois anos. Se a parte for beneficiária da justiça gratuita, passados os dois anos, a execução é extinta. Se a parte não for beneficiária da justiça gratuita, ocorre a execução de imediato (essa previsão normativa é objeto da ADI nº 5.766, de julgamento pendente perante o STF).

  O TST definiu que essas regras de sucumbência em honorários somente se aplicam nas ações propostas após 11.11.2017 e início da vigência da Lei nº 13.467/2017 (art. 6º da IN nº 41/2018 do TST).

- No bojo da Ação Direta de Inconstitucionalidade nº 5.766, o STF afastou a constitucionalidade de dispositivos que restringiam o acesso à justiça (notadamente na necessidade de beneficiários da justiça gratuita arcarem com ônus processuais – arts. 790-B, *caput*, § 4º, e 791-A, § 4º,

142 Direito Processual do Trabalho

da CLT, declarados inconstitucionais), mantendo a hipótese cobrança do pagamento das custas processuais em caso de arquivamento injustificado por ausência em audiência.

6.5.1 Atuação do advogado no processo do trabalho

O advogado atuará no processo do trabalho por meio da procuração com poderes *ad judicia* (poderes gerais do processo). Essa procuração não alcança:

a) citação inicial;

b) confissão;

c) reconhecimento da procedência do pedido;

d) transação/poderes para transigir;

e) desistência da ação;

f) renúncia;

g) receber, dar quitação, firmar compromisso;

h) declaração de hipossuficiência.

Para os poderes acima, é necessário que constem expressamente na procuração poderes especiais (art. 105, CPC).

Nos termos da Súmula n° 383, item I, do TST, é admitido no processo do trabalho o chamado **mandato tácito**, que ocorre quando, ainda que não haja procuração expressa nos autos, o advogado pratica atos no processo que revelem a existência de tal mandato. Ex.: quando a parte vai acompanhada de advogado em audiência sem procuração expressa/escrita.

Conforme OJ n° 200 da SDI-1 do TST, o advogado que tenha mandato tácito não poderá substabelecer tais poderes, sendo inválido eventual substabelecimento.

7

Atos, termos, prazos e nulidades processuais trabalhistas

7.1 Introdução

7.1.1 Conceito de processo

Processo é o instrumento da jurisdição (caráter instrumental, acessório, secundário do processo). Ainda, é o conjunto ou sequência lógica de atos processuais coordenados que se sucedem no tempo, objetivando a entrega da prestação jurisdicional. O aspecto externo ou formal do processo é o procedimento, animado pela relação jurídica processual.

7.1.2 Conceito de procedimento ou rito

Procedimento é a forma ou modo pela qual o processo se desenvolve. É o "caminhar" do processo.

No processo do trabalho, prevalece o entendimento de que existem quatro ritos:

144 Direito Processual do Trabalho

a) **Procedimento sumário (dissídio de alçada):** está previsto no art. 2°, §§ 3° e 4°, da Lei n° 5.584/1970. Foi o primeiro rito célere trabalhista visando julgar causas trabalhistas de menor complexidade. Abrange os dissídios individuais (não os coletivos), cujo valor da causa seja até dois salários mínimos. O rito é fixado na data do ajuizamento da reclamatória. Ainda, prevalece o entendimento de que é constitucional a fixação de rito processual com base em valor de salário mínimo, mesmo diante de toda discussão doutrinária e jurisprudencial que envolve a temática. (Ver Súmula n° 356 do TST; Súmula Vinculante n° 4 do STF e Reclamação Constitucional n° 6266/DF, com liminar proferida em 2008 pelo Min. Gilmar Mendes).

b) **Procedimento sumaríssimo:** está previsto nos arts. 852-A a 852-I da CLT (decorar esses artigos), frutos da Lei n° 9.957/2000, e representa o segundo rito célere trabalhista. O art. 852-A, *caput*, da CLT prevê que o rito sumaríssimo abrange os dissídios individuais cujo valor da causa seja até 40 salários mínimos. A CLT é omissa quanto ao valor da causa mínimo e, sendo assim, surgiu a dúvida se o advento do procedimento sumaríssimo revogou o procedimento sumário. Prevalece o entendimento de que o advento do rito sumaríssimo **não revogou** o procedimento sumário, sob o fundamento de que o art. 2° da LINDB prevê que a revogação da lei se dá de forma expressa ou tácita, o que não ocorreu com a Lei n° 9.957/2000 (Estevão Mallet). **Conclusão:** o valor da causa no procedimento sumaríssimo abarca os processos cujo valor da causa ficam dois a 40 salários mínimos.

c) **Procedimento ordinário ou comum:** possui regras previstas na CLT e na legislação esparsa. Abrange os dissídios individuais cujo valor da causa seja superior a 40 salários mínimos. Trata-se do rito mais completo e mais complexo, com aplicação subsidiária aos demais ritos. Ex.: **qual é o prazo de defesa no rito sumaríssimo?** Há lacuna nos arts. 852-A ao 852-I da CLT, logo, aplica-se subsidiariamente as regras do procedimento ordinário, especialmente art. 847 da CLT (defesa em audiência ou oral em 20 minutos).

Observação

A **Reforma Trabalhista** trouxe parágrafo único ao art. 847 da CLT, trazendo a possibilidade da apresentação da defesa escrita no sistema PJe **até a audiência.**

d) **Procedimentos especiais**: são assim chamados, pois, possuem regras específicas. Temos os **procedimentos especiais tipicamente trabalhistas** (inquérito judicial apuração falta grave, dissídio coletivo e ação de cumprimento), bem como os **procedimentos especiais constitucionais e cíveis** admitidos na Justiça do Trabalho (mandado de segurança, *habeas corpus* e *habeas data*; ação rescisória, consignação em pagamento, ações possessórias, ação prestação de contas, ação monitória etc. – ver art. 1º da IN nº 27/2005, TST).

7.1.3 Conceito de ato processual

Trata-se de espécie de ato jurídico que visa à criação, à modificação ou à extinção da relação jurídica processual. Representa ainda a atividade dos magistrados, dos auxiliares da justiça e das partes.

7.2 Formas de comunicação dos atos processuais

■ **Primeira parte – Processo Civil**

No processo civil, as principais formas de comunicação dos atos processuais são: a citação, a intimação e o sistema de cartas.

Citação, conforme art. 238 do CPC, é o ato pelo qual são convocados o réu, o executado ou o interessado para integrar a relação processual.

Intimação, nos termos do art. 269 do CPC, é o ato pelo qual se dá ciência a **alguém** dos atos e termos do processo.

Por fim, o **Sistema de Cartas** está previsto nos arts. 236, 237, 260 a 268 do CPC. Temos a Carta Precatória, a Carta Rogatória, Carta de Ordem e Carta Arbitral.

■ **Segunda parte – Processo do Trabalho (análise da CLT)**

Como regra, a CLT usa o termo **notificação** de forma genérica. Encontramos o termo como sinônimo ora de citação, ora de intimação. A uma, por conta da origem administrativa da Justiça do Trabalho. A CF/1946 incluiu a Justiça do Trabalho como ramo do Poder Judiciário nacional. A duas, para justificar a autonomia do processo do trabalho em relação ao processo civil.

Todavia, a CLT também utiliza as palavras "citação" e "intimação". Exemplo de citação: art. 852-B, II, CLT (não se fará **citação** por edital no procedimento sumaríssimo); art. 880, CLT (MCPA – Execução Trabalhista). Exemplo de intimação: art. 825, CLT, e art. 852-H, § 2º, CLT – nos procedimentos ordinário e sumaríssimo, as testemunhas comparecerão em audiência independentemente de **intimação**.

7.2.1 Notificação inicial postal automática do reclamado

Está prevista no art. 841 da CLT. Em verdade, trata-se da **citação** trabalhista. Em regra, é feita pelo correio. É automática, pois representa um ato de servidor da secretaria da vara do trabalho.

De acordo com a CLT, recebida e protocolada a reclamação trabalhista, será aberto prazo de 48 horas para que o servidor da Secretaria da Vara remeta ao Reclamado a notificação e a contrafé (hoje, com o PJe, somente a notificação) para que, querendo, compareça em audiência e apresente sua defesa.

Esse sistema processual faz com que o juiz do trabalho tenha contato com a petição inicial apenas em audiência.

Art. 841. Recebida e protocolada a reclamação, o escrivão ou secretário, dentro de 48 (quarenta e oito) horas, remeterá a segunda via da petição, ou do termo, ao reclamado, notificando-o ao mesmo tempo, para comparecer à audiência do julgamento, que será a primeira desimpedida, depois de 5 (cinco) dias.

7.2.2 Recebimento da notificação postal pelo reclamado

Esse ato é extraído de uma interpretação sistemática e teleológica do art. 841 da CLT e da Súmula nº 16 do TST. A CLT tem lacuna quanto ao tema (art. 841, CLT). Assim, o TST, na Súmula nº 16, traz uma presunção relativa de que o reclamado recebeu a notificação no prazo de 48 horas de sua postagem.

Súmula nº 16 do TST – NOTIFICAÇÃO (nova redação) – Res. nº 121/2003, DJ 19, 20 e 21.11.2003.

Presume-se recebida a notificação 48 (quarenta e oito) horas depois de sua *postagem*. O seu não recebimento ou a entrega após o decurso desse prazo constitui ônus de prova do destinatário.

O não recebimento ou a entrega após o decurso do prazo de 48 horas constitui ônus da prova do destinatário.

Observação

■ Prevalece o entendimento de que a notificação postal não precisa ser pessoal, bastando a entrega no endereço da reclamada. Isso porque o art. 841 da CLT não exige a pessoalidade no ato de notificação, tampouco a identificação do recebedor.

■ Há uma lacuna sobre a interpretação exata do prazo entre o recebimento da notificação postal e a data da audiência. Posição majoritária na doutrina e jurisprudência envolvendo a interpretação do art. 841, *caput*, da CLT: entre o recebimento da notificação e a data da audiência, deve haver um prazo mínimo de cinco dias.

----

148 Direito Processual do Trabalho

7.2.3 Notificação por edital ou editalícia

Está prevista no art. 841, § 1°, da CLT e constitui **exceção**, quando o reclamado não for encontrado ou criar embaraços ao recebimento da notificação.

> Art. 841 (...)
>
> § 1° A notificação será feita em registro postal com franquia. Se o reclamado criar embaraços ao seu recebimento ou não for encontrado, far-se-á a notificação por edital, inserto no jornal oficial ou no que publicar o expediente forense, ou, na falta, afixado na sede da Junta ou Juízo.

Na praxe forense, alguns juízes determinam a notificação por oficial de justiça antes da utilização do edital, por ser mais efetiva. Embora sem previsão legal, a hipótese é fundamentada no art. 765 da CLT (o juiz do trabalho é o diretor do processo, possuindo ampla liberdade na sua condução). Assim, o juiz poderá buscar as ferramentas do CPC.

7.2.4 Notificação do reclamante

Ocorre, com base no art. 841, § 2°, da CLT, no ato da distribuição da reclamação trabalhista ou nas formas anteriores (postal ou edital):

> Art. 841 (...)
>
> § 2° O reclamante será notificado no ato da apresentação da reclamação ou na forma do parágrafo anterior.

7.2.5 Notificação da Fazenda Pública

O conceito processual de Fazenda Pública é: **são as pessoas jurídicas de Direito Público interno (Administração Pública direta,**

Atos, termos, prazos e nulidades processuais trabalhistas **149**

autárquica e fundacional). Estão fora desse conceito as empresas públicas e sociedades de economia mista (Nelson Nery Júnior).

Sobre o assunto, temos o **Decreto-lei nº 779/1969,** que traz prerrogativas processuais conferidas à Fazenda Pública na Justiça do Trabalho. O art. 1º, II, do Decreto-lei traz o **prazo em quádruplo** do art. 841, *caput*, da CLT. Entre o recebimento da notificação e a data da audiência, haverá prazo mínimo de 20 dias.

Observação

- **Mesmo diante da entrada em vigor do CPC (art.** 183), que prevê prazos em dobro para a Advocacia Pública, esse prazo diferenciado continua em vigor? Resposta: para uma **primeira corrente (prevalece),** o entendimento é o da manutenção do prazo em quádruplo para a Fazenda Pública, por se tratar de norma mais específica (critério da especialidade). Como temos, em tese, antinomia de primeiro grau, temos a aplicação do critério da especialidade. **Posição minoritária** aplica o art. 183 do CPC, em razão de haver tão somente lacuna ontológica e axiológica, além do sistema processual pregar a celeridade e razoável duração do processo (art. 5º, LXXVIII, CF). Além disso, a lei nova prevalece sobre a antiga (critério cronológico). Vale ressaltar que o próprio § 2º do art. 183 traz a regra da inaplicabilidade do prazo em dobro quando a lei trouxer outro prazo. Tal corrente está de acordo com o próprio art. 1º do CPC (interpretação conforme a Constituição Federal).

- A CLT e o Decreto-lei nº 779/1969 são omissos em relação à forma de notificação da Fazenda Pública. Nesses termos, poderíamos aplicar supletiva e subsidiariamente o CPC (arts. 183, 247, III, e 249), que prevê notificação pessoal por Oficial de Justiça da Fazenda Pública. Todavia, prevalece o entendimento na jurisprudência dos tribunais trabalhistas da **notificação postal** da Fazenda Pública, não obstante ser realizada pessoalmente na prática. O fundamento está no fato de que, se a CLT e o Decreto-lei apresentam lacunas, é porque temos a aplicação da regra geral do art. 841 da CLT (notificação postal). "Não havendo previsão em lei federal para que o Procurador do Estado ou de suas autarquias e

150 Direito Processual do Trabalho

fundações recebam intimação pessoal em processo trabalhista, impõe-se a aplicação da regra geral a qual dispõe que a intimação será feita pela publicação dos atos do processo no órgão oficial" (TST – AIRR n° 1113000-27.2008.5.01.0068, Relator Min. Alexandre de Souza Agra Belmonte). Não obstante, na praxe forense, é comum a realização das notificações da Fazenda Pública de forma pessoal na Justiça do Trabalho, tendo em vista determinações de regimento interno e provimentos dos Tribunais Regionais, bem como os dizeres do próprio art. 183 do CPC.

7.3 Características dos atos processuais trabalhistas

Aqui aplicamos o art. 5°, LX, da CF/1988, combinado com o art. 770 da CLT e o art. 212, CPC.

> Art. 5° (...)
>
> LX – a lei só poderá restringir a publicidade dos atos processuais quando a defesa da intimidade ou o interesse social o exigirem;

> Art. 770. Os atos processuais serão públicos salvo quando o contrário determinar o interesse social, e realizar-se-ão nos dias úteis das 6 (seis) às 20 (vinte) horas.
>
> Parágrafo único. A penhora poderá realizar-se em domingo ou dia feriado, mediante autorização expressa do juiz ou presidente.

> Art. 212. Os atos processuais serão realizados em dias úteis, das 6 (seis) às 20 (vinte) horas.
>
> § 1° Serão concluídos após as 20 (vinte) horas os atos iniciados antes, quando o adiamento prejudicar a diligência ou causar grave dano.
>
> § 2° Independentemente de autorização judicial, as citações, intimações e penhoras poderão realizar-se no período de férias forenses, onde as houver, e nos feriados ou dias úteis fora

do horário estabelecido neste artigo, observado o disposto no art. 5º, inciso XI, da Constituição Federal.

§ 3º Quando o ato tiver de ser praticado por meio de petição em autos não eletrônicos, essa deverá ser protocolada no horário de funcionamento do fórum ou tribunal, conforme o disposto na lei de organização judiciária local.

a) Em regra, **os atos processuais são públicos**, conforme **princípio da publicidade** (Estado Democrático de Direito). **Excepcionalmente**, teremos o segredo de justiça (sigilo), pautado na proteção da intimidade ou quando o interesse social o exigir. Ex.: assédio sexual, assédio moral, práticas discriminatórias ambiente de trabalho etc.

> Art. 779. As partes, ou seus procuradores, poderão consultar, com ampla liberdade, os processos nos cartórios ou secretarias.

b) Horário de realização dos atos: das 6h às 20h.

c) Em regra, os atos processuais trabalhistas deverão ser praticados em dias úteis.

Observação

- Nos termos do art. 770, parágrafo único, da CLT, **a penhora poderá ser realizada em dias não úteis**, de forma excepcional, mediante expressa autorização do juiz do trabalho.

- **Não confundir com o horário das audiências** trabalhistas, previsto no art. 813 da CLT (das 8h às 18h, não podendo exceder cinco horas seguidas, salvo matéria urgente).

- Art. 216, CPC = definição dos feriados:

> Art. 216. Além dos declarados em lei, são feriados, para efeito forense, os sábados, os domingos e os dias em que não haja expediente forense.

7.4 Classificações dos prazos processuais trabalhistas

a) **Quanto à origem de fixação**

- **prazos legais:** são aqueles fixados por lei. Ex.: prazo de oito dias para razões e contrarrazões (art. 900 da CLT, art. 6º da Lei nº 5.584/1970 e art. 1º, § 2º, da IN nº 39/2016, TST);
- **prazos judiciais:** são aqueles prazos fixados pelo juiz. Ex.: prazo de 48hs, cinco ou dez dias, fixado pelo juiz, para réplica à contestação (CLT é omissa);
- **prazos convencionais:** são os prazos fixados pelas partes. Ex.: o CPC continua prevendo a possibilidade da suspensão do processo por convenção das partes por prazo não superior a seis meses (art. 313, II, e § 4º, CPC).

b) **Quanto aos destinatários**

- **prazos próprios:** são aqueles fixados para as partes, cuja inobservância resulta em preclusão. Ex.: preclusão temporal no sistema processual vigente;
- **prazos impróprios:** são os prazos fixados para os magistrados e auxiliares da justiça, cuja inobservância não resulta em preclusão, mas apenas em infração administrativa.

c) **Quanto à rigidez ou flexibilidade**

- **prazos peremptórios ou fatais:** são aqueles que não poderão ser reduzidos ou prorrogados por convenção das partes (regra em nosso sistema processual);
- **prazos dilatórios:** são os prazos que poderão ser reduzidos ou prorrogados por convenção das partes. Ver art. 222 do CPC: na comarca, seção ou subseção judiciária, onde for difícil o transporte, o juiz poderá prorrogar os prazos por até dois meses (que não se confunde com 60 dias, previsto no art. 182 do CPC/1973).

Atenção!

Essa possibilidade de prorrogação dos prazos aplica-se aos prazos peremptórios e aos dilatórios!

Atos, termos, prazos e nulidades processuais trabalhistas **153**

Art. 222. Na comarca, seção ou subseção judiciária onde for difícil o transporte, o juiz poderá prorrogar os prazos por até **2 (dois) meses.**

§ 1º Ao juiz é vedado reduzir prazos peremptórios sem anuência das partes.

§ 2º Havendo calamidade pública, o limite previsto no *caput* para prorrogação de prazos poderá ser excedido. (Grifos nossos.)

7.5 Regras de contagem dos prazos processuais trabalhistas

Aplicam-se os arts. 774 e 775 da CLT, as Súmulas nºs 1 e 262 do TST, bem como a Súmula nº 310 do STF.

Art. 774. Salvo disposição em contrário, os prazos previstos neste Título contam-se, conforme o caso, a partir da data em que for feita pessoalmente, ou recebida a notificação, daquela em que for publicado o edital no jornal oficial ou no que publicar o expediente da Justiça do Trabalho, ou, ainda, daquela em que for afixado o edital na sede da Junta, Juízo ou Tribunal.

Parágrafo único. Tratando-se de notificação postal, no caso de não ser encontrado o destinatário ou no de recusa de recebimento, o Correio ficará obrigado, sob pena de responsabilidade do servidor, a devolvê-la, no prazo de 48 (quarenta e oito) horas, ao Tribunal de origem.

Art. 775. Os prazos estabelecidos neste Título serão contados em dias úteis, com exclusão do dia do começo e inclusão do dia do vencimento.

§ 1º Os prazos podem ser prorrogados, pelo tempo estritamente necessário, nas seguintes hipóteses:

I – quando o juízo entender necessário;

II – em virtude de força maior, devidamente comprovada.

§ 2º Ao juízo incumbe dilatar os prazos processuais e alterar a ordem de produção dos meios de prova, adequando-os às necessidades do conflito de modo a conferir maior efetividade à tutela do direito.

Súmula nº 1 do TST – PRAZO JUDICIAL (mantida) – Res. nº 121/2003, *DJ* 19, 20 e 21.11.2003.

Quando a intimação tiver lugar na sexta-feira, ou a publicação com efeito de intimação for feita nesse dia, o prazo judicial será contado da segunda-feira imediata, inclusive, salvo se não houver expediente, caso em que fluirá no dia útil que se seguir.

Súmula nº 262 do TST – PRAZO JUDICIAL. NOTIFICAÇÃO OU INTIMAÇÃO EM SÁBADO. RECESSO FORENSE (redação do item II alterada na sessão do Tribunal Pleno realizada em 19.05.2014) – Res. nº 194/2014, *DEJT* divulgado em 21, 22 e 23.05.2014.

I – Intimada ou notificada a parte no sábado, o início do prazo se dará no primeiro dia útil imediato e a contagem, no subsequente. (Ex-Súmula nº 262 – Res. nº 10/1986, *DJ* 31.10.1986.)

II – O recesso forense e as férias coletivas dos Ministros do Tribunal Superior do Trabalho suspendem os prazos recursais. (Ex-OJ nº 209 da SBDI-1 – inserida em 08.11.2000.)

Súmula nº 310 do STF – Quando a intimação tiver lugar na sexta-feira, ou a publicação com efeito de intimação for feita nesse dia, o prazo judicial terá início na segunda-feira imediata, salvo se não houver expediente, caso em que começará no primeiro dia útil que se seguir.

a) **Art. 219, CPC: contagem dos prazos em dias úteis**. A **Reforma Trabalhista** trouxe a contagem dos prazos em dias úteis na nova redação do art. 775 da CLT.

b) **Premissa clássica:** exclusão do dia do começo e inclusão do dia do vencimento.

c) **"Dia do começo" (dia do início do prazo):** trata-se do dia da ciência ou conhecimento do ato pelas partes. Trata-se do **dia do susto.** Ex.: dia da publicação; entrega da notificação; quando a notificação é feita pessoalmente. A CLT também prevê como dia do começo aquele em que é feita pessoalmente a notificação.

d) **Dia do início da contagem do prazo:** é o primeiro dia útil subsequente ao dia do começo. Se o dia do começo, o dia do início da contagem cair em dia não útil, prorroga-se para o primeiro dia útil subsequente.

Dica!

Mnemônico: **dia do susto** não conta.

e) **Hipóteses de prorrogação dos prazos:** com a **Reforma Trabalhista,** e.1) pelo tempo estritamente necessário pelo juiz ou Tribunal; e.2) em caso de foça maior, devidamente comprovada (ver arts. 501 e ss., CLT).

f) **Art. 774, parágrafo único, CLT:** tratando-se de notificação postal, no caso de não ser encontrado o destinatário ou no caso de recusa de recebimento, o correio ficará obrigado, sob pena de responsabilidade do servidor, devolvê-la ao Tribunal de origem no prazo de 48 horas.

Exceções/situações especiais:

a) **OJ nº 310, SDI-1, TST:** art. 229, CPC; litisconsortes com diferentes procuradores e de escritórios diferentes, contagem dos prazos em dobro. Tal regra não se aplica ao processo do trabalho por incompatibilidade com o princípio da celeridade trabalhista.

156 Direito Processual do Trabalho

> OJ nº 310 – LITISCONSORTES. PROCURADORES DISTINTOS. PRAZO EM DOBRO. ART. 229, *CAPUT* E §§ 1º E 2º, DO CPC DE 2015. ART. 191 DO CPC DE 1973. INAPLICÁVEL AO PROCESSO DO TRABA-LHO (atualizada em decorrência do CPC de 2015) – Res. nº 208/2016, *DEJT* divulgado em 22, 25 e 26.04.2016.
>
> Inaplicável ao processo do trabalho a norma contida no art. 229, *caput* e §§ 1º e 2º, do CPC de 2015 (art. 191 do CPC de 1973), em razão de incompatibilidade com a celeridade que lhe é inerente.

b) **Art. 220, CPC – recesso forense:** prevê que o recesso forense vai do dia 20 de dezembro ao dia 20 de janeiro, inclusive. O TST, na Súmula nº 262, item II, prevê que o recesso forense leva à suspensão dos prazos. Ou seja, o prazo voltará a ser contado pelo que sobrou. Na interrupção, o prazo volta a ser contado por inteiro. No mesmo sentido o art. 775-A da CLT, segundo o qual "suspende-se o curso do prazo processual nos dias compreendidos entre 20 de dezembro e 20 de janeiro, inclusive".

> **Súmula nº 262 do TST – PRAZO JUDICIAL. NOTI-FICAÇÃO OU INTIMAÇÃO EM SÁBADO. RECES-SO FORENSE. (redação do item II alterada na sessão do Tribunal Pleno realizada em 19.05.2014) – Res. nº 194/2014, *DEJT* divulgado em 21, 22 e 23.05.2014.**
>
> I – Intimada ou notificada a parte no sábado, o início do prazo se dará no primeiro dia útil imediato e a contagem, no subsequente. (Ex-Súmula nº 262 – Res. nº 10/1986, *DJ* 31.10.1986.)
>
> II – O recesso forense e as férias coletivas dos Ministros do Tribunal Superior do Trabalho suspendem os prazos recursais. (Ex-OJ nº 209 da SBDI-1 – inserida em 08.11.2000.)

c) **Férias dos advogados:** prevista no art. 775-A da CLT, fruto da Lei nº 13.545/2017, prevendo que o curso do prazo processual será suspenso nos dias compreendidos entre 20 de dezembro e 20 de janeiro, inclusive. Nesse contexto, os juízes, os membros do MP, Defensoria Pública, Advocacia Pública e os auxiliares da Justiça exercerão suas atribuições durante este período, ressalvadas as férias individuais e os feriados instituídos por lei. Ainda, durante a suspensão do prazo, não serão realizadas audiências e sessões de julgamento.

d) **Férias coletivas dos magistrados:** o art. 93, XII, da CF traz a proibição das férias coletivas nos juízos e tribunais de segundo grau. Foi introduzido pela EC n° 45/2004, visando à celeridade da justiça.

> Art. 93. Lei complementar, de iniciativa do Supremo Tribunal Federal, disporá sobre o Estatuto da Magistratura, observados os seguintes princípios:
>
> (...)
>
> XII – a atividade jurisdicional será ininterrupta, sendo vedado férias coletivas nos juízos e tribunais de **segundo grau**, funcionando, nos dias em que não houver expediente forense normal, juízes em plantão permanente.(Grifos nossos.)

Porém, o TST entendeu que seria um Tribunal de "terceiro grau" e, na mesma Súmula n° 262, item II (anteriormente transcrita), permitiu férias coletivas aos Ministros do TST, resultando em suspensão dos prazos.

e) **Feriado local previsto na Súmula n° 385, TST:** o TST trouxe como regra a ideia de que compete ao recorrente comprovar a existência de feriado local que justifique a prorrogação do prazo. A súmula recebeu **exceção pela Resolução n° 185/2012,** passando a permitir uma flexibilização/mitigação da regra, prevendo que é possível a juntada de **prova documental superveniente** para a reconsideração da análise da tempestividade do recurso, mediante **Agravo Regimental, Agravo de Instrumento** ou **Embargos de Declaração.**

Súmula nº 385 do TST – FERIADO LOCAL OU FOREN-SE. AUSÊNCIA DE EXPEDIENTE. PRAZO RECURSAL. PRORROGAÇÃO. COMPROVAÇÃO. NECESSIDADE (alterada em decorrência do CPC de 2015) – Res. nº 220/2017, *DEJT* divulgado em 21, 22 e 25.09.2017.

I – Incumbe à parte o ônus de provar, quando da interposição do recurso, a existência de feriado local que autorize a prorrogação do prazo recursal (art. 1.003, § 6º, do CPC de 2015). No caso de o recorrente alegar a existência de feriado local e não o comprovar no momento da interposição do recurso, cumpre ao relator conceder o prazo de 5 (cinco) dias para que seja sanado o vício (art. 932, parágrafo único, do CPC de 2015), sob pena de não conhecimento se da comprovação depender a tempestividade recursal; II – Na hipótese de feriado forense, incumbirá à autoridade que proferir a decisão de admissibilidade certificar o expediente nos autos; III – Admite-se a reconsideração da análise da tempestividade do recurso, mediante prova documental superveniente, em agravo de instrumento, agravo interno, agravo regimental, ou embargos de declaração, desde que, em momento anterior, não tenha havido a concessão de prazo para a comprovação da ausência de expediente forense.

f) **Sistema do fac-símile (fax):** é regido pela Lei nº 9.800/1999. Esta lei traz a desvantagem da necessidade da apresentação posterior (ônus processual) dos originais, no prazo de cinco dias, contados do término do prazo do ato a ser praticado.

Atenção!

O prazo de cinco dias **não** é contado do recebimento do fax, e sim do término do prazo assinalado para a prática do ato processual.

A lei estabelece que deverá haver perfeita correspondência entre o fax e os originais, sob pena de litigância de má-fé. Por fim, a mesma lei estabelece que o Poder Judiciário possui a

faculdade de disponibilizar os materiais e aparelhos para a utilização do fax. A questão chegou no TST, o que ensejou na edição da Súmula nº 387, prevendo que o sistema do fax é **compatível** com o processo do trabalho. Ex.: aplicabilidade da Lei nº 9.800/1999 no sistema recursal trabalhista. Quando a parte utiliza o sistema do fax, já tem ciência do seu ônus processual da apresentação dos originais, sendo que o respectivo termo inicial poderá coincidir em dia não útil. Logo, o termo inicial é o primeiro dia imediato à apresentação do fax, útil ou não. A autorização para uso do fax somente alcança as hipóteses em que o documento é dirigido diretamente ao órgão jurisdicional competente, não se aplicando à transmissão ocorrida entre os particulares.

> **Súmula nº 387 do TST – RECURSO. FAC-SÍMILE. LEI Nº 9.800/1999 (atualizada em decorrência do CPC de 2015) – Res. nº 208/2016,** *DEJT* **divulgado em 22, 25 e 26.04.2016.**
>
> I – A Lei nº 9.800, de 26.05.1999, é aplicável somente a recursos interpostos após o início de sua vigência. (Ex-OJ nº 194 da SBDI-1 – inserida em 08.11.2000.)
>
> II – A contagem do quinquídio para apresentação dos originais de recurso interposto por intermédio de fac-símile começa a fluir do dia subsequente ao término do prazo recursal, nos termos do art. 2º da Lei nº 9.800, de 26.05.1999, e não do dia seguinte à interposição do recurso, se esta se deu antes do termo final do prazo. (Ex-OJ nº 337 da SBDI-1 – primeira parte – *DJ* 04.05.2004.)
>
> III – Não se tratando a juntada dos originais de ato que dependa de notificação, pois a parte, ao interpor o recurso, já tem ciência de seu ônus processual, não se aplica a regra do art. 224 do CPC de 2015 (art. 184 do CPC de 1973) quanto ao *dies a quo*, podendo coincidir com sábado, domingo ou feriado. (Ex-OJ nº 337 da SBDI-1 – *in fine* – *DJ* 04.05.2004.)
>
> IV – A autorização para utilização do fac-símile, constante do art. 1º da Lei nº 9.800, de 26.05.1999, somente alcança

as hipóteses em que o documento é dirigido diretamente ao órgão jurisdicional, não se aplicando à transmissão ocorrida entre particulares.

g) **Processo judicial eletrônico (PJe):** a Lei n° 11.419/2006 e a Resolução n° 185, de 24 de março de 2017, do Conselho Superior da Justiça do Trabalho regulamentam a matéria. A grande vantagem em relação ao sistema anterior (fac-símile) é a desnecessidade da apresentação dos originais. Ao mesmo tempo, trouxe a necessidade do credenciamento prévio com a respectiva assinatura digital. Houve uma preocupação do legislador com relação à criptografia (segurança digital). Os arts. 3° e 4° da Lei n° 11.419/2006 trazem as regras da contagem de prazos no processo eletrônico:

■ considera-se praticado o ato no dia e hora de envio ao sistema, fornecendo-se protocolo eletrônico;

■ se o ato for praticado para cumprimento de prazo, considera-se tempestivo o ato praticado até as 24 horas do último dia;

■ manutenção da premissa da exclusão do dia do começo e da inclusão do dia do vencimento;

■ criação da **data da disponibilização** no *DJe*;

■ considera-se **data de publicação** o 1° dia útil imediato à data da disponibilização;

■ a data do início da contagem do prazo é primeiro dia útil subsequente à data da publicação.

7.6 Nulidades processuais trabalhistas

7.6.1 Conceito de nulidade processual

É a privação dos efeitos do ato processual. O ato processual é uma espécie de ato jurídico e, sendo assim, deve ser estudado em três planos (**Escada Ponteana** – Pontes de Miranda). Estudam-se as nulidades dentro da **escada da validade:**

Atos, termos, prazos e nulidades processuais trabalhistas **161**

7.6.2 Classificação dos defeitos ou vícios dos atos processuais

a) **Meras irregularidades:** representam os vícios processuais de menor importância, que poderão ser corrigidos de ofício ou a requerimento da parte. Ex.: inexatidões materiais ou erros de cálculo. Arts. 833, 897-A, § 1º, da CLT e art. 494, I, do CPC;

b) **Teoria das invalidades (gênero)**

- **Nulidades absolutas:** são aquelas caracterizadas pela violação de normas processuais de interesse público. Ex.: arts. 62 a 65, CPC – **incompetência absoluta**. A doutrina define que as nulidades absolutas são exemplos de matérias de ordem pública ou objeções processuais. Trata-se daquelas matérias que deverão ser conhecidas de ofício pelo juiz e que poderão ser alegadas em qualquer tempo e grau de jurisdição, com a ressalva do prequestionamento nas instâncias extraordinárias. Em tese, **não** há que se falar em preclusão.

Observação

Os arts. 9º e 10 do CPC exigem a observância dos princípios constitucionais do contraditório e da ampla defesa antes do conhecimento de ofício da matéria (art. 5º, LV, CF). Insta salientar que, conforme art. 4º, § 2º, da IN nº 39 do TST, não se considera "decisão surpresa" a que, à luz do ordenamento jurídico nacional e dos princípios que informam o Direito Processual do Trabalho, as partes tinham obrigação de prever, concernente às condições da ação, aos pressupostos de admissibilidade de recurso e aos pressupostos processuais, salvo disposição legal expressa em contrário.

- **Nulidades relativas ou anulabilidades:** são aquelas caracterizadas pela violação de normas processuais de interesse privado ou das partes. Ex.: arts. 62 a 65, CPC – **incompetência relativa** (quanto ao valor e território). Em tese, essas nulidades não poderão ser conhecidas de ofício, devendo ser alegadas pelas partes no prazo legal, sob pena de preclusão e consequente convalidação.

162 Direito Processual do Trabalho

c) **Inexistências:** são caracterizadas pelos vícios processuais de maior gravidade, sendo que os atos processuais sequer chegam a existir no mundo jurídico. **Ex.:** sentença prolatada por alguém não investido em jurisdição. A jurisdição (ou o juiz investido) representa um pressuposto processual positivo de existência. Ver arts. 104 e 105, CPC.

7.6.3 Princípios que regem o sistema das nulidades processuais trabalhistas

A doutrina e a jurisprudência mencionam a existência de seis princípios:

a) **Princípio da instrumentalidade das formas ou da finalidade:** O prof. Leone Pereira **denomina princípio da primazia da finalidade sobre a forma do ato processual**. O princípio em estudo é encontrado nos arts. 188 e 277 do CPC. A premissa é a de que o processo não é um fim em si mesmo, mas sim um instrumento da jurisdição (caráter instrumental do processo). Trata-se de um **princípio-mãe** ou **princípios dos princípios**. Em tese, se o ato processual for praticado de outra forma que não a prevista em lei, mas atingir a sua finalidade será considerado válido. Ou seja, no confronto entre a **forma do ato x finalidade do ato**, prevalecerá a segunda. **Ex.:** art. 841, CLT – em regra, a notificação é postal. Imaginemos que a reclamada foi notificada por edital ao invés da notificação postal. Nesse caso, se a reclamada comparecer espontaneamente em audiência e apresentar defesa, considera-se válida a notificação por edital, ainda que feita de forma errônea (art. 239, § 1º, CPC).

b) **Princípio do prejuízo ou da transcendência:** está previsto no art. 794 da CLT. A Justiça do Trabalho somente pronunciará uma nulidade quando, do ato inquinado, resultar manifesto prejuízo às partes litigantes. Ou seja, sem prejuízo, não há nulidade processual. O art. 794 possui lacuna no que concerne à espécie de prejuízo. Como a CLT é omissa, a doutrina faz a seguinte pergunta: **qual espécie de prejuízo?** A posição majoritária hoje é a de que o prejuízo deve ser **processual**. Não pode ser um prejuízo meramente econômico ou social, mas sim processual.

Observação

Esse princípio teve origem no sistema processual civil francês, denominado *pás de nullité sans grief* (sem prejuízo não há nulidade).

---

c) **Princípio da preclusão ou da convalidação (art. 795, CLT):** preclusão é a perda do direito de praticar um ato processual. É a perda de uma faculdade processual.

Instituto jurídico	Ideia central
Prescrição	Atinge a pretensão
Decadência	Atinge o direito material
Preclusão	Atinge o ato processual
Perempção	Atinge o direito de ação

A doutrina e a jurisprudência trazem as seguintes espécies de preclusão:

- **preclusão temporal:** ocorre em razão de uma inércia ou perda de prazo. Ex.: prazo de oito dias para interposição do Recurso Ordinário;
- **preclusão consumativa:** é aquela que ocorre pela prática e consumação de um ato processual. Ocorre pela **ação** e não pela omissão. Ex.: interposição do Recurso Ordinário;
- **preclusão lógica:** é aquela que ocorre pela incompatibilidade lógica entre um ato já praticado e um ato a ser praticado. Ex.: art. 1.000, CPC – a parte que aceitar, expressa ou tacitamente, a decisão, não poderá recorrer da mesma;
- **preclusão *pro judicato*:** significa que o magistrado deve conduzir o processo de forma razoável, proporcional, sem cau-

164 Direito Processual do Trabalho

sar tumultos, sem reapreciar matéria já decidida. Tem íntima relação com o princípio constitucional do devido processo legal, à luz do art. 5°, LV, CF. Ex.: art. 494, CPC – publicada a sentença, o juiz só poderá alterá-la para corrigir, de ofício ou a requerimento, inexatidões materiais ou erros de cálculo, ou por meio de Embargos de Declaração;

- **preclusão máxima:** é a que ocorre com o trânsito em julgado da sentença. Entretanto, há outra linha de pensamento que defende que preclusão máxima é aquela que ocorre com o exaurimento do prazo decadencial de dois anos para o ajuizamento de ação rescisória (art. 975, CPC, e Súmula n° 100, TST). Nesse caso, temos a impossibilidade absoluta ou máxima para praticar ato processual;

- **preclusão ordinatória:** é aquela que ocorre em relação a um ato posterior, fruto de uma deficiência ou irregularidade de um ato processual anterior. Ex.: arts. 880 a 884, CLT – oposição de embargos à execução **sem a prévia garantia do juízo**;

> Art. 795. As nulidades não serão declaradas senão mediante provocação das partes, as quais deverão argui-las à primeira vez em que tiverem de falar em audiência ou nos autos.
>
> § 1º Deverá, entretanto, ser declarada *ex officio* a nulidade fundada em **incompetência de foro**. Nesse caso, serão considerados nulos os atos decisórios.
>
> § 2º O juiz ou Tribunal que se julgar incompetente determinará, na mesma ocasião, que se faça remessa do processo, com urgência, à autoridade competente, fundamentando sua decisão. (Grifos nossos.)

Observação

- A CLT não diferencia as espécies de nulidade. Em tese, o princípio da preclusão apenas seria aplicável para as **nulidades relativas** ou anulabilidades, pois exige requerimento da parte.

- Na praxe forense, surgiu a figura do **protesto nos autos**, também chamado de **protesto antipreclusivo**. É como se fosse um **agravo retido trabalhista**.

Atos, termos, prazos e nulidades processuais trabalhistas **165**

■ O § 1º do art. 795 da CLT prevê que a nulidade fundada em incompetência de foro deverá ser declarada *ex officio*. A **primeira corrente (majoritária – Mauro Schiavi)** defende que, no âmbito processual, a CLT está correta, pois, na palavra **foro**, estamos pensando na competência em razão da matéria, que é absoluta (matéria de ordem pública). A **segunda corrente** sustenta que o § 1º do art. 795 da CLT apresenta uma impropriedade técnica, ou seja, a palavra **foro** tem relação com **incompetência territorial** e, portanto, incompetência relativa, que não deverá ser declarada *ex officio*.

----

d) **Princípio da economia processual:** contempla dois subprincípios:

■ **Princípio do saneamento de nulidades ou da renovação dos atos processuais viciados (art. 796, *a*, da CLT):** a Justiça do Trabalho não pronunciará a nulidade quando for possível suprir a sua falta ou repetir o ato. **Ex.:** preposto que comparece em audiência sem a carta de preposição (ver Reforma Trabalhista). Nesse caso, em tese, o Juiz do Trabalho poderá realizar a audiência normalmente, concedendo prazo para a apresentação posterior da carta.

■ **Princípio do aproveitamento dos atos processuais praticados ou da conservação dos atos processuais úteis (art. 797, CLT):** a Justiça do Trabalho, ao pronunciar a nulidade, declarará os atos a que ela se estende. Ex.: art. 64, § 4º, CPC – incompetência absoluta: conservar-se-ão os efeitos de decisão proferida pelo juízo incompetente até que outra seja proferida, se for o caso, pelo juízo competente. Diante desse princípio, o sistema processual trabalhista tem o escopo de afastar, na medida do possível, a contaminação dos atos pelos vícios processuais. Nessa toada, o art. 64, §§ 3º e 4º, do CPC, trazem as regras de que os autos serão remetidos ao juízo competente, **bem como serão conservados os efeitos de decisão proferida pelo juiz incompetente até que outra seja proferida**.

e) **Princípio do interesse:** está consagrado no art. 796, *b*, da CLT. Parte da premissa do princípio da lealdade e da boa-fé

166 Direito Processual do Trabalho

processual. **Ninguém poderá se beneficiar da própria torpe-za em juízo.** A nulidade não será pronunciada quando arguida por quem lhe tiver dado causa. Ex.: advogado que, de forma proposital, briga com o magistrado em audiência visando se beneficiar de uma nulidade futura caso tenha uma sentença desfavorável.

Observação

Reforma Trabalhista: a Lei n° 13.467/2017 positivou na CLT a responsabilidade por dano processual (arts. 793-A a 793-D, CLT).

> Art. 796. A nulidade não será pronunciada:
>
> (...)
>
> b) quando arguida por quem lhe tiver dado causa.

f) **Princípio da utilidade, da causalidade, da concatenação ou da interdependência dos atos processuais (art. 798, CLT):** a CLT aduz que a nulidade de um ato não prejudicará o posterior se dele não for dependente ou consequente. Ou seja, somente prejudicará os atos posteriores que forem dependentes ou consequentes. De outra sorte, a nulidade do depósito recursal poderá atingir a interposição do recurso, já que se trata de atos interdependentes. Ainda, a nulidade da garantia da execução poderá atingir a oposição dos embargos do executado.

> Art. 798. A nulidade do ato não prejudicará senão os posteriores que dele dependam ou sejam consequência.

Observação

Questão de prova oral: O que é nulidade de algibeira? A nulidade de algibeira (significa **pequeno bolso na vestimenta**) ocorre quando a parte permanece

Atos, termos, prazos e nulidades processuais trabalhistas **167**

em silêncio no momento processual oportuno para apenas alegar a nulidade posteriormente, em momento processual que julgue mais oportuno. É a ideia de "nulidade – carta na manga", da teoria dos jogos no âmbito processual. Seria a utilização de uma estratégia processual. Prevalece o entendimento da **impossibilidade** deste comportamento processual, por violação dos princípios da boa-fé processual e da preclusão. Ainda, o disposto no art. 795 da CLT (princípio da preclusão ou da convalidação).

TÍTULO III

DAS NULIDADES

Art. 276. Quando a lei prescrever determinada forma sob pena de nulidade, a decretação desta não pode ser requerida pela parte que lhe deu causa.

Art. 277. Quando a lei prescrever determinada forma, o juiz considerará válido o ato se, realizado de outro modo, lhe alcançar a finalidade.

Art. 278. A nulidade dos atos deve ser alegada na primeira oportunidade em que couber à parte falar nos autos, sob pena de preclusão.

Parágrafo único. Não se aplica o disposto no *caput* às nulidades que o juiz deva decretar de ofício, nem prevalece a preclusão provando a parte legítimo impedimento.

Art. 279. É nulo o processo quando o membro do Ministério Público não for intimado a acompanhar o feito em que deva intervir.

§ 1º Se o processo tiver tramitado sem conhecimento do membro do Ministério Público, o juiz invalidará os atos praticados a partir do momento em que ele deveria ter sido intimado.

§ 2º A nulidade só pode ser decretada após a intimação do Ministério Público, que se manifestará sobre a existência ou a inexistência de prejuízo.

Art. 280. As citações e as intimações serão nulas quando feitas sem observância das prescrições legais.

Art. 281. Anulado o ato, consideram-se de nenhum efeito todos os subsequentes que dele dependam, todavia, a nulidade de uma parte do ato não prejudicará as outras que dela sejam independentes.

Art. 282. Ao pronunciar a nulidade, o juiz declarará que atos são atingidos e ordenará as providências necessárias a fim de que sejam repetidos ou retificados.

§ 1º O ato não será repetido nem sua falta será suprida quando não prejudicar a parte.

§ 2º Quando puder decidir o mérito a favor da parte a quem aproveite a decretação da nulidade, o juiz não a pronunciará nem mandará repetir o ato ou suprir-lhe a falta.

Art. 283. O erro de forma do processo acarreta unicamente a anulação dos atos que não possam ser aproveitados, devendo ser praticados os que forem necessários a fim de se observarem as prescrições legais.

Parágrafo único. Dar-se-á o aproveitamento dos atos praticados desde que não resulte prejuízo à defesa de qualquer parte.

8

Audiência

8.1 Local da audiência

Nos termos do art. 813 da CLT, as audiências devem ocorrer na sede do juízo, salvo situações excepcionais em que a audiência poderá ocorrer em outro local em que as partes deverão ser intimadas com antecedência mínima de 24 horas, através de edital fixado na sede do juízo, como, por exemplo, na semana da conciliação ou Justiça Itinerante.

> Art. 813. As audiências dos órgãos da Justiça do Trabalho serão públicas e realizar-se-ão na sede do Juízo ou Tribunal em dias úteis previamente fixados, entre 8 (oito) e 18 (dezoito) horas, não podendo ultrapassar 5 (cinco) horas seguidas, salvo quando houver matéria urgente.
>
> § 1º Em casos especiais, poderá ser designado outro local para a realização das audiências, mediante edital afixado na sede do Juízo ou Tribunal, **com a antecedência mínima de 24 (vinte e quatro) horas**.
>
> § 2º Sempre que for necessário, poderão ser convocadas audiências extraordinárias, observado o prazo do parágrafo anterior. (Grifos nossos.)

8.2 Horário da audiência

O art. 813 acima citado prevê que as audiências devem ocorrer em dias úteis, das 8h às 18h, não podendo ultrapassar mais de cinco horas seguidas, salvo matéria urgente (não confundir com horário dos atos processuais, previstos no art. 770 da CLT, ou seja, das 6h às 20h).

O horário mencionado é para a **designação** da audiência, não podendo o magistrado marcar a audiência fora de tal horário. Na hipótese de o juiz designar audiência fora do limite legal ou fora do horário legal, **a parte poderá utilizar de Reclamação Correicional.**

O limite de cinco horas seguidas é contado a partir do início da pauta de audiência e trata-se de prerrogativa do juiz (e não das partes). Prevalece o entendimento que ele se aplica para a **pauta inteira** de audiência, e não para a audiência individualmente considerada.

8.3 Atraso das partes na audiência

Nos termos da OJ n° 245 da SDI-1 do TST, não há previsão legal tolerando atraso das partes na audiência, qualquer que seja o atraso. **Corrente contrária (minoritária)** defende que o juiz poderá tolerar pequenos atrasos, fundamentando sua decisão no princípio da razoabilidade e proporcionalidade, acesso à Justiça etc. Ademais, o processo não é um fim em si mesmo.

> **OJ n° 245 SDI-1 – REVELIA. ATRASO. AUDIÊNCIA (inserida em 20.06.2001).**
>
> Inexiste previsão legal tolerando atraso no horário de comparecimento da parte na audiência.

Observação

A audiência deve ser apregoada no horário em que ela efetivamente irá ocorrer e não no horário em que ela foi designada, apenas para apurar a presença ou ausência das partes.

8.4 Atraso do juiz na audiência

Nos termos do art. 815, parágrafo único, da CLT, na hipótese de atraso **injustificado** do juiz à audiência, por mais de 15 minutos, as partes poderão se retirar, consignando a presença na ata sem gerar efeito de ausência. Se o atraso for **justificável**, não existe limite de tempo.

O Estatuto da OAB e o art. 362, III, do CPC admitem uma tolerância de 30 minutos de atraso do juiz na audiência. Entretanto, tais dispositivos não se aplicam ao processo do trabalho, uma vez que a CLT possui regramento próprio.

Por fim, a LOMAN (LC nº 35/1979) determina que o juiz deve ser pontual na audiência, e por tal razão existe **corrente minoritária** defendendo que o dispositivo da CLT teria sido revogado.

> Art. 815. À hora marcada, o juiz ou presidente declarará aberta a audiência, sendo feita pelo secretário ou escrivão a chamada das partes, testemunhas e demais pessoas que devam comparecer.
>
> Parágrafo único. Se, até 15 (quinze) minutos após a hora marcada, o juiz ou presidente não houver comparecido, os presentes poderão retirar-se, devendo o ocorrido constar do livro de registro das audiências.

8.5 Publicidade da audiência

O art. 813 da CLT prevê que as audiências são públicas, ou seja, qualquer pessoa pode ter acesso à sala, salvo quando se tratar de segredo de justiça, caso em que o acesso fica limitado às partes e seus advogados. A decretação do segredo de justiça pode ser de ofício ou a requerimento das partes. Ex.: assédio sexual ou celebridade. O juiz não está vinculado ao requerimento, podendo, inclusive, indeferi-lo quando entender que não se trata de hipótese de segredo de justiça.

8.6 Poder de polícia em audiência

O art. 816 da CLT prevê que o juiz pode retirar da sala de audiência quem estiver perturbando, inclusive, mediante uso de força policial (Polícia Federal). Nesse sentido também o art. 360 do CPC. Cabe ressaltar que o excesso no poder de polícia pode resultar em abuso de autoridade. Nos termos do inciso V do art. 360 do CPC, o juiz tem a incumbência de registrar em ata, com exatidão, todos os requerimentos apresentados pelas partes.

Dica!

Em fase oral de concurso público, é aconselhável ao candidato defender a possibilidade de consignar em ata os protestos das partes na audiência (não é necessário constar na ata as **razões** e fundamentação do protesto, uma vez que o momento oportuno será nas razões de eventual recurso).

Por fim, os §§ 5º e 6º do art. 367 do CPC preveem que é possível a gravação da audiência **independente de autorização judicial**.

> Art. 816, CLT. O juiz ou presidente manterá a ordem nas audiências, podendo mandar retirar do recinto os assistentes que a perturbarem.
>
> Art. 360, CPC. O juiz exerce o poder de polícia, incumbindo-lhe:
>
> I – manter a ordem e o decoro na audiência;
>
> (...)
>
> V – registrar em ata, com exatidão, todos os requerimentos apresentados em audiência.
>
> Art. 367, CPC (...)
>
> § 5º A audiência poderá ser integralmente gravada em imagem e em áudio, em meio digital ou analógico, desde que

Audiência **173**

assegure o rápido acesso das partes e dos órgãos julgadores, observada a legislação específica.

§ 6º A gravação a que se refere o § 5º também pode ser realizada diretamente por qualquer das partes, independentemente de autorização judicial.

8.7 Designação da audiência

Nos termos do art. 841 da CLT, a audiência deve ser designada respeitando o prazo mínimo de cinco dias do recebimento da notificação. Na hipótese da Fazenda Pública, o Decreto-lei nº 779/1969, em seu art. 1º, prevê o prazo em quádruplo, ou seja, 20 dias.

8.8 Espécies de audiência

A CLT determina que, como regra geral, somente se realizará audiência **una** (art. 849, *caput*), ou seja, todos os atos praticados na mesma audiência. Entretanto, a jurisprudência e doutrina admitem a seguinte divisão:

a) **Audiência inicial:** em tal modalidade, o juiz busca inicialmente a conciliação das partes e, caso frustrada a tentativa, irá receber a defesa, que poderá ser escrita ou oral, no prazo de 20 minutos.

b) **Audiência de instrução (ou em prosseguimento):** nesta espécie de audiência, o juiz irá iniciar a colheita da prova oral, com o depoimento das partes e oitiva das testemunhas. Após, as partes poderão apresentar razões finais de forma oral no prazo de dez minutos. Por fim, o juiz tenta novamente a conciliação e encerra a audiência.

c) **Audiência de julgamento:** em tal espécie, o juiz profere a sentença.

Tal divisão somente se dará a critério do magistrado.

8.9 Procedimento (passo a passo) da audiência una

- **Pregão:** trata-se do ato formal de tornar a audiência pública avisando a todos os presentes que naquela sala irá se iniciar uma sessão solene. Possui previsão no art. 815 da CLT, que dispõe que o juiz vai declarar aberta a audiência.
- **Local de sentar:** o reclamante senta do lado esquerdo do juiz e a reclamada do lado direito. Trata-se de exemplo de costume processual. O MPT, nos termos do art. 18, inciso I, *a*, da LC n° 75/1993, goza da prerrogativa de sentar-se ao lado direito do juiz, como parte ou fiscal da ordem jurídica. O advogado poderá fazer a audiência sentado ou em pé, não podendo o magistrado exigir que ele permaneça sentado, nos termos do art. 7°, VII, da Lei n° 8.906/1994 (Estatuto da OAB).
- **Primeira tentativa de conciliação:** nos termos do art. 846 da CLT, iniciada a audiência, o juiz **deve** propor a conciliação. Caso infrutífera, seguirá o próximo ato.
- **Entrega da defesa, oral (prazo 20 minutos) ou escrita:** nos termos do art. 847, *caput*, da CLT, a defesa é apresentada em audiência, escrita ou oralmente. Se houver mais de uma reclamada e a defesa for oral, será concedido 20 minutos para cada reclamada. No PJe, ela é protocolizada eletronicamente. A Reforma Trabalhista trouxe o parágrafo único ao art. 847, prevendo que a defesa poderá ser apresentada eletronicamente **até a audiência**, na hora em que esta efetivamente ocorrer.
- **Depoimento pessoal das partes:** primeiro é ouvido o reclamante e depois a reclamada. Entretanto, a depender do caso concreto, o juiz poderá inverter a ordem, uma vez que é o diretor do processo (art. 765, CLT). Ademais, a Reforma Trabalhista expressamente autoriza a inversão da ordem da prova (não confundir com a inversão do ônus da prova) no § 2° do art. 775 da CLT. O CPC, em seu art. 456, parágrafo único, já permitia esta inversão. Entretanto, condiciona a inversão da ordem à concordância das partes.
- **Oitiva de testemunhas:** primeiramente as testemunhas *a rogo* do Reclamante e depois as testemunhas *a rogo* da Reclamada,

Audiência **175**

podendo ocorrer a mesma inversão de ordem mencionada para o depoimento das partes. Nos termos do art. 456, parágrafo único, do CPC, o juiz poderá inverter essa ordem de oitiva das testemunhas, mas o referido dispositivo prevê que é necessária a concordância das partes para tal inversão. Contudo, o juiz, como diretor do processo, poderá inverter a ordem independente da concordância das partes.

- **Razões finais:** nos termos do art. 850 da CLT, são apresentadas de forma oral e no prazo de dez minutos. Entretanto, a critério do juiz, poderá ser concedido prazo maior para razões finais escritas.

Observação

Na CLT, não há previsão para réplica à contestação/defesa. Nesse sentido, o único momento para a apresentação de réplica seria nas razões finais. Entretanto, é razoável ao juiz conceder prazo, a fim de se garantir a igualdade.

- **Segunda tentativa de conciliação:** o mesmo art. 850 da CLT prevê que, o juiz, antes de encerrar a audiência, deve buscar uma nova tentativa de conciliação que afasta eventual nulidade decorrente da ausência da primeira tentativa de conciliação. Nessa segunda tentativa, o juiz poderá adentrar ao mérito, já que a instrução foi encerrada.
- **Sentença:** no conceito de audiência **una** da CLT, o último ato consiste em proferir a sentença em audiência.

8.10 Ausência das partes em audiência

8.10.1 Reclamante

a) **Audiência inicial ou audiência una:** nos termos do art. 844 da CLT, a ausência do reclamante vai gerar o arquivamento

176 Direito Processual do Trabalho

da reclamação trabalhista, ou seja, a extinção do processo. Trata-se de uma sentença sem resolução de mérito. Em tal hipótese, o reclamante pode ajuizar nova ação. Entretanto, se der causa a novo arquivamento, nos termos dos arts. 731 e 732 da CLT, ocorrerá a **perempção**, ou seja, ficará impedido de ajuizar nova ação na Justiça do Trabalho pelo prazo de seis meses. Durante esse período, **o prazo prescricional flui normalmente**. Há debate na doutrina no tocante à hipótese da ocorrência de três arquivamentos pelo reclamante: a **primeira corrente** defende que se deve aplicar o art. 486, § 3°, do CPC, que prevê que não será possível mais nenhum outro ajuizamento após o terceiro arquivamento (perempção **definitiva**), já que a CLT é omissa. A **segunda corrente** sustenta que não cabe aplicar o CPC, uma vez que se trata de norma punitiva, que não comporta interpretação extensiva ou ampliativa. Logo, deve ser utilizada a CLT, permitindo-se um quarto ajuizamento da ação após o terceiro arquivamento.

Observação

■ Pela sua interpretação literal, o art. 731 da CLT impede o ajuizamento de qualquer ação na Justiça do Trabalho durante o período de seis meses. Entretanto, prevalece o entendimento que a limitação é apenas de ajuizamento de ação contra a mesma reclamada do processo ao qual se deu o arquivamento e tendo o mesmo objeto.

■ A Reforma Trabalhista, na nova redação do § 2° do art. 844, exige que, na ausência injustificada do Reclamante, o mesmo deverá recolher as custas, **ainda que beneficiário da Justiça Gratuita**, salvo se provar, em 15 dias, o motivo da ausência. A crítica a este prazo é a de que os prazos dos recursos trabalhistas são de oito dias. Nesses termos, de que adiantará a justificativa no 15° dia se a sentença que determinou o arquivamento transitou em julgado? Esse preceito é objeto da ADI n° 5.766, a qual aguarda julgamento pelo STF.

Art. 731, CLT. Aquele que, tendo apresentado ao distribuidor reclamação verbal, não se apresentar, no prazo estabelecido no parágrafo único do art. 786, à Junta ou Juízo para fazê-lo tomar por termo, incorrerá na pena de perda, pelo prazo de 6 (seis) meses, do direito de reclamar perante a Justiça do Trabalho.

Art. 844, CLT. O não comparecimento do reclamante à audiência importa o arquivamento da reclamação, e o não comparecimento do reclamado importa revelia, além de confissão quanto à matéria de fato. (...)

§ 2º Na hipótese de ausência do reclamante, este será condenado ao pagamento das custas calculadas na forma do art. 789 desta Consolidação, ainda que beneficiário da justiça gratuita, salvo se comprovar, no prazo de quinze dias, que a ausência ocorreu por motivo legalmente justificável.

§ 3º O pagamento das custas a que se refere o § 2º é condição para a propositura de nova demanda.

Art. 486, CPC. O pronunciamento judicial que não resolve o mérito não obsta a que a parte proponha de novo a ação. (...)

§ 3º Se o autor der causa, por 3 (três) vezes, a sentença fundada em abandono da causa, não poderá propor nova ação contra o réu com o mesmo objeto, ficando-lhe ressalvada, entretanto, a possibilidade de alegar em defesa o seu direito.

b) **Audiência de instrução ou em prosseguimento:** nos termos das Súmulas n° 9 e 74 do TST, a ausência do reclamante caracteriza a **confissão quanto à matéria de fato**, e não arquivamento. Em tal hipótese, a prova pré-constituída poderá ser admitida para afastar a confissão. Entretanto, não caracteriza cerceamento de defesa o indeferimento de provas posteriores pela parte ausente. Por fim, tal limitação de produção de prova não se aplica ao juiz, que poderá determinar as provas que entender necessárias.

Observação

■ A parte reclamada poderá produzir prova, ainda que beneficiada pela confissão do reclamante quando se tratar de matéria não alcançada pela presunção, por exemplo, perícia.

178 Direito Processual do Trabalho

■ Nos termos da interpretação literal da Súmula nº 74 e do § 1º do art. 385 do CPC, para gerar a confissão, a intimação da parte ausente deve ter sido pessoal, não sendo válida a intimação em nome do advogado. Corrente minoritária defende que a intimação em nome do patrono é válida, tendo em vista que o advogado possui poderes para representar o cliente.

Nos termos do art. 843, § 2º, da CLT, se, em razão de doença ou outro motivo poderoso (o correto é **ponderoso** = CLT errou), o reclamante não comparecer à audiência, ele poderá ser representado por um **colega de profissão** ou pelo **sindicato de sua categoria**. Tal representação tem o condão de apenas evitar o efeito de ausência e requerer o adiamento da audiência, não sendo possível confessar, transigir ou desistir da ação (na prática, o próprio advogado representa o reclamante ausente).

Súmula nº 9 do TST – AUSÊNCIA DO RECLAMANTE (mantida) – Res. nº 121/2003, DJ 19, 20 e 21.11.2003.

A ausência do reclamante, quando adiada a instrução após contestada a ação em audiência, não importa arquivamento do processo.

Súmula nº 74 do TST – CONFISSÃO. (atualizada em decorrência do CPC de 2015) – Res. nº 208/2016, DEJT divulgado em 22, 25 e 26.04.2016.

I – Aplica-se a confissão à parte que, expressamente intimada com aquela cominação, não comparecer à audiência em prosseguimento, na qual deveria depor. (Ex-Súmula nº 74 – RA 69/1978, DJ 26.09.1978.)

II – A prova pré-constituída nos autos pode ser levada em conta para confronto com a confissão ficta (arts. 442 e 443, do CPC de 2015 – art. 400, I, do CPC de 1973), não implicando cerceamento de defesa o indeferimento de provas posteriores. (Ex-OJ nº 184 da SBDI-1 – inserida em 08.11.2000.)

III – A vedação à produção de prova posterior pela parte confessa somente a ela se aplica, não afetando o exercício, pelo magistrado, do poder/dever de conduzir o processo.

Art. 385, CPC. (...)

§ 1º Se a parte, pessoalmente intimada para prestar depoimento pessoal e advertida da pena de confesso, não comparecer ou, comparecendo, se recusar a depor, o juiz aplicar-lhe-á a pena.

Art. 843, CLT. Na audiência de julgamento deverão estar presentes o reclamante e o reclamado, independentemente do comparecimento de seus representantes salvo, nos casos de Reclamatórias Plúrimas ou Ações de Cumprimento, quando os empregados poderão fazer-se representar pelo Sindicato de sua categoria.

(...)

§ 2º Se por doença ou qualquer outro **motivo poderoso**, devidamente comprovado, não for possível ao empregado comparecer pessoalmente, poderá fazer-se representar por outro empregado que pertença à mesma profissão, ou pelo seu sindicato. (Grifos nossos.)

Art. 844, CLT. O não comparecimento do reclamante à audiência importa o arquivamento da reclamação, e o não comparecimento do reclamado importa revelia, além de confissão quanto à matéria de fato.

8.10.2 Reclamada

a) **Audiência inicial ou una:** nos termos do art. 844 da CLT, a ausência da reclamada vai gerar a revelia e a confissão quanto à matéria de fato. A Súmula nº 122 do TST prevê que a presença apenas do advogado, ainda que munido de procuração, não afasta a revelia, salvo se justificada a ausência do representante da reclamada através de atestado médico que ateste a incapacidade de **locomoção**. Tal súmula ficou preju-

180 Direito Processual do Trabalho

dicada após a vigência da Reforma Trabalhista, em razão da nova redação do § 5º do art. 844 da CLT, o qual prevê que a presença somente do advogado autoriza o recebimento da contestação e os documentos pelo magistrado, afastando assim a revelia. A OJ nº 152 da SDI-1 do TST prevê que a pessoa jurídica de Direito Público se sujeita à revelia. Corrente minoritária defende que não se aplica a revelia à Fazenda Pública em razão da indisponibilidade do patrimônio público. O CPC, em seu art. 349, prevê que, ao réu revel, será lícita a produção de provas contra as alegações do autor, desde que compareça nos autos a tempo de produzir tais provas. Por fim, a Reforma Trabalhista também trouxe a nova redação do § 4º do art. 844 da CLT que elenca situações em que a revelia não vai gerar o efeito da confissão:

> I – havendo **pluralidade de reclamados**, algum deles contestar a ação;
>
> II – o litígio versar sobre **direitos indisponíveis**;
>
> III – a petição inicial não estiver acompanhada de **instrumento que a lei considere** indispensável à prova do ato;
>
> IV – as alegações de fato formuladas pelo reclamante forem **inverossímeis ou estiverem em contradição com prova** constante dos autos. (Grifos nossos.)

b) **Audiência de instrução ou em prosseguimento:** nos termos da Súmula nº 74 do TST, a ausência da reclamada caracteriza a **confissão quanto à matéria de fato**. Em tal hipótese, a prova pré-constituída poderá ser admitida para afastar a confissão. Entretanto, não caracteriza cerceamento de defesa o indeferimento de provas posteriores pela parte ausente. Por fim, tal limitação de produção de prova não se aplica ao juiz, que poderá determinar as provas que entender necessárias.

Observação

Nos termos do art. 843, § 1º, da CLT, a reclamada poderá ser representada em audiência por gerente ou preposto que tenha **conhecimento**

(o preposto não precisa ter presenciado) dos fatos. A **Súmula nº 377 do TST** prevê que o preposto deve ser empregado da reclamada, salvo microempresa, empresa de pequeno porte ou o empregador doméstico. A Reforma Trabalhista inseriu o § 3º ao art. 843 da CLT, tornando desnecessária a condição de ser empregado da reclamada para ser preposto, podendo ser qualquer pessoa, desde que tenha conhecimento dos fatos. Ou seja, a Súmula nº 377 resta prejudicada desde a vigência da Lei nº 13.467/2017.

O Estatuto da OAB prevê que o advogado não pode atuar simultaneamente como preposto. Caso isso ocorra, processualmente não haverá nenhuma irregularidade, pois será apenas ilícito administrativo perante a OAB, ou seja, o juiz deverá admitir a atuação e irá expedir ofício para a OAB para a devida apuração.

8.10.3 Ausência de ambas as partes, reclamante e reclamada

a) **Audiência inicial ou una:** a ausência de ambas as partes vai gerar o arquivamento da reclamação trabalhista.

b) **Audiência de instrução ou em prosseguimento:** a ausência de ambas as partes vai gerar confissão para ambas. Em tal hipótese, o magistrado irá julgar o pedido com base nas regras de distribuição do ônus da prova, sendo o pedido improcedente para a parte que tinha o ônus de provar.

8.10.4 Ausência do advogado

Há debate na doutrina no tocante ao efeito da ausência do advogado em audiência. Para a **primeira corrente,** deve-se aplicar o art. 791 da CLT que trata do *jus postulandi,* ou seja, é possível prosseguir a audiência sem o advogado, podendo o magistrado, inclusive, oficiar a OAB pela negligência do patrono. Ainda, não há previsão legal de adiamento da audiência por ausência do advogado.

Para a **segunda corrente**, o juiz deve adiar a audiência para permitir que a parte tenha advogado, pois, não se aplica ao *jus postulandi*, já que a parte demonstrou interesse em constituir advogado.

8.11 Conciliação

No processo do trabalho, a tentativa de conciliação é obrigatória no início e no final da audiência. A falta da primeira tentativa de acordo é suprida pela segunda tentativa.

Nos termos do art. 831, parágrafo único, da CLT, o Termo de Conciliação é decisão irrecorrível para as partes, **salvo** para a Previdência Social. As partes somente poderão atacar o Termo de Conciliação através de **ação rescisória**, desde que presentes algumas das hipóteses de cabimento, conforme Súmula n° 259 do TST, não sendo cabível ação anulatória.

> Art. 831. A decisão será proferida depois de rejeitada pelas partes a proposta de conciliação.
>
> Parágrafo único. No caso de conciliação, o termo que for lavrado valerá como decisão irrecorrível, salvo para a Previdência Social quanto às contribuições que lhe forem devidas.

> **Súmula n° 259 do TST – Termo de conciliação. Ação rescisória (mantida) – Res. n° 121/2003, *DJ* 19, 20 e 21.11.2003.**
>
> Só por ação rescisória é impugnável o termo de conciliação previsto no parágrafo único do art. 831 da CLT.

Nos termos da Súmula n° 418 do TST, a homologação do acordo é uma faculdade do juiz, não sendo cabível mandado de segurança. No acordo extrajudicial do art. 855-B da CLT, há quem defenda que a não homologação permitiria o recurso, já que nesse caso seria uma decisão terminativa do feito. O juiz poderá deixar de homologar o acordo quando, por exemplo, constatar a renúncia a direitos ou a hipótese de lide simulada (**famosa casadinha**).

> **Súmula nº 418 do TST** – MANDADO DE SEGURANÇA VISANDO À HOMOLOGAÇÃO DE ACORDO (nova redação em decorrência do CPC de 2015) – Res. nº 217/2017, *DEJT* divulgado em 20, 24 e 25.04.2017.
>
> A homologação de acordo constitui faculdade do juiz, inexistindo direito líquido e certo tutelável pela via do mandado de segurança.

Por fim, o acordo pode gerar a quitação do contrato de trabalho para o trabalhador, ficando impedido de reclamar qualquer direito derivado daquele contrato específico, conforme OJ nº 132 da SDI-2 do TST. É possível ainda a quitação ser apenas quanto ao objeto do processo.

Entretanto, nenhuma das quitações mencionadas, a geral ou quanto ao objeto do processo, alcança lesões que surgirem após a celebração do acordo, como, por exemplo, doença do trabalho descoberta após o acordo celebrado.

8.12 Audiência de conciliação e mediação

O art. 334 do CPC prevê a audiência de conciliação e mediação, inclusive como requisito para constar na petição inicial. Cabe destacar que o § 8º do mesmo artigo prevê multa na hipótese de não comparecimento à audiência se a parte optou por realizá-la.

O TST, na IN nº 39/2016, em seu art. 2º, IV, prevê que o citado dispositivo do CPC **não** se aplica ao processo do trabalho tendo em vista a falta de estrutura na Justiça do Trabalho, bem como a existência de mediadores e conciliadores afastaria a atuação do juiz para zelar pelo reclamante hipossuficiente.

O CSJT (Conselho Superior da Justiça do Trabalho), na Resolução n° 174/2016, regulamentou a aplicação da audiência de conciliação e mediação no processo do trabalho.

Nos termos do Ato 34, de 12.03.2021, também do CSJT, ficam regulamentados os procedimentos para a realização de audiências de conciliação em processos que tramitam em grau de recurso no Tribunal Superior do Trabalho.

Entre diversas regulamentações, metas e valores, traz a denominada Meta Nacional 3: Estimular a conciliação – Aumentar o índice de conciliação em relação à média do biênio 2018/2019, em um ponto percentual.

8.13 Instrução Normativa n° 41/2018 do TST

O TST, na IN n° 41/2018, regulamentou os efeitos da lei processual no tempo quanto aos novos artigos da Reforma Trabalhista.

Nesse sentido, o art. 12 da IN n° 41/2018 prevê que as novas regras do art. 844 da CLT somente serão aplicáveis para os processos ajuizados após a Reforma Trabalhista. Já o § 1° do mesmo art. 12 da IN n° 41/2018 prevê que a nova regra quanto ao preposto prevista no art. 843, § 3°, da CLT somente se aplica para as audiências que ocorrerem após a reforma.

9

Petição inicial trabalhista

9.1 Introdução

A doutrina e jurisprudência denotam a importância da petição inicial em três grandes fundamentos:

a) define os limites objetivos da lide envolvendo causa de pedir e o pedido;

b) define os limites subjetivos da lide envolvendo sujeitos processuais;

c) rompe a inércia do Poder Judiciário (art. 2°, CPC).

O art. 840, *caput*, da CLT traz uma classificação da reclamação trabalhista, de forma que poderá ser verbal ou escrita. Todavia, algumas petições iniciais trabalhistas são obrigatoriamente escritas, quais sejam:

■ dissídio coletivo (art. 856, CLT);

■ inquérito judicial para apuração de falta grave (art. 853, CLT).

Vale ressaltar que o nome "reclamação trabalhista" tem origem na história da própria Justiça do Trabalho, que era um órgão administrativo vinculado ao Poder Executivo.

9.2 Reclamação trabalhista verbal

Possui como fundamentos os princípios da informalidade, simplicidade, oralidade, celeridade e economia processual.

> Art. 786. A reclamação verbal será distribuída antes de sua redução a termo.
>
> Parágrafo único. Distribuída a reclamação verbal, o reclamante deverá, salvo motivo de força maior, apresentar-se no prazo de 5 (cinco) dias, ao cartório ou à secretaria, para reduzi-la a termo, sob a pena estabelecida no art. 731.

O art. 786 da CLT traz regras procedimentais sobre a reclamação trabalhista verbal:

a) A Reclamação Trabalhista (RT) verbal será distribuída **antes** de sua redução a termo (setor de atermação). A redução a termo denota a manifestação do **princípio da oralidade mitigado** ou relativizado.

b) Após a distribuição, será aberto um prazo de cinco dias (salvo motivo de força maior) para que o reclamante compareça na secretaria da vara e promova a sua redução a termo. Se o prazo de cinco dias não for observado, ocorrerá o fenômeno da **perempção trabalhista**, também chamada de **perempção provisória** ou **temporária** (arts. 731, 732, 786 e 844 da CLT). A perempção atinge o direito de ação. É a perda do direito de ajuizar ação na Justiça do Trabalho pelo prazo de seis meses.

Observação

■ Esse prazo de cinco dias pode ser flexibilizado por motivo de força maior. Essa ressalva está nos arts. 501 a 504 da CLT.

■ Não confundir com a perempção do processo civil prevista no art. 486, § 3°, do CPC, que é **definitiva** (esta é a diferença), atinge o direito de ação (esta é a semelhança) e ocorre quando o autor, por três vezes, der causa à extinção do processo sem resolução de mérito por abandono da causa.

- Há outra hipótese de perempção trabalhista, qual seja, quando o reclamante der causa a dois arquivamentos seguidos pelo não comparecimento em audiência.

- Há controvérsia doutrinária e jurisprudencial sobre a correta interpretação dessa segunda hipótese de perempção. O texto prevê que ocorre a perempção diante da ausência em audiência, mas não menciona qual audiência. A posição majoritária é a de que seria audiência **una** ou **inicial/inaugural/conciliação**, não ocorrendo na ausência à audiência de instrução. Vale ressaltar que o não comparecimento de qualquer das partes na segunda audiência (instrução ou em prosseguimento) resultará no fenômeno da **confissão ficta**, conforme se extrai da análise do art. 844 da CLT, combinado com Súmulas nos 9 e 74 do TST. Confissão ficta é a presunção relativa de veracidade dos fatos afirmados pela parte contrária.

- Existe cizânia doutrinária e jurisprudencial sobre a amplitude ou extensão dos efeitos da perempção trabalhista. A CLT é omissa quanto ao assunto, pois prevê que o reclamante será impedido, por seis meses, de ajuizar nova ação, mas não diz qual ação, se contra a mesma parte etc. Para a **primeira corrente – teoria ampliativa:** defende que a perempção trabalhista abrange qualquer ação na Justiça do Trabalho, pelo prazo de seis meses. Já para a **segunda corrente – teoria restritiva:** advoga a tese de que a perempção trabalhista abrange apenas o mesmo tomador de serviços com o mesmo objeto (pedido). Por fim, para a **terceira corrente – teoria intermediária:** sustenta que a perempção trabalhista abrange apenas o mesmo tomador de serviços, não impedindo o ajuizamento de outra ação trabalhista em face de outro tomador de serviços durante o prazo de seis meses.

- **Pergunta de exame oral (não consta em livros, em súmulas etc.): na praxe forense, ocorrendo a perempção trabalhista, e o reclamante dando causa a um terceiro arquivamento pelo não comparecimento em audiência, será possível o ajuizamento de uma quarta ação trabalhista?** Existem duas possíveis respostas. **Primeira resposta:** a **posição majoritária** é no sentido da possibilidade do ajuizamento

188 Direito Processual do Trabalho

de uma quarta ação trabalhista, uma vez que o trabalhador é parte hipossuficiente em face do princípio da proteção, bem como as verbas trabalhistas possuem natureza alimentar e, ainda, em homenagem ao princípio constitucional do amplo acesso à Justiça (art. 5°, XXXV, CF e art. 3°, *caput*, CPC). Também, a lei não proíbe o ajuizamento da quarta ação, o que encontra respaldo no princípio da legalidade (art. 5°, II, CF).

Segunda resposta: não haveria possibilidade de ajuizamento de uma quarta ação, uma vez que temos a aplicação analógica da limitação da perempção do processo civil (art. 486, § 3°, CPC), qual seja, três vezes.

Ainda, temos o princípio da lealdade e boa-fé processual, razoabilidade, proporcionalidade e ponderação de interesses, respeitando os deveres processuais, entre os quais, o respeito ao amplo acesso à Justiça, rechaçando os abusos dessa garantia constitucional.

A perempção trabalhista foi recepcionada pela CF de 1988? A posição majoritária é no sentido de que houve recepção constitucional do instituto jurídico da perempção trabalhista, já que a perempção não obsta o acesso ao Poder Judiciário. Logo, não há ofensa ao princípio da inafastabilidade da jurisdição, existindo apenas uma limitação temporária de acesso (SCHIAVI, 2018).

9.3 Reclamação trabalhista escrita (art. 840, § 1°, da CLT)

A previsão legal está no art. 840, § 1°, da CLT, que traz os requisitos essenciais ou indispensáveis. São seis os requisitos da petição inicial trabalhista:

- ▩ Endereçamento: juízo ou tribunal a que é dirigida.
- ▩ Qualificação do reclamante e da reclamada.
- ▩ Breve exposição dos fatos de que resulte o dissídio (mais informal/ simples).
- ▩ Pedidos.
- ▩ Data e assinatura do reclamante ou de seu representante.
- ▩ Valor da causa.

Petição inicial trabalhista **189**

Observação

- **Reforma Trabalhista:** a Reforma Trabalhista passou a exigir a liquidação dos pedidos na petição inicial, indicando seu valor. Há uma linha de entendimento que sustenta a inconstitucionalidade desta exigência, diante dos princípios informadores do processo do trabalho, especialmente a manutenção do *jus postulandi*. A recente IN n° 41/2018 do TST trouxe a ideia de que a liquidez deverá ser entabulada por estimativa. Vale ressaltar que essa exigência de liquidez dos pedidos somente é cabível para pedidos condenatórios em pecúnia. A Reforma Trabalhista trouxe o § 3° ao art. 840 da CLT prevendo, com efeito, que a ausência de liquidez resultará na extinção **do pedido** sem resolução de mérito.

- Há controvérsia doutrinária e jurisprudencial se esses requisitos são suficientes por si só: **primeira corrente – adoção da teoria tradicional/ clássica ou restritiva:** não há a necessidade de complementação pelo CPC. Princípios da informalidade e da simplicidade. Trabalhador hipossuficiente – princípio da proteção. Interpretação gramatical ou literal do art. 840, § 1°, CLT; **segunda corrente – moderna, evolutiva, ampliativa ou sistemática:** traz a necessidade da complementação pelo CPC. É a posição majoritária.

- **Estudo comparado do art. 840, § 1°, da CLT x art. 319 do CPC:** aplicação subsidiária e supletiva do art. 319 do CPC (art. 769, CLT + art. 15, CPC). No **CPC**, temos mais requisitos do que na CLT:

  - ☐ endereçamento;
  - ☐ qualificação das partes;
  - ☐ fato e **fundamentos jurídicos do pedido**;
  - ☐ pedido e suas especificações;
  - ☐ valor da causa;
  - ☐ **protesto por provas**;
  - ☐ **indicação do *e-mail* do autor (endereço eletrônico)**;
  - ☐ **requerimento de citação do réu.**

a) **Qualificação das partes no CPC/2015 – exigência do e-mail:** prevalece o entendimento da desnecessidade da exigência do *e-mail* do autor no

190　Direito Processual do Trabalho

processo do trabalho, tendo em vista os princípios informadores da simplicidade, informalidade e *jus postulandi.*

b) **Fundamentos jurídicos do pedido e aplicação no processo do trabalho:** para a **primeira corrente – teoria clássica ou tradicional,** não seria necessário o fundamento jurídico do pedido, já que o § 1º do art. 840 da CLT não exige. Ademais, a própria reforma trabalhista não exigiu. Ainda, em homenagem aos princípios da simplicidade, informalidade e *jus postulandi.* Já para a **segunda corrente – teoria moderna ou evolutiva,** há a necessidade dessa fundamentação jurídica pelos seguintes argumentos: i) O CPC adota a teoria da substanciação em contraponto à teoria da individuação. No âmbito da causa de pedir, o sistema processual exige fatos e fundamentos jurídicos, ou seja, **causa de pedir próxima (fatos) e remota**; ii) Respeito/diálogo com os princípios constitucionais do devido processo legal, do contraditório e da ampla defesa (art. 5º, LIV e LV, CF/1988 + arts. 9º e 10, CPC); iii) Atual complexidade das causas trabalhistas; iv) Facilita a elaboração da defesa trabalhista; v) Facilita a produção probatória.

c) **Valor da causa:** para a **primeira corrente – tradicional ou clássica,** defende a desnecessidade do valor da causa, já que o § 1º do art. 840 da CLT não exigia tal requisito (interpretação literal ou gramatical), bem como em razão dos princípios da simplicidade, informalidade e *jus postulandi.* Também, pelo argumento de que a legislação processual trabalhista autoriza o juiz a fixar *ex officio* o valor da causa. O art. 2º da Lei nº 5.584/1970 traz a possibilidade da fixação *ex officio* do valor da causa pelo juiz do trabalho (cabe pedido de revisão – ao Presidente do Tribunal em 48h). Já para a **segunda corrente – teoria moderna ou evolutiva,** há a necessidade do valor da causa, sob os seguintes argumentos: a) definição do procedimento/rito (atenção à reforma trabalhista 2017); b) definição de base de cálculo para custas e despesas processuais; c) exigência pela praxe forense; d) art. 292, CPC – que enfatiza o valor da causa, mesmo para dano moral; e) a própria Reforma Trabalhista reforça, o valor da causa, com base nos §§ 1º e 3º, do art. 840 da CLT, exigindo a liquidação dos pedidos.

d) **Protesto por provas:** na praxe forense, é muito comum a sua indicação. Além disso, o art. 319 do CPC manteve esse requisito. Todavia, vale

Petição inicial trabalhista **191**

ressaltar que, em tese, não há necessidade da sua indicação na petição inicial, com base nos princípios do contraditório e da ampla defesa.

e) **Requerimento de citação do réu:** no processo do trabalho seria o requerimento de notificação da reclamada. O art. 319 do CPC não mais traz essa exigência e a CLT também não prevê. Na praxe forense trabalhista, é muito comum a sua presença, embora prevaleça o entendimento da sua desnecessidade, em razão dos princípios do devido processo legal, contraditório e da ampla defesa.

f) **Análise do art. 319, VII, CPC:** o CPC/2015 traz a necessidade da indicação da opção do autor pela realização ou não da audiência de conciliação ou mediação. **Essa opção do autor pela audiência de conciliação é aplicável ao processo do trabalho?** Prevalece o entendimento da incompatibilidade dessa exigência no processo do trabalho tendo em vista que este é marcado pelas **tentativas obrigatórias** de conciliação em audiência (arts. 764, 846, 850 e 852-E da CLT).

- -

Vale ressaltar que há uma linha de entendimento que sustenta a possibilidade desta opção na área trabalhista em relação ao trabalhador hipersuficiente (parágrafo único do art. 444, CLT – Reforma Trabalhista).

■ **Arts. 787 e 845 da CLT c.c. art. 320, CPC:** a reclamação trabalhista deve ser apresentada em duas vias, acompanhada dos documentos indispensáveis.

9.4 Princípio da extrapetição ou da ultrapetição e sua aplicabilidade ao processo do trabalho

Tem por premissa o **princípio da adstrição, correlação, congruência, simetria ou correspondência**, previsto nos arts. 141 e 492 do CPC.

Em tese, ao decidir, o juiz ficará adstrito aos limites objetivos da lide, não podendo exarar sentença *extra*, *ultra* ou *citra petita*. Todavia, há uma linha de entendimento que sustenta a flexi-

192 Direito Processual do Trabalho

bilização desse princípio, autorizando o juiz do trabalho a proferir decisão além ou fora do pedido, de forma **excepcional**. Ex.: concessão de ofício das multas dos arts. 467 e 477 da CLT; reflexos de pedidos principais; terço constitucional de férias; mudança na espécie de responsabilidade trabalhista (subsidiária x solidária); inclusão de reclamada no polo passivo; juros; correção monetária; **honorários advocatícios sucumbenciais (devem ser concedidos de ofício)**.

9.5 Emenda, indeferimento e aditamento da petição inicial trabalhista

Emendar significa **corrigir**. Logo, emenda é a correção da exordial, quando ocorrer a existência de vícios processuais sanáveis. Ex.: comprovação posterior do estado de pobreza. O art. 790, § 4°, da CLT, fruto da Reforma Trabalhista, prevê a necessidade da comprovação da situação econômica/financeira.

A CLT é omissa em relação à emenda, devendo haver a aplicação subsidiária e supletiva do art. 321 do CPC, que prevê prazo de 15 dias para emenda da petição inicial.

O instituto da emenda da inicial é pautado no princípio da instrumentalidade das formas ou da finalidade, com base nos arts. 188 e 277 do CPC. Nesse sentido, o TST adota o entendimento da possibilidade da emenda da inicial no processo do trabalho (Súmulas n°s 263 e 299, item II, TST).

O **indeferimento da petição inicial** trabalhista é a rejeição liminar ou de plano da exordial quando se constata a existência de vícios processuais insanáveis. A CLT também é omissa nesse tema, devendo ter a aplicação subsidiária e supletiva do art. 330 do CPC. Ex.: inépcia da inicial e carência da ação.

Observação

■ **Natureza jurídica da decisão de indeferimento:** trata-se de uma **sentença** terminativa ou processual (art. 485, I, CPC), cabendo Recurso Ordinário, no prazo de oito dias (art. 895, I, CLT).

- Há uma linha de entendimento que sustenta a possibilidade da aplicação subsidiária e supletiva do art. 331 do CPC, que trata do juízo de retratação ou de reconsideração (efeito regressivo dos recursos). Com a interposição do RO, seria facultado ao juiz do trabalho retratar-se no prazo de cinco dias, diante do indeferimento da petição inicial.

- Há uma linha de entendimento que advoga a seguinte tese: o juiz do trabalho deverá evitar ao máximo o indeferimento da petição inicial diante do fato do trabalhador ser hipossuficiente, da natureza alimentar das verbas trabalhistas e dos princípios informadores do processo do trabalho.

Por fim, **aditar** significa **aumentar** ou **acrescentar**. Logo, aditamento da petição inicial trabalhista é a alteração do pedido e/ou da causa de pedir. A doutrina diz que temos um aditamento **objetivo** da petição inicial, pois há alteração dos elementos objetivos da ação. Com a entrada em vigor do atual CPC, temos a possibilidade legislativa da **alteração/aditamento subjetivo** da petição inicial.

A doutrina e a jurisprudência ensinam que a emenda consubstancia a alteração da parte extrínseca da petição inicial. Já o aditamento constitui a modificação intrínseca da exordial.

Quanto ao tema, a CLT apresenta lacuna, devendo-se haver aplicação subsidiária e supletiva do art. 329 do CPC (art. 769, CLT + art. 15, CPC + art. 1º, *caput*, IN n° 39/2016, TST), que traz o regramento do aditamento:

- **primeira regra:** até a citação é possível o aditamento independentemente da concordância do réu;
- **segunda regra:** após a citação até o saneamento, é possível o aditamento, mas depende da anuência do réu;
- **terceira regra:** após o saneamento não será possível o aditamento.

Estas regras são aplicáveis ao processo do trabalho?

Antes de responder, vale ressaltar os seguintes entraves processuais trabalhistas:

- No processo do trabalho temos a notificação inicial postal automática do reclamado (art. 841, CLT).
- O juiz do trabalho tem contato com a petição inicial apenas em audiência.
- No processo do trabalho não há saneamento.
- Tentativas obrigatórias de conciliação.

Prevalece o entendimento da possibilidade do aditamento da petição inicial trabalhista com as seguintes adaptações trazidas pela doutrina e jurisprudência:

- **primeira regra:** até a apresentação da defesa em audiência será possível o aditamento, independentemente da anuência da reclamada;
- **segunda regra:** após a apresentação da defesa em audiência será possível o aditamento, desde que com a concordância da reclamada.

Prevalece o entendimento de que nessas duas regras o ideal seria o juiz do trabalho suspender a audiência e designar uma nova data para sua continuação, respeitando-se o prazo mínimo de cinco dias, em respeito ao contraditório e ampla defesa. Na praxe forense, cada juiz adota o seu procedimento com base no art. 765 da CLT (juiz do trabalho é o diretor do processo).

10

Defesas trabalhistas

10.1 Introdução

As defesas/respostas têm como fundamentos constitucionais os princípios do devido processo legal, contraditório e ampla defesa (art. 5°, LIV e LV, da CF). A expressão "defesa" é o gênero/ termo mais amplo, comportando espécies.

10.2 Características da defesa trabalhista (art. 847, CLT)

a) apresentação em audiência;
b) princípio da oralidade: defesa oral de 20 minutos, embora a praxe tenha imposto a apresentação escrita;
c) após a leitura da reclamação trabalhista quando esta não for dispensada por ambas as partes;
d) os arts. 799 a 802 da CLT trazem as exceções rituais, quais sejam, exceção de incompetência relativa (art. 800, CLT – Lei n° 13.467/2017) e exceção de suspeição.

Observação

■ **Reforma Trabalhista**: a Reforma Trabalhista incluiu **parágrafo único ao art. 847 da CLT**, que prevê que a parte poderá apresentar defesa escrita

196 Direito Processual do Trabalho

pelo sistema de processo judicial eletrônico (PJe) **até a audiência**. Ainda, o **§ 3° do art. 841 da CLT**, que trata da desistência da ação, prevendo que, oferecida a contestação, ainda que eletronicamente, o reclamante não poderá, sem o consentimento do reclamado, desistir da ação.

■ **A CLT apresenta a lacuna quanto à exceção de impedimento. Qual a razão?** A explicação tem base na hermenêutica/exegese, dentro de uma análise histórica do sistema processual trabalhista: nossa CLT é o Decreto-lei n° 5.452/1943 e, portanto, pautada no CPC/1939, que era omisso no que concerne à exceção de impedimento.

■ **A exceção de impedimento é compatível com o processo do trabalho?** A posição majoritária na doutrina e jurisprudência é pela **compatibilidade** da exceção de impedimento ao processo do trabalho, com aplicação subsidiária e supletiva dos arts. 144 a 146 do CPC.

■ **Análise do art. 801 da CLT:** o dispositivo traz os motivos de suspeição do magistrado trabalhista, que são, em tese, quatro motivos: (a) amizade; (b) inimizade; (c) interesse na causa; (d) parentesco. As três primeiras hipóteses são motivos subjetivos. Porém, o parentesco seria um motivo **objetivo**. **Nesses termos, a CLT está correta?** Mais uma vez sim, pois a CLT, na época, não diferenciava suspeição de impedimento. A CLT somente prevê hipóteses de suspeição pela sua origem histórica. Todavia, em tese, o parentesco constitui hipótese de **impedimento**, por se tratar de um motivo objetivo.

- -

10.3 Aplicação subsidiária e supletiva dos arts. 336 e ss. do CPC

10.3.1 Contestação

A contestação é, naturalmente, a principal defesa da reclamada, e é regida por dois importantes princípios:

a) **Princípio da impugnação específica ou do ônus da impugnação especificada:** está previsto no art. 341 do CPC. Compete à reclamada impugnar especificadamente cada fato/

pedido ventilado pelo reclamante na exordial. Fato não impugnado especificadamente torna-se incontroverso, havendo a presunção relativa de veracidade. Portanto, em regra, não é cabível a contestação por negativa geral.

Observação

■ Há uma linha de entendimento que sustenta a possibilidade do julgamento antecipado do pedido diante da ausência de impugnação específica, com base no art. 374, III, do CPC, o qual prevê que os fatos incontroversos independem de prova.

■ O próprio art. 341 do CPC traz hipóteses de **exceções subjetivas**, ou seja, sujeitos processuais que poderão apresentar contestação por negativa geral: (i) advogado dativo; (ii) curador especial; (iii) defensor público. Em tese, a figura do curador está prevista no art. 793 da CLT, que cuida da reclamação trabalhista ajuizada por empregado menor de 18 anos. Este menor de 18 anos possui capacidade de ser parte, mas não possui capacidade processual ou para estar em juízo, devendo estar presente, nesta ordem:

☐ 1º representante legal;

☐ 2º MPT (Procuradoria Regional do Trabalho);

☐ 3º Sindicato;

☐ 4º MP estadual; ou

☐ 5º Curador especial.

Mnemônico: **M**enor **S**em **M**aior **C**apaz

■ O art. 341 do CPC também traz **exceções objetivas**, ou seja, fatos que, mesmo não impugnados especificadamente, não resultam em presunção relativa de veracidade:

I – se o fato não impugnado especificadamente não admitir a confissão (direitos indisponíveis): em tese, no processo do trabalho, esta hipótese fica prejudicada, tendo em vista o princípio da indisponibilidade dos direitos trabalhistas. Parcela da doutrina e da jurisprudência entende que esta hipótese é aplicável aos direitos trabalhistas de indisponibilidade absoluta. Ex.: normas de higiene, saúde e segurança no trabalho; estudo dos arts. 611-A e 611-B, CLT (princípio da prevalência do negociado sobre o legislado);

II – se a petição inicial não estiver acompanhada de documento indispensável à substância do ato: o exemplo trazido pela doutrina na área trabalhista é a reclamação trabalhista desacompanhada de cópia do instrumento de negociação coletiva;

III – se o fato não impugnado especificadamente estiver em contradição com a defesa considerada em seu conjunto.

---

b) **Princípio da eventualidade ou da concentração de defesas:** este princípio está previsto no art. 336 do CPC. Compete à reclamada alegar toda a matéria de defesa no bojo da contestação, sob pena de preclusão. Em regra, não cabe contestação por etapas. "Toda a matéria de defesa" envolve o estudo em três partes:

b.1) **Defesa processual:** estamos falando das **preliminares de contestação** previstas no art. 337 do CPC (vícios processuais). Temos como principais exemplos na Justiça do Trabalho:

☐ inépcia da petição inicial (art. 330, I e § 1º, CPC);

☐ incompetência absoluta (matéria/pessoa/funcional);

☐ carência da ação;

☐ inexistência ou nulidade de citação.

Observação

■ O CPC trouxe a assertiva na qual a convenção de arbitragem e a incompetência relativa não poderão ser conhecidas *ex officio* pelo magistrado, o que não se aplica às demais preliminares. A convenção de arbitragem é gênero, que abrange a cláusula compromissória e o compromisso arbitral.

■ Na praxe forense, alguns advogados trabalhistas "abusam" na alegação de preliminares, o que poderia até ensejar litigância de má-fé. Toda a responsabilidade por dano processual está entre os arts. 793-A a 793-D da CLT.

Defesas trabalhistas   199

■ **Classificação das preliminares:** trata-se de classificação doutrinária:

☐ **Preliminares peremptórias:** são aquelas cujo acolhimento resultará na extinção do processo sem resolução de mérito. **Ex.**: inépcia da inicial e carência da ação.

☐ **Preliminares dilatórias:** são aquelas cujo acolhimento resultará na dilação do andamento processual, mas não na extinção do processo. **Ex.**: no processo civil, temos a incompetência relativa, que resulta na remessa dos autos ao juízo competente. No processo do trabalho, mantemos a exceção de incompetência relativa (art. 800, CLT).

■ Há controvérsia doutrinária e jurisprudencial sobre o correto enquadramento da preliminar de incompetência absoluta: ela é peremptória ou dilatória? Para a **primeira corrente**, é uma preliminar peremptória, ou seja, gera a extinção do processo sem resolução do mérito, uma vez que o juízo competente constitui um pressuposto processual positivo de existência. Já para a **segunda corrente**, trata-se de preliminar dilatória, uma vez que resulta na remessa dos autos ao juízo competente, sem a extinção do processo, nos termos do art. 64 do CPC, sendo essa a posição que prevalece.

■ No processo civil há uma linha de entendimento que sustenta a existência de uma **terceira espécie de preliminar**, qual seja, **preliminar dilatória potencialmente peremptória,** mista, híbrida, atípica ou *sui generis*. Em princípio, o magistrado concede um prazo para correção do vício processual. Caso a determinação não seja cumprida, o resultado será a extinção do processo sem resolução do mérito. **Ex.**: preliminar de falta de caução ou de outra prestação que a lei exige como pressuposto. Outro exemplo que é citado pela doutrina é a ação de consignação em pagamento com base no art. 542, I, parágrafo único, do CPC.

----

b.2) **Defesa indireta de mérito:** também chamada de **prejudicial de mérito**, é a modalidade de defesa em que a reclamada reconhece o fato constitutivo do direito do reclamante, mas alega a existência de fato impeditivo, modificativo ou extintivo do mesmo direito. Tem íntima relação com as regras de distribuição do ônus da prova dentro da carga estática. Exemplos no processo do trabalho:

200 Direito Processual do Trabalho

- **Fato impeditivo:** justa causa (Súmula n° 212, TST); inexistência de algum requisito cumulativo da equiparação salarial (art. 461, CLT).
- **Fato modificativo:** reconhecimento da prestação de serviços, mas na qualidade de mero trabalhador (autônomo, avulso, eventual, voluntário, estagiário); reconhecimento da ausência de depósitos de FGTS, mas apenas de parte do período pleiteado.
- **Fato extintivo:** temos vários exemplos, como, pagamento, compensação, prescrição, decadência etc.

b.3) **Defesa direta de mérito:** é aquela na qual a reclamada faz a impugnação direta das teses ventiladas pelo reclamante na petição inicial.

Observação

O CPC traz **exceções** ao princípio da eventualidade no art. 342: representa a possibilidade de alegação superveniente de teses, ou seja, após a apresentação da contestação. Trata-se da possibilidade de contestação por etapas. São elas:

- direito ou fato superveniente;

- matéria de ordem pública.

Ex.: justa causa após o ajuizamento de ação trabalhista; doença ocupacional surgida após contestação.

10.4 Prescrição de ofício e seu cabimento no processo do trabalho

10.4.1 Primeira parte: análise histórica do tema

O art. 194 do CC/2002 previa que, em regra, o juiz não podia conhecer de ofício a prescrição, salvo de favorecesse o absolutamente incapaz.

A Lei n° 11.280/2006 **(atualização)** trouxe a revogação expressa do art. 194 do CC, conferindo nova redação ao § 5° do art. 219 do CPC/1973, prevendo que o juiz pronunciaria (verbo no imperativo), de ofício, a prescrição. Trouxe a ideia de obrigatoriedade de o juiz pronunciar a prescrição de ofício. Nesse contexto, o instituto jurídico da prescrição ganhou contornos de matéria de ordem pública.

Nesses termos, **o art. 332, § 1°, do CPC é compatível com o processo do trabalho?**

- ■ **Primeira corrente:** haveria **incompatibilidade** com o processo do trabalho, sob os seguintes fundamentos: (i) ofensa ao princípio da proteção; (ii) ofensa ao princípio da norma mais favorável (art. 7°, *caput*, CF); (iii) ofensa ao princípio da indisponibilidade dos direitos trabalhistas: em tese, a prescrição de ofício consubstancia renúncia a direitos trabalhistas; ofensa à natureza jurídica alimentar das verbas trabalhistas; (iv) a prescrição é matéria de defesa (art. 884, § 1°, CLT – que traz as matérias arguíveis no bojo dos embargos à execução); (v) por fim, "a proteção dos direitos trabalhistas pautada em sua natureza alimentar constitui função histórica e institucional da Justiça do Trabalho, sendo que o magistrado trabalhista não poderá aniquilá-los *ex officio*" (Jorge Luiz Souto Maior).
- ■ **Segunda corrente:** defende a **compatibilidade** do art. 332, § 1°, do CPC ao processo do trabalho, sob os seguintes fundamentos: (i) princípios da efetividade, celeridade e razoável duração do processo; (ii) menção do próprio art. 5°, LXXVIII, da CF; (iii) Pacto de São José da Costa Rica; (iv) princípio da economia processual em sua visão macroscópica; (v) tendência atual de julgamentos em massa (CPC).
- ■ **Terceira corrente:** adoção da **teoria intermediária**, apresentando duas importantes características: a) pronúncia *ex officio* da prescrição; b) abertura de prazo para as partes se manifestarem. Tal ideia vem na linha dos arts. 1°, 6° (princípio da cooperação ou colaboração), 9° e 10 do CPC. Nessa linha de raciocí-

nio, o CPC atual trouxe uma mitigação ao próprio conceito de "matéria de ordem pública" ou objeção processual. Tal corrente representa o respeito aos princípios constitucionais do contraditório e da ampla defesa, podendo ser alegadas, por exemplo, causas interruptivas, suspensivas ou impeditivas da prescrição. Ex.: **por parte do reclamante: Súmula n° 268 do TST:** a ação trabalhista, ainda que arquivada, interrompe a prescrição somente em relação aos pedidos idênticos; **OJ n° 359, SDI-1 do TST:** a ação movida por sindicato na qualidade de substituto processual interrompe a prescrição, ainda que tenha sido considerado parte ilegítima *ad causam*; **OJ n° 392, SDI-1 do TST:** reconhece o protesto como fato interruptivo da prescrição; **art. 625-G, CLT:** a provocação da CCP implica a suspensão do prazo prescricional; **art. 855-E CLT (Lei n° 13.467/2017):** processo de jurisdição voluntária de homologação de acordo extrajudicial, que leva à suspensão da prescrição. **Por parte da reclamada: art. 191, CC – renúncia da prescrição:** na prática, não é nada comum ocorrer essa hipótese. Calha asseverar que **Reforma Trabalhista (arts. 11 e 11-A, CLT)** tem conferido respaldo ao posicionamento de que a prescrição pode ser declarada de ofício na Justiça do Trabalho. O § 2° do art. 11-A da CLT prevê que a prescrição intercorrente poderá ser pronunciada de ofício pelo juiz. Na mesma toada, a Súmula n° 153 do TST, que prevê a possibilidade de alegação da prescrição em grau recursal.

10.5 Prazos decadenciais na Justiça do Trabalho

A decadência é uma defesa indireta de mérito (prejudicial de mérito), sendo um fato extintivo do direito do autor.

Temos no processo do trabalho três prazos decadenciais:

a) **Inquérito judicial para apuração de falta grave:** tem previsão legal nos arts. 494, 853 a 855 da CLT, bem como na Súmula n° 403 do STF e Súmula n° 62 do TST. O prazo decadencial é de 30 dias, contados da data da suspensão do empregado.

Pergunta de 2ª fase da Magistratura: Disserte se a suspensão do empregado é obrigatória ou facultativa. Ademais, sendo facultativa, qual seria o prazo para o ajuizamento do inquérito judicial? A posição majoritária na doutrina e jurisprudência é a de que a suspensão é facultativa, uma vez que o próprio art. 494 da CLT prevê que o empregado **poderá** ser suspenso de sua função. No entanto, a CLT apresenta lacuna quanto ao prazo para ajuizamento do inquérito judicial, uma vez que a lei parte da premissa da suspensão. A facultatividade traz a queda do prazo de 30 dias. Logo, dentro de uma interpretação sistemática, teleológica e análgica do prazo prescricional trabalhista (art. 7º, XXIX, da CF, arts. 11 e 11-A da CLT e Súmula nº 308, I do TST), podemos concluir que, como o contrato individual de trabalho está em vigor, não havendo suspensão do empregado, o prazo decadencial seria de cinco anos. Todavia, se o empregador não ajuizar o inquérito judicial no período mais breve possível, teremos a desistência ou perdão tácito da falta grave praticada. **Concluindo,** por mais que a posição majoritária defenda a facultatividade da suspensão, na praxe forense, é recomendável a sua implementação, até para fins de caracterização do prazo decadencial.

b) **Ação rescisória na Justiça do Trabalho:** tem previsão no art. 836 da CLT, bem como art. 975 do CPC e Súmula nº 100, item I, do TST. Tem prazo decadencial de dois anos, contados do trânsito em julgado da última decisão proferida na causa, seja de mérito ou não.

Observação

Vale ressaltar que o atual CPC criou uma exceção a tal prazo, qual seja, aquela prevista no art. 975, § 2º, do CPC, que prevê prazo decadencial de cinco anos, se a rescisória for pautada em motivo de prova falsa. Nesse caso, o termo inicial será a data de descoberta da prova nova.

---

204 Direito Processual do Trabalho

c) **Mandado de segurança na Justiça do Trabalho:** está previsto no art. 23 da Lei n° 12.016/2009. O prazo decadencial é de 120 dias, contados da ciência do ato ou do fato.

10.6 Compensação, dedução e retenção na Justiça do Trabalho

10.6.1 Compensação

A base está nos arts. 368 a 380 do Código Civil. Tem origem no Direito Civil.

Compensação é a forma indireta de extinção das obrigações caracterizada quando duas pessoas forem, ao mesmo tempo, credoras e devedoras uma da outra. Com efeito, as duas obrigações serão extintas até onde se compensarem.

Trazendo isso para o processo do trabalho, temos a base do art. 767 da CLT, o qual preceitua que a compensação **só poderá** ser alegada como **matéria de defesa**.

A expressão **matéria de defesa** gerou controvérsia doutrinária e jurisprudencial. A expressão **defesa** é gênero, termo mais amplo. Diante desse cenário, o TST editou a **Súmula n° 48** para tentar solucionar a questão e traz a ideia de que a compensação somente pode ser alegada na **contestação**.

> **Súmula n° 48 do TST – Compensação (mantida) – Res. n°**
> **121/2003, *DJ* 19, 20 e 21.11.2003.**
>
> A compensação só poderá ser arguida com a contestação.

Na origem da mencionada súmula, em tese, não era possível a alegação da compensação no bojo da reconvenção.

Além disso, a **Súmula n° 18 do TST** traz uma restrição/limitação para a aplicação da compensação apenas a dívidas de natureza trabalhista.

Defesas trabalhistas 205

■ **Exemplo 1: aplicação do art.** 462, § 1°, da CLT, que traz as exceções ao princípio da intangibilidade salarial: é possível o desconto no salário em caso de dano causado pelo empregado em duas situações: (a) dolo; (b) acordo ou ajuste entre as partes. Assim, em havendo dano, a reclamada poderá requerer a compensação de eventuais prejuízos causados pelo empregado.

> **Súmula n° 18 do TST – COMPENSAÇÃO (mantida) – Res. n° 121/2003, *DJ* 19, 20 e 21.11.2003.**
>
> A compensação, na Justiça do Trabalho, está restrita a dívidas de natureza trabalhista.

■ **Exemplo 2: aplicação do art.** 487, § 2°, da CLT – quando o empregado pede demissão e não cumpre o aviso prévio, a empresa está autorizada a descontar os salários dos dias não trabalhados. Nesse caso, a compensação também poderá ser suscitada.

Observação

■ Ainda resta polêmica a possibilidade da compensação de empréstimos feitos pelo empregador ao empregado. Para a **primeira corrente (teoria clássica ou tradicional)**, não é possível a compensação, haja vista que se trata de dívida de natureza civil/empresarial e não trabalhista. Já a **segunda corrente (teoria moderna ou evolutiva)**, seria possível a compensação, sob o fundamento de que o art. 114, I e IV, da CF (EC n° 45/2004) prevê que compete à Justiça do Trabalho julgar as ações oriundas da relação de trabalho, como também as outras controvérsias decorrentes da relação de trabalho. Ainda, temos a interpretação moderna dos títulos executivos extrajudiciais trabalhistas, no sentido de que o rol desses títulos é meramente exemplificativo. O art. 876, *caput*, da CLT traz este rol:

> I – TAC firmado perante o MPT (art. 5°, § 6°, da LACP – Lei n° 7.347/1985);
>
> II – Termo de Conciliação firmado perante a CCP (art. 625-E, parágrafo único, CLT);

206 Direito Processual do Trabalho

III – Título oriundo da multa aplicada pelo Ministério do Trabalho e inscrita na Certidão da Dívida Ativa da União (pautado no art. 114, VII, CF);

IV – Cheque e Nota Promissória, desde que tais títulos tenham origem na relação de trabalho (art. 784, I, do CPC e art. 13 da IN nº 39/2016);

Art. 876. As decisões passadas em julgado ou das quais não tenha havido recurso com efeito suspensivo; os acordos, quando não cumpridos; os termos de ajuste de conduta firmados perante o Ministério Público do Trabalho e os termos de conciliação firmados perante as Comissões de Conciliação Prévia serão executados pela forma estabelecida neste Capítulo.

■ **Há algum limite de valores para a compensação na Justiça do Trabalho?** Temos duas correntes sobre o assunto. A **primeira corrente** (posição majoritária na doutrina e jurisprudência) defende que existe um limite, com fundamento em uma interpretação sistemática, teleológica e analógica do art. 477, § 5º, da CLT, que traz o limite de um mês de remuneração do empregado. Já para a **segunda corrente**, não existiria limite de valores para a compensação, por dois fundamentos: (i) a compensação está sendo realizada sob o crivo da Justiça do Trabalho e, portanto, não olvidando a análise da manifestação de vontade obreira; (ii) vale ressaltar que o art. 477 da CLT diz respeito ao pagamento de verbas rescisórias no âmbito extrajudicial.

■ **Diálogo entre a compensação, a contestação e a reconvenção:** a discussão envolve valores.

  ☐ **Exemplo 1 – crédito do reclamante superior ao da reclamada:** a solução é a compensação integral no bojo da contestação.

  ☐ **Exemplo 2 – crédito da reclamada superior ao do reclamante:** para solucionar a questão, temos três possíveis soluções:

   ● **primeira solução:** teríamos a compensação integral na contestação. A falha nesta corrente é que, em verdade, trata de pedido integral na contestação, o que não é, em regra, permitido;

- **segunda solução:** teríamos a compensação na contestação e a cobrança do excedente em reconvenção (respeitando o art. 368 do CC + art. 767 da CLT e Súmulas n° 18 e 48 do TST). A crítica que se faz é que poderíamos ter uma compensação indireta no bojo da reconvenção e isto viola a Súmula n° 48 do TST;

- **terceira solução:** envolve o pedido integral no bojo da reconvenção, respeitando assim a Súmula n° 48 do TST.

10.6.2 Dedução na Justiça do Trabalho

Dedução é o instituto jurídico caracterizado quando houver a existência de um título trabalhista já pago pelo empregador.

Compensação	Dedução
Só como matéria de defesa na contestação.	Juiz do Trabalho deve conhecer *ex officio*, em razão do princípio da vedação ao enriquecimento sem causa, consubstanciando matéria de ordem pública.
Quando autor e réu são, ao mesmo tempo, devedor e credor.	Existência de título trabalhista já pago pelo empregador.

Observação

- Há controvérsia doutrinária e jurisprudencial sobre a aplicação ou não do art. 940 do Código Civil (repetição do indébito) na Justiça do Trabalho: aquele que pede algo que já recebeu, ficará obrigado a pagar o dobro do que houver cobrado. Para a **primeira corrente (majoritária)**, o art. 940 do CC não se aplica na Justiça do Trabalho, em razão do princípio da proteção, bem como da possibilidade da aplicação das consequências jurídicas da litigância de má-fé (arts. 793-A a 793-D, CLT – Lei n° 13.467/2017). Já a **segunda corrente** defende a aplicabilidade do art. 940 do CC, em razão da observância dos princípios da lealdade e boa-fé processual.

208 Direito Processual do Trabalho

- **OJ nº 415 DA SDI-1 DO TST:** a dedução das horas extras comprovadamente pagas daquelas reconhecidas em juízo não pode ser limitada ao mês de apuração, devendo ser integral e aferida pelo total das horas extraordinárias quitadas durante o período imprescrito do contrato de trabalho. Ou seja, a dedução pode ultrapassar até mesmo o valor requerido na contestação.

> **OJ nº 415 – HORAS EXTRAS. RECONHECIMENTO EM JUÍZO. CRITÉRIO DE DEDUÇÃO/ABATIMENTO DOS VALORES COMPROVADAMENTE PAGOS NO CURSO DO CONTRATO DE TRABALHO.** (*DEJT* divulgado em 14, 15 e 16.02.2012.)
>
> A dedução das horas extras comprovadamente pagas daquelas reconhecidas em juízo não pode ser limitada ao mês de apuração, devendo ser integral e aferida pelo total das horas extraordinárias quitadas durante o período imprescrito do contrato de trabalho.

10.6.3 Retenção na Justiça do Trabalho

Retenção é o instituto jurídico caracterizado pelo ato da parte de reter algo de forma legítima até que a outra parte cumpra a sua obrigação. Também está prevista no art. 767 da CLT e só pode ser usada como matéria de defesa, não cabendo a sua pronúncia *ex officio* pelo juiz.

- **Exemplo 1:** o empregador poderá reter o salário do empregado vendedor até que este devolva o mostruário de vendas.
- **Exemplo 2 – art. 455, CLT:** trata-se hipótese de retenção aplicável ao contrato de empreitada e subempreitada.

> Art. 455. Nos contratos de subempreitada responderá o subempreiteiro pelas obrigações derivadas do contrato de trabalho que celebrar, cabendo, todavia, aos empregados, o direito de reclamação contra o empreiteiro principal pelo inadimplemento daquelas obrigações por parte do primeiro.

Parágrafo único. Ao empreiteiro principal fica ressalvada, nos termos da lei civil, ação regressiva contra o subempreiteiro e a retenção de importâncias a este devidas, para a garantia das obrigações previstas neste artigo.

A **Lei nº 13.725/2018** trouxe a revogação expressa do art. 16 da Lei nº 5.584/1970. O mencionado dispositivo legal trazia a seguinte redação: "os honorários do advogado pagos pelo vencido reverterão em favor do Sindicato assistente". A justificativa da revogação é a própria reforma trabalhista, que trouxe os honorários advocatícios sucumbenciais na Justiça do Trabalho, inclusive os recíprocos, com base no art. 791-A da CLT. Portanto, a aludida assertiva legal tornou-se inócua e incompatível com a nova sistemática processual.

10.7 Reconvenção

10.7.1 Introdução e conceito

A palavra "reconvenção" tem origem no latim *reconventio*, que significa voltar-se contra o autor na justiça.

É o contra-ataque do réu em face do autor na mesma relação jurídico-processual.

10.7.2 Natureza jurídica

O estudo da natureza jurídica (definição + classificação) da reconvenção se divide em duas partes:

- **Primeira parte – antes do advento do CPC:** a posição majoritária na doutrina e jurisprudência era a de que a reconvenção tinha natureza jurídica de **ação** (arts. 315 a 318 do CPC/1973). Tínhamos a denominação de **ação reconvencional.**
- **Segunda parte – após o advento do CPC/2015:** a CLT é omissa quanto ao tema, devendo-se aplicar supletiva e subsidiariamente o art. 343 do CPC/2015, que traz a apresentação da

reconvenção no bojo da própria contestação. Se é assim, a reconvenção passa a ser uma "tese" da própria contestação. Prevalece o entendimento de que se trata de um mero incidente processual ou tese meritória ventilada na contestação. Todavia, vale ressaltar que o atual CPC ainda mantém a possibilidade da reconvenção enquanto ação, pois prevista no art. 343, § 6°, que prevê que a reconvenção pode ser oferecida independente da contestação (princípio da autonomia da reconvenção em relação à contestação).

Essa alteração procedimental justifica-se pelos princípios da simplicidade, informalidade e celeridade também buscados pelo atual CPC.

10.7.3 Nomenclaturas

■ A nomenclatura correta é: **réu** reconvinte x **autor** reconvindo.

■ Na área trabalhista: **reclamado** reconvinte x **reclamante** reconvindo.

10.7.4 Requisitos cumulativos de admissibilidade da reconvenção na Justiça do Trabalho

Durante muitos anos, prevaleceu o entendimento da inadmissibilidade da reconvenção na Justiça do Trabalho, tendo em vista a sua complexidade que não se coadunava com os princípios informadores do processo do trabalho.

Atualmente, a posição majoritária é no sentido da admissibilidade da reconvenção no processo do trabalho, desde que preenchidos os seguintes requisitos cumulativos:

a) **Juiz competente para julgar as duas ações:** era previsto no art. 109 do CPC/1973 (sem paralelo no CPC/2015). No processo do trabalho, a questão deverá ser analisada à luz da competência material da Justiça do Trabalho (art. 114, CF).

Nessa toada, podemos citar os mesmos exemplos da compensação na Justiça do Trabalho. **Exemplo 1: aplicação do art. 462, § 1°, da CLT, que traz as exceções ao princípio da intangibilidade salarial:** é possível o desconto no salário em caso de dano causado pelo empregado em duas situações: (i) dolo; (ii) acordo ou ajuste entre as partes. Assim, em havendo dano, a reclamada poderá requerer a compensação de eventuais danos causados pelo empregado. **Exemplo 2: aplicação do art. 487, § 2°, da CLT** – quando o empregado pede demissão e não cumpre o aviso prévio, a empresa está autorizada a descontar os salários dos dias não trabalhados. Nesse caso, a compensação também poderá ser suscitada.

b) **Procedimento adequado para a ação principal ou originária + reconvenção:** prevalece o entendimento do não cabimento da reconvenção nos procedimentos sumário e sumaríssimo trabalhistas, com base na aplicação subsidiária do art. 278, § 1°, do CPC/1973 que previa o procedimento sumário no processo civil e art. 31 da Lei n° 9.099/1995. A justificativa é a celeridade típica dos mencionados ritos.

c) **Que haja uma causa pendente:** só é possível contra-atacar se houver algum ataque. Logo, deve existir um processo pendente.

d) **Que haja conexão da reconvenção com a ação originária ou o fundamento de defesa:** conforme art. 55 do CPC, duas ações são conexas quando têm a mesma causa de pedir ou o mesmo pedido (mesmo objeto), pouco importando as partes.

10.7.5 Princípio da identidade bilateral no bojo da reconvenção

O sistema processual somente admite a reconvenção nesse caso se autor e réu estiverem ostentando a qualidade de substitutos processuais, nos termos do art. 343, § 5°, do CPC.

Se o autor estiver como substituto processual, o réu não poderá reconvir se estiver em nome próprio, defendendo direito próprio.

212 Direito Processual do Trabalho

10.7.6 Regras procedimentais da reconvenção

a) **A reconvenção deverá ser apresentada em audiência:** a posição majoritária na doutrina e na jurisprudência é pela inaplicabilidade do art. 335 do CPC ao processo do trabalho (art. 2°, V, da IN n° 39/2016, TST). Referido dispositivo traz o prazo de 15 dias para defesa no processo civil.

b) **A reconvenção poderá ser apresentada de forma escrita ou oral:** é pautada no art. 847 da CLT, que prevê a apresentação da defesa trabalhista em audiência no prazo de 20 minutos (princípio da oralidade).

c) **Premissa – a reconvenção em petição escrita: caso a reconvenção escrita seja indeferida, qual será a natureza jurídica da decisão e qual o meio processual de impugnação?** Temos três correntes sobre o assunto:

- **primeira corrente:** defende que se trata de sentença terminativa ou processual e, sendo assim, a base é o art. 485 do CPC. Portanto, seria cabível Recurso Ordinário no prazo de oito dias (art. 895, I, CLT);

- **segunda corrente:** advoga a tese de que é uma decisão interlocutória pautada no art. 203, § 2°, do CPC e, sendo assim, teríamos a aplicação do princípio da irrecorribilidade imediata, direta, em separado ou autônoma das decisões interlocutórias, nos termos do arts. 799, § 2°, e 893, § 1°, da CLT, bem como Súmulas n° 214 e 414 do TST. Seria o caso de protestos em audiência e posterior interposição de Recurso Ordinário;

- **terceira corrente:** sustenta que se trata de uma sentença parcial. Sendo sentença parcial, no processo civil caberia uma Apelação por Instrumento, o que na área trabalhista ensejaria um Recurso Ordinário por Instrumento. Essa tese pode ser pautada nos arts. 355 e 356 do CPC/2015, que trazem o julgamento antecipado do mérito e o julgamento antecipado parcial do mérito.

Defesas trabalhistas **213**

d) **Em tese, com o oferecimento da reconvenção, o ideal seria o juiz do trabalho suspender a audiência e designar uma nova data para continuação, respeitando o prazo mínimo de cinco dias:** isso aplicando-se o art. 841 e art. 765 da CLT (juiz do trabalho é o diretor do processo). A problemática da praxe forense é justamente a ausência de previsão legal específica.

e) **Análise do art. 343, § 1º, do CPC:** proposta a reconvenção, o autor será intimado na pessoa de seu advogado para apresentar resposta no prazo de 15 dias. A palavra "intimado" reforça a natureza jurídica de mero incidente processual da reconvenção (se fosse natureza de ação, a palavra seria "citado"). Além disso, temos essa intimação **na pessoa do advogado**. No processo do trabalho, prevalece o entendimento da sua desnecessidade diante do princípio do *jus postulandi*. Também, prevalece o entendimento da desnecessidade da obrigatoriedade da observância do prazo de 15 dias, podendo ser utilizado o próprio prazo do art. 841 da CLT, qual seja, o mínimo de cinco dias.

f) **Princípio da autonomia da reconvenção (art. 343, § 6º, CPC):** a desistência da ação principal ou originária ou a ocorrência de causa extintiva que impeça o exame de seu mérito não obsta o prosseguimento do processo quanto à reconvenção.

g) **A ação originária e a reconvenção serão julgadas na mesma sentença:** esta é uma regra que já existia no art. 318 do CPC/1973 e não temos correspondência no CPC/2015, mas é a regra do julgamento na mesma sentença, já que a reconvenção é oferecida no bojo da própria contestação. Sendo assim, cabe Recurso Ordinário no prazo de oito dias, conforme art. 895, I, CLT.

h) **O CPC/2015 incorporou o entendimento doutrinário e jurisprudencial da possibilidade da ampliação subjetiva da lide na reconvenção:** esta regra está no art. 343, §§ 3º e 4º, do CPC. Ou seja, é possível a inclusão de um terceiro tento no polo ativo (ex.: grupo econômico; terceirização) quanto no polo passivo da reconvenção (ex.: é possível a ocorrência de um dano patrimonial ou extrapatrimonial ocasionado por mais de um empregado).

10.7.7 Reconvenção e ações dúplices

Para fins de concursos públicos, poderá ser adotado o seguinte conceito de ação dúplice: **é aquela em que o réu, no bojo da própria contestação, poderá contra-atacar além de se defender.**

Nesse tipo de ação, a contestação autoriza um ataque, chamado pedido contraposto.

Como natural conclusão, a consequência processual é esvaziar o cabimento da reconvenção.

Temos como exemplo trabalhista de ação de natureza dúplice: o inquérito judicial para apuração de falta grave, à luz do art. 495 da CLT, uma vez que, nesse inquérito, no bojo da contestação, o requerido poderá pleitear, caso a sentença seja de improcedência, a reintegração e o pagamento dos salários e demais direitos correspondentes ao período de afastamento.

Outros exemplos no processo civil: ação de despejo; consignação em pagamento; ações possessórias; prestação de contas.

Observação

Mesmo diante do raciocínio jurídico acima apresentado, é possível a apresentação da reconvenção nas ações dúplices? A resposta é polêmica na doutrina e na jurisprudência. Para a **primeira corrente,** não caberia reconvenção nas ações dúplices, uma vez que o pedido contraposto já cumpre a função do contra-ataque, sendo desnecessária a reconvenção. Já a **segunda corrente** traz a possibilidade da reconvenção quando o objeto a ser apresentado é mais amplo que o discutido na ação principal ou originária, o que denota uma **ampliação objetiva** da demanda. Ex.: no bojo do inquérito judicial, a defesa do empregado estável quer incluir a discussão do cabimento de um dano extrapatrimonial.

10.7.8 Reconvenção da reconvenção

É possível a reconvenção da reconvenção na Justiça do Trabalho? Para a **primeira corrente**, não é cabível a reconvenção da reconvenção, pelos princípios informadores do processo do trabalho (informalidade, simplicidade, celeridade). Já a **segunda corrente** defende o cabimento, uma vez que a lei não proíbe, bem como no momento do ajuizamento da reclamatória, o autor não tinha condições de prever todas as dimensões objetivas e subjetivas da lide. Por fim, o princípio da economia processual em uma visão macroscópica, ou seja, o cabimento da reconvenção da reconvenção evita o ajuizamento de novas ações.

10.8 Revelia no processo do trabalho

10.8.1 Introdução – origem e conceito

A doutrina aponta duas origens: uns sustentam que a origem é espanhola, enquanto outros sustentam a origem no direito romano. A origem vem do latim *rebellis*, que significa rebeldia.

Além disso, a doutrina afirma que a revelia é um exemplo de contumácia, que é o nome dado às inércias processuais como gênero.

O conceito de revelia encontra cizânia doutrinária no processo civil e muito mais no processo do trabalho.

Primeira parte: conceito no processo civil

a) Revelia é a ausência de defesa ou resposta do réu. Seria a inércia na defesa em sentido amplo.

216 Direito Processual do Trabalho

b) Revelia é a ausência de contestação do réu. Aqui temos um conceito mais restrito (posição majoritária na doutrina e jurisprudência – art. 344, CPC).

Segunda parte: conceito no processo do trabalho

- ■ **primeira corrente:** adota o mesmo conceito do processo civil. Seria, portanto, a ausência de contestação da reclamada. Trata-se de conceito que envolve Teoria Geral do Processo;
- ■ **segunda corrente:** para essa corrente, revelia é a ausência da reclamada em audiência, por interpretação gramatical ou literal do art. 844, *caput*, da CLT (redação anterior à Lei n° 13.467). O dispositivo traz duas consequências para a ausência da reclamada em audiência: revelia + confissão quanto à matéria de fato. Parece-nos que a CLT está confundindo causa e efeito, pois confissão é o efeito da revelia. Para essa corrente, ocorre revelia independentemente da apresentação ou não da defesa. O que importa é o comparecimento na audiência una ou inicial/inaugural/conciliação (Súmulas n°s 9 e 74 do TST). Não há que se falar em revelia na segunda audiência (instrução ou em prosseguimento). Com o advento da **Reforma Trabalhista**, o § 5° do art. 844 da CLT passou a prever que, ainda que ausente o reclamado, presente o advogado em audiência, serão aceitos a contestação e os documentos eventualmente apresentados. Nesses termos, as Súmulas n°s 74 e 122 do TST deverão ser revistas.

10.8.2 Efeitos da revelia

A revelia gera três efeitos, quais sejam:

a) **confissão ficta ou *ficta confessio*:** é a presunção relativa de veracidade dos fatos afirmados pelo autor na petição inicial (art. 344, CPC);

b) **possibilidade do julgamento antecipado da lide:** tem base nos arts. 354 e 355 do CPC/2015. Há uma linha de entendimento que sustenta a necessidade da cognição exauriente das teses meritórias por parte do juiz do trabalho, mesmo diante da revelia. A ideia é ter o respeito das regras de distribuição do ônus da prova (art. 818 da CLT e art. 373 do CPC);

c) **fluência dos prazos independentemente de intimação:** está previsto no art. 346, *caput*, do CPC.

Observação

■ O mesmo dispositivo legal, em seu parágrafo único, aduz que o revel poderá intervir no processo em qualquer fase, recebendo-o no estado em que se encontrar.

■ **Tal regra da fluência dos prazos sem intimação é aplicável ao processo do trabalho?** Vem prevalecendo o entendimento da aplicabilidade de forma mitigada, tendo em vista os seguintes fundamentos: (i) necessidade de intimação/notificação da parte no caso de *jus postulandi*; (ii) necessidade da intimação/notificação do teor da sentença (arts. 850 a 852, CLT).

10.8.3 Exceções do primeiro efeito da revelia (confissão ficta)

Estão previstas no § 4º do art. 844 da CLT, fruto da Lei nº 13.467/2017. São hipóteses de inaplicabilidade da presunção relativa de veracidade:

a) **Havendo pluralidade de reclamados, algum deles contestar a ação:** estamos falando o litisconsórcio passivo. **Essa regra vale para qualquer litisconsórcio passivo?** Prevalece o entendimento da aplicação dessa exceção apenas na hipótese de litisconsórcio unitário, ou seja, quando a sentença deve ser uniforme para todos os litisconsortes. Ex.: grupo econômico (teoria do empregador único – Súmula nº 129, TST).

b) **Quando o litígio versar sobre direitos indisponíveis:** ou seja, quando o fato não admite confissão. Ex.: direitos extrapatrimoniais.

218 Direito Processual do Trabalho

c) **A petição inicial não estiver acompanhada de instrumento que a lei considere indispensável à prova do ato:** temos como exemplo a reclamação trabalhista desacompanhada de CCT ou ACT.

d) **Quando as alegações de fato formuladas pelo reclamante forem inverossímeis ou estiverem em contradição com prova constante dos autos.**

Observação

Com o advento da **Reforma Trabalhista**, o § 5° do art. 844 da CLT passou a prever que, ainda que ausente o reclamado, presente o advogado em audiência, serão aceitos a contestação e os documentos eventualmente apresentados. Nesses termos, as Súmulas n°s 74 e 122 do TST deverão ser revistas.

10.9 Exceções rituais no processo do trabalho

■ **Primeira regra – amparo legal**
Arts. 799 a 802 da CLT.

■ **Segunda regra – Qual é a natureza jurídica da decisão do juiz do trabalho que resolve exceção ritual, e qual é o meio processual de impugnação desta decisão?**
Trata-se de uma decisão interlocutória. O novo conceito de decisão interlocutória é: todo pronunciamento judicial de natureza decisória que não seja sentença (art. 203, § 2°, CPC/2015). O conceito de sentença está no § 1° do próprio art. 203 do CPC. Trata-se de critério por exclusão adotado pelo atual código. Quanto ao meio de impugnação, aplica-se o **princípio da irrecorribilidade imediata/direta/em separado/autônoma das decisões interlocutórias** (arts. 799, § 2°, e 893, § 1°, CLT e Súmulas n°s 214 e 414, TST). Por ora, em regra, não cabe recurso imediato ou direto. Portanto, cabe recurso mediato ou indi-

reto, ou seja, recurso da decisão definitiva. O nosso Recurso ordinário equivale ao Recurso Apelação + Agravo de Instrumento do processo civil. O art. 795 da CLT prevê o protesto. **Exceções:** as exceções envolvem decisões interlocutórias terminativas do feito previstas no art. 799 § 2°, da CLT + Súmula n° 214, letra *c*, do TST. São aquelas que implicam troca de TRT ou de ramo do Poder Judiciário. Nesse caso, caberá recurso imediato ou direto, qual seja, Recurso Ordinário (art. 895, I, CLT).

■ **Terceira regra – análise do art. 802 da CLT**
O dispositivo cuida especificamente da exceção de suspeição, mas, pela posição majoritária na doutrina e jurisprudência, também da exceção de impedimento. Analisando as regras procedimentais, oferecida a exceção, o juiz ou Tribunal designará audiência de instrução e julgamento, no prazo de **48 horas** (**Atenção**: no concurso a banca troca por 24 horas, pois esse era o prazo). **Essa assertiva apresenta alguma impropriedade técnica?** A explicação histórica dessa regra procedimental é a antiga **representação classista da Justiça do Trabalho**, que foi extinta pela EC n° 24/1999. Com a representação classista, tínhamos as antigas Juntas de Conciliação e Julgamento, compostas por um juiz togado e dois juízes classistas e o julgamento era colegiado na primeira instância. Ainda, o juiz do trabalho não pode decidir monocraticamente a exceção ritual em que a sua imparcialidade é o objeto da decisão. Nesse contexto, o art. 802 da CLT deverá ser interpretado à luz do art. 146 do CPC. **Conclusão**: o julgamento das exceções de suspeição e impedimento será de competência do respectivo TRT.

■ **Quarta regra – exceção de incompetência relativa (art. 800, CLT)**

> Art. 800. Apresentada exceção de incompetência territorial no prazo de cinco dias a contar da notificação, antes da audiência e em peça que sinalize a existência desta exceção, seguir-se-á o procedimento estabelecido neste artigo.
>
> § 1º Protocolada a petição, será suspenso o processo e não se realizará a audiência a que se refere o art. 843 desta Consolidação até que se decida a exceção.

§ 2º Os autos serão imediatamente conclusos ao juiz, que intimará o reclamante e, se existentes, os litisconsortes, para manifestação no prazo comum de cinco dias.

§ 3º Se entender necessária a produção de prova oral, o juízo designará audiência, garantindo o direito de o excipiente e de suas testemunhas serem ouvidos, por carta precatória, no juízo que este houver indicado como competente.

§ 4º Decidida a exceção de incompetência territorial, o processo retomará seu curso, com a designação de audiência, a apresentação de defesa e a instrução processual perante o juízo competente.

11

Provas

11.1 Conceito e objeto

A prova é um instituto de natureza jurídica-processual, que tem por objetivo formar a convicção do juiz na busca da verdade real. Regra geral, devem ser provados os fatos, uma vez que o juiz conhece o direito. Entretanto, nos termos do art. 376 do CPC, na hipótese de direito estrangeiro, municipal, estadual ou consuetudinário, o juiz pode exigir a prova do teor e vigência.

Cabe citar como exemplo a necessidade da prova da norma coletiva, ou seja, o reclamante, quando alega direito previsto em norma coletiva, deve provar a sua vigência e teor, juntando aos autos o ACT ou a CCT. **Corrente contrária** defende que a norma coletiva, por ser comum às partes, se não impugnada a sua existência e vigência pela reclamada, o reclamante não terá nenhum prejuízo pela ausência de comprovação e vigência da norma coletiva.

Nos termos do art. 374 do CPC, não precisam ser provados os fatos:

- **notórios**: são os fatos inerentes a uma cultura mediana. Ex.: *shopping* lotado aos finais de ano; dano moral resultante de acidente de trabalho;
- **confessados**: são os fatos alegados por uma parte e confirmados pela outra;

222 Direito Processual do Trabalho

- **incontroversos**: são os fatos alegados por uma parte e não negados pela outra;
- **irrelevantes**: são aqueles que não têm nenhuma relação com a lide.

11.2 Ônus da prova

Em primeiro lugar, cabe diferenciar **ônus** de **obrigação**. O **ônus** é unilateral e seu cumprimento não pode ser exigido pela parte contrária. É uma faculdade. Já a **obrigação** pode ser exigida e imposta pelo juiz. É um dever.

O ônus pode ser **objetivo**, referente ao objeto que deve ser provado. Já o ônus **subjetivo** diz respeito a quem deve provar o fato alegado.

O antigo art. 818 da CLT previa que o ônus da prova cabe à parte que alega. Tal dispositivo é insuficiente, cabendo aplicação conjunta do art. 373 do CPC, que prevê que o autor deve provar fato constitutivo de seu direito e o réu, fato impeditivo, modificativo ou extintivo do direito do autor.

A Reforma Trabalhista alterou o art. 818 da CLT, para constar exatamente o texto do art. 373 do CPC, prevendo que o reclamante deve provar o fato constitutivo de seu direito, enquanto o reclamado deve provar o fato impeditivo, modificativo ou extintivo do direito do reclamante:

> Art. 818. O ônus da prova incumbe:
>
> I – ao reclamante, quanto ao fato constitutivo de seu direito;
>
> II – ao reclamado, quanto à existência de fato impeditivo, modificativo ou extintivo do direito do reclamante.
>
> § 1º Nos casos previstos em lei ou diante de peculiaridades da causa relacionadas à impossibilidade ou à excessiva dificuldade de cumprir o encargo nos termos deste artigo ou à maior facilidade de obtenção da prova do fato contrário, po-

derá o juízo atribuir o ônus da prova de modo diverso, desde que o faça por decisão fundamentada, caso em que deverá dar à parte a oportunidade de se desincumbir do ônus que lhe foi atribuído.

§ 2º A decisão referida no § 1º deste artigo deverá ser proferida antes da abertura da instrução e, a requerimento da parte, implicará o adiamento da audiência e possibilitará provar os fatos por qualquer meio em direito admitido.

§ 3º A decisão referida no § 1º deste artigo não pode gerar situação em que a desincumbência do encargo pela parte seja impossível ou excessivamente difícil.

11.3 Teorias do ônus da prova

Há na doutrina duas teorias quanto ao ônus de prova: **teoria estática** e a **teoria dinâmica**.

A teoria **estática** defende que, uma vez definido o ônus de prova, não haverá alteração no decorrer do processo, permanecendo estático, uma vez definido. Tal teoria não prevaleceu.

Já a teoria **dinâmica** é a que prevalece, e defende que o ônus de prova pode ser alterado no decorrer do processo, conforme alegações das partes ou mesmo por determinação judicial. O CPC/2015 trouxe os §§ 1º e 2º do art. 373, e a Reforma Trabalhista repetiu o texto, acrescentando o § 1º ao art. 818 da CLT, autorizando a distribuição **dinâmica** do ônus de prova pelo juiz, invertendo-se o ônus nas seguintes hipóteses:

a) quando a lei autorizar (ex.: art. 6º, CDC);

b) quando existir uma impossibilidade ou excessiva dificuldade na produção da prova pela parte (ex.: assédio sexual);

c) quando existir uma maior facilidade na produção da prova por uma das partes. (ex.: Súmula nº 460 do TST – Vale-transporte).

A distribuição dinâmica do ônus da prova é faculdade do juiz. A decisão do juiz deverá ser fundamentada e permitir que a parte a quem lhe foi atribuído o ônus tenha possibilidade de se desincumbir do encargo.

A previsão do CPC quanto ao momento de aplicação da distribuição dinâmica do ônus de prova (na audiência) resolveu uma divergência doutrinária sobre o momento da inversão, já que existia entendimento minoritário que defendia que o momento da inversão seria na sentença, quando o juiz iria valorar a prova.

A Reforma Trabalhista também trata do momento da inversão do ônus, trazendo o § 2º ao art. 818 da CLT, o qual prevê que o momento da aplicação da inversão do ônus de prova será na **abertura da audiência de instrução**, garantindo o direito à produção da prova pela parte a quem foi atribuído o ônus e, desde que a requerimento da parte, a audiência **deverá** ser adiada, a fim de possibilitar a prova os fatos por qualquer meio em direito admitido.

Não caberá a inversão do ônus da prova quando o encargo atribuído à parte gerar situação impossível ou com excessiva dificuldade, conforme § 2º do art. 373 do CPC. Nesse sentido, o § 3º do art. 818 da CLT, introduzido pela Reforma Trabalhista.

Por fim, conforme art. 3º, VII, da IN nº 39/2016 do TST, **não se aplica ao processo do trabalho** os §§ 3º e 4º do art. 373 do CPC, que preveem a possibilidade da inversão do ônus de prova por vontade/convenção das partes, tendo em vista que o trabalhador é parte hipossuficiente, não possuindo a possibilidade de negociar o ônus da prova.

Sobre o tema "ônus da prova", cabe citar as seguintes súmulas do TST:

> **Súmula nº 6 do TST – EQUIPARAÇÃO SALARIAL. ART. 461 DA CLT (redação do item VI alterada) – Res. nº 198/2015, republicada em razão de erro material – *DEJT* divulgado em 12, 15 e 16.06.2015.**

(...)

VIII – É do empregador o ônus da prova do fato impeditivo, modificativo ou extintivo da equiparação salarial. (Ex-Súmula n° 68 – RA 9/1977, *DJ* 11.02.1977.)

(...)

Súmula n° 16 do TST – NOTIFICAÇÃO (nova redação) – Res. n° 121/2003, *DJ* 19, 20 e 21.11.2003.

Presume-se recebida a notificação 48 (quarenta e oito) horas depois de sua postagem. O seu não recebimento ou a entrega após o decurso desse prazo constitui ônus de prova do destinatário.

Súmula n° 212 do TST – DESPEDIMENTO. ÔNUS DA PROVA (mantida) – Res. n° 121/2003, *DJ* 19, 20 e 21.11.2003.

O ônus de provar o término do contrato de trabalho, quando negados a prestação de serviço e o despedimento, é do empregador, pois o princípio da continuidade da relação de emprego constitui presunção favorável ao empregado.

Súmula n° 338 do TST – JORNADA DE TRABALHO. REGISTRO. ÔNUS DA PROVA (incorporadas as Orientações Jurisprudenciais n°s 234 e 306 da SBDI-1) – Res. n° 129/2005, *DJ* 20, 22 e 25.04.2005.

I – É ônus do empregador que conta com mais de 10 (dez) empregados o registro da jornada de trabalho na forma do art. 74, § 2°, da CLT. A não apresentação injustificada dos controles de frequência gera presunção relativa de veracidade da jornada de trabalho, a qual pode ser elidida por prova em contrário. (Ex-Súmula n° 338 – alterada pela Res. n° 121/2003, *DJ* 21.11.2003.)

II – A presunção de veracidade da jornada de trabalho, ainda que prevista em instrumento normativo, pode ser elidida por

226 Direito Processual do Trabalho

prova em contrário. (Ex-OJ nº 234 da SBDI-1 – inserida em 20.06.2001.)

III – Os cartões de ponto que demonstram horários de entrada e saída uniformes são inválidos como meio de prova, invertendo-se o ônus da prova, relativo às horas extras, que passa a ser do empregador, prevalecendo a jornada da inicial se dele não se desincumbir. (Ex-OJ nº 306 da SBDI-1 – *DJ* 11.08.2003.)

Súmula nº 460 do TST – VALE-TRANSPORTE. ÔNUS DA PROVA – Res. nº 209/2016, *DEJT* divulgado em 1º, 02 e 03.06.2016.

É do empregador o ônus de comprovar que o empregado não satisfaz os requisitos indispensáveis para a concessão do vale--transporte ou não pretenda fazer uso do benefício.

Súmula nº 461 do TST – FGTS. DIFERENÇAS. RECOLHIMENTO. ÔNUS DA PROVA – Res. nº 209/2016, *DEJT* divulgado em 1º, 02 e 03.06.2016.

É do empregador o ônus da prova em relação à regularidade dos depósitos do FGTS, pois o pagamento é fato extintivo do direito do autor (art. 373, II, do CPC de 2015).

11.4 Princípios sobre provas

a) **Princípio do contraditório:** tal princípio decorre do art. 5º, LV, da CF e prevê que é sempre garantido o contraditório e a manifestação sobre a prova produzida.

b) **Princípio da aquisição processual ou comunhão da prova:** a prova pertence ao processo e não à parte. Nesse sentido, é possível uma parte requerer a oitiva da testemunha trazida pela outra parte. Dica de sentença: na prova de sentença, deve-se utilizar a expressão "testemunha *a rogo* do reclamante" e não "testemunha do reclamante".

c) **Princípio da igualdade de oportunidade:** as partes devem possuir igual oportunidade na produção da prova, ou seja, o juiz não deve limitar a produção da prova a apenas uma das partes.

d) **Princípio da unidade da prova:** a prova deve ser analisada pelo seu conjunto e não por partes isoladas. Nesse sentido, não cabe aceitar o depoimento de uma testemunha que falta com a verdade em parte dele.

e) **Princípio do livre convencimento motivado:** tal princípio decorre do sistema de valoração da prova. Antigamente, utilizava-se o sistema das "Ordálias Divinas", no qual a prova era valorada com base na reação da parte a situações extremas. Ex.: andar sobre a brasa. Posteriormente, passou a ser utilizado o sistema da "Prova Tarifada", no qual se defendia que cada prova tem um valor, sendo avaliada conforme uma escala. Ex.: a prova documental valia mais que a prova testemunhal. Depois, passou a ser utilizado o sistema do "Livre Convencimento", que defendia que o magistrado tinha total liberdade na produção da prova, não precisando motivar. Por fim, atualmente prevalece o sistema do "Livre Convencimento **motivado**", no qual o juiz é livre na valoração da prova, mas deve motivar as suas decisões. Tal sistema atende ao disposto no art. 489, § 1º, do CPC, que trata da obrigatoriedade da motivação das decisões.

f) **Princípio da primazia da realidade:** o princípio em análise afirma que a realidade prevalece sobre a formalidade e deve ser aplicado para ambas as partes (empregado e empregador). Cabe citar como exemplo a Súmula nº 12 do TST, que menciona que a anotação na CTPS gera presunção meramente relativa (*juris tantum*).

g) **Princípio da aptidão da prova:** o ônus probatório cabe à parte que tem melhor condição de provar. A Reforma Trabalhista positivou tal princípio no § 1º do art. 818 da CLT. O CPC também positivou tal princípio como hipótese de inversão do ônus da prova no art. 373, § 1º.

228 Direito Processual do Trabalho

h) **Princípio da vedação da prova obtida por meio ilícito:** o art. 5°, LVI, da CF prevê que não se admite no processo as provas obtidas de forma ilícita, ou teoria da prova ilícita derivada (frutos da árvore envenenada). Há debate na doutrina quanto à aplicação do princípio em análise: para a **primeira corrente**, através de uma interpretação literal, não se admite nenhuma prova obtida por meio ilícito. Para a **segunda corrente**, se o objeto da prova for lícito, ela será aceita, ainda que obtida de forma ilícita (minoritária). Por fim, para uma **terceira corrente (prevalece)**, deve ser utilizada a **ponderação**, ou seja, a prova ilícita pode ser admitida quando for a única forma de provar o fato, e o magistrado, no caso concreto, irá ponderar qual bem jurídico está mais prejudicado, se o ofendido pela prova ilícita ou aquele que deve ser provado. Nesse sentido, o STF, defendendo a terceira corrente, considera válida a gravação clandestina quando um dos interlocutores tem conhecimento da gravação. Por fim, sobre o tema, cabe lembrar que o *e-mail* profissional pode ser fiscalizado pelo empregador. Já o *e-mail* pessoal é inviolável. Ademais, a filmagem é admitida, desde que não seja em lugar reservado, como vestiários ou banheiros. No tocante à revista, não se admite a revista íntima, admitindo-se as demais formas (ex.: detector de metais), desde que não vexatórias ou discriminatórias.

11.5 Provas em espécie

a) **Depoimento pessoal/interrogatório**

O depoimento pessoal é a modalidade da prova de iniciativa da parte que pretende a oitiva da outra parte. Ocorre após a entrega da defesa e antes da oitiva das testemunhas. Tem como objetivo a busca da confissão real. A parte ouvida deve ter conhecimento dos fatos. Na hipótese de a parte desconhecer os fatos, ocorre a **confissão ficta**, que admite a produção de prova em sentido contrário.

Já no interrogatório, a iniciativa é do juiz, e poderá ocorrer em qualquer momento do processo e tem como objetivo o esclarecimento dos fatos.

A CLT não exige a retirada da outra parte da sala de audiência para o depoimento da outra. Entretanto, à luz do art. 385, § 2º, do CPC, é vedado que a pessoa que ainda não depôs assista à outra parte, sendo tal dispositivo aplicável ao processo do trabalho.

Há previsão na CLT que, após o término do interrogatório, a parte pode retirar-se, prosseguindo a audiência com seu procurador (art. 848, § 1º, CLT).

A parte não presta o compromisso de dizer a verdade. Logo, não cabe imputação do crime de falso testemunho. Entretanto, poderá ser penalizada com a litigância de má-fé. A parte que, sem motivo, se recusa a responder ou deixa de prestar o depoimento, será apenada com a confissão ficta, nos termos do art. 386 do CPC.

Observação

O art. 385, § 3º, do CPC autoriza a oitiva da parte que não reside na comarca através de videoconferência.

----

b) **Prova documental**

É todo objeto apto a provar um fato, não apenas o documento escrito, mas também fotos, vídeos etc. O art. 830 da CLT prevê que é possível a juntada do documento como mera cópia (xerox) simples, cabendo ao advogado declarar a autenticidade. Impugnado o documento, o advogado deve apresentar o seu original.

O reclamante deve juntar a prova documental com a petição inicial. Já a reclamada, com a defesa. Entretanto, é possível a juntada de documento novo em momento posterior, conforme art. 435 do CPC e Súmulas n°s 8 e 402 do TST, sendo considerado documento novo aquele que não existia à época da juntada ou, se existente, estava impossibilitado de ser apresentado.

A CLT, nos arts. 135, 145 e 464, exige a prova documental para a comprovação do **pagamento de salários** e **gozo e pagamento de férias**, **salvo** relação de informalidade ou quando a parte justificar a impossibilidade. A Súmula n° 12 do TST prevê que a anotação na CTPS gera uma presunção **relativa** (*juris tantum*), admitindo-se prova em contrário (reflexo do princípio primazia da realidade).

Por fim, para arguição da **falsidade da prova documental**, cabe aplicar o art. 430 do CPC, que prevê a desnecessidade de um procedimento apartado ou apenso, mas apenas um mero incidente processual, por simples petição, nos próprios autos.

c) **Prova pericial**

Trata-se da prova técnica, que pode decorrer da lei (insalubridade ou periculosidade) ou quando a prova do fato o exigir (doença do trabalho). Ainda que o juiz possua o conhecimento técnico necessário, deverá se utilizar da prova pericial.

O juiz, nos termos do art. 3° da Lei n° 5.584/1970, nomeará o perito de sua confiança, fixando prazo para apresentação do laudo, não se aplicando ao processo do trabalho o art. 471 do CPC, que autoriza a escolha do perito pelas partes.

Nos termos do art. 479 do CPC, o juiz não está adstrito ao laudo pericial, podendo formar seu convencimento por outros elementos constantes nos autos. Ademais, conforme art. 480 do mesmo *Codex*, o juiz poderá nomear nova perícia se entender necessário, sendo que, nesse caso, **a segunda perícia não anula a primeira**, cabendo ao magistrado apreciar o valor de cada uma.

O perito nomeado não está obrigado a aceitar o encargo, podendo recusar, à luz do art. 467 do CPC. Ademais, também as partes podem alegar impedimento e suspeição do perito.

Conforme art. 195 da CLT, o perito deve ser engenheiro ou médico do trabalho. Entretanto, a OJ nº 165 da SDI-1 do TST prevê que, para a realização da perícia, basta ser um profissional devidamente qualificado. Nesse sentido, é possível considerar válida a perícia realizada por um fisioterapeuta.

As partes podem formular quesitos e indicar assistente técnico, sendo que se trata de uma faculdade, e não obrigação. Nos termos da Súmula nº 341 do TST, a responsabilidade do pagamento do assistente técnico **é da parte que o indicou, ainda que vencedora da perícia**.

No tocante aos honorários periciais, o art. 790-B da CLT prevê que a responsabilidade é da parte sucumbente na **pretensão objeto da perícia** (ou seja, leva-se em conta o resultado da **sentença**, e não da perícia), ainda que beneficiária da justiça gratuita.

Da mesma forma, tem direito aos honorários periciais o perito, ainda que seu laudo tenha sido desconsiderado pelo juiz.

Na fase de execução, em que pese a CLT prever no art. 789-A que a responsabilidade pelo pagamento é do executado, ao final, prevalece que deve ser considerada a regra da sucumbência acima mencionada.

Nos termos do art. 790-B, § 3º, da CLT, o juízo não poderá exigir adiantamento de valores para realização de perícias.

Observação

Reforma Trabalhista: nas regras anteriores, a parte que fosse vencida na perícia seria obrigada a pagar os honorários do perito, salvo se beneficiário da justiça gratuita. Diante da nova redação do art. 790-B da CLT, os honorários periciais seguirão a seguinte sistemática:

a) ainda que beneficiária de justiça gratuita, a parte sucumbente responderá pelos honorários periciais;

b) ao fixar o valor dos honorários periciais, o juízo deverá respeitar o limite máximo estabelecido pelo Conselho Superior da Justiça do Trabalho;

c) o juízo poderá deferir parcelamento dos honorários periciais, tanto em benefício do reclamante como do reclamado;

d) o juízo não poderá exigir adiantamento de valores para realização de perícias. Doravante, não será mais possível a exigência de honorários periciais prévios, independente se for relação de trabalho ou de emprego, em consonância com a atual jurisprudência do TST;

e) somente no caso em que o beneficiário da justiça gratuita não tenha obtido em juízo créditos capazes de suportar a despesa referida no *caput*, **ainda que em outro processo**, a União responderá pelo encargo.

O perito não está vinculado ao pedido do reclamante quanto ao agente insalubre, podendo apurar outro agente quando da realização da perícia, e o juiz condenar neste outro agente, sem que haja julgamento *extra petita* ou *ultra petita*, tendo em vista que o reclamante não possui conhecimento técnico. Nesse sentido, Súmula n° 293 do TST.

Por fim, na hipótese do local a ser periciado não existir mais, é possível utilizar a **prova emprestada**, conforme OJ n° 278 da SDI-1 do TST. Prevalece na doutrina que para a prova emprestada ser admitida, basta o respeito ao contraditório no processo originário. Não há necessidade do aceite de ambas as partes ou da identidade de partes e pedido.

A prova emprestada não permanece com a sua natureza originária, ou seja, será juntada no processo como prova documental.

Ainda que se trate de insalubridade ou periculosidade, o juiz poderá dispensar a prova pericial quando a própria lei ou jurisprudência já reconhecem que determinada atividade é perigosa ou insalubre ou, ainda, quando o próprio empregador reconhece a insalubridade. Ex.: bombeiro civil; frentista.

d) **Inspeção judicial**

Trata-se da modalidade de prova produzida pelo juiz, que pode ocorrer de ofício ou a requerimento das partes, e tem como objetivo uma melhor apuração dos fatos. A CLT não trata do tema, cabendo aplicar os arts. 481 a 484 do CPC.

Nos termos do art. 483, parágrafo único, do CPC, o juiz deve intimar as partes da realização da inspeção, para permitir o acompanhamento das mesmas e seus advogados. A má-fé das partes não deve ser presumida, razão pela qual o juiz tem o **dever** de avisar a data e hora da inspeção judicial.

Poderá ocorrer a participação de peritos e, nos termos do art. 483, parágrafo único, do CPC, as partes têm o direito de acompanhar a inspeção, ou seja, elas devem ser intimadas.

Concluída a inspeção, será lavrado um auto, podendo ocorrer a manifestação das partes.

e) **Prova testemunhal**

A prova testemunhal, em que pese ser a mais importante, é considerada **falível**, tendo em vista que a testemunha irá depor sobre fatos que já ocorreram, bem como porque depende da percepção do ser humano.

Nos termos do art. 821 da CLT, no rito ordinário, é possível ouvir três testemunhas, no sumaríssimo duas e no inquérito judicial, seis testemunhas.

Na Justiça do Trabalho não é exigível a apresentação de rol de testemunhas, sendo que, nos termos do art. 825 da CLT, as testemunhas comparecem independente de intimação. Na hipótese de ausência, a testemunha é intimada, inclusive mediante condução coercitiva. No rito sumaríssimo, a intimação da testemunha somente irá ocorrer se existir a prova do convite da testemunha ausente, conforme art. 852-H, § 3°, da CLT.

O art. 824 da CLT prevê que o depoimento de uma testemunha não deve ser ouvido pelas demais.

O CPC, em seu art. 459, passou a autorizar a inquirição da testemunha diretamente pela parte. Entretanto, tal dispositivo não se aplica ao processo do trabalho, pois, o art. 820 da CLT é claro ao prever que as testemunhas são inquiridas pelo juiz, através de reperguntas.

Nos termos do art. 453 do CPC, as testemunhas serão ouvidas na audiência, salvo as que prestaram depoimento antecipadamente (cautelar) ou as que são inquiridas via carta precatória. Em tal hipótese, o juiz deve zelar para que a testemunha que será ouvida na carta precatória não tenha contato com os depoimentos que já ocorreram. O § 1° do art. 453 prevê a possibilidade da oitiva da testemunha que não reside na comarca via videoconferência ou outro recurso eletrônico.

O art. 454 do CPC prevê o rol de autoridades que gozam da prerrogativa de serem ouvidos em sua residência ou onde exerçam a sua profissão.

Ainda, o art. 448 do CPC apresenta fatos sobre os quais a testemunha não é obrigada a depor.

Por fim, nos termos do art. 819, § 2°, da CLT, na hipótese de testemunha estrangeira, seu depoimento será feito por intérprete ou tradutor juramentado, sendo que as despesas com o tradutor serão custeadas pela parte que foi sucumbente na prova, **salvo** justiça gratuita. Mesmo que o juiz domine o idioma da testemunha, deverá haver a atuação do intérprete, pois o processo possivelmente irá para o Tribunal.

■ **Impedimento e suspeição da testemunha**

O art. 829 da CLT prevê que a testemunha não poderá ser ouvida se amiga íntima, inimiga capital ou parente, até o terceiro grau, de qualquer das partes, ou que tenha interesse na causa. Aplicam-se também as hipóteses do art. 447 do CPC.

A Súmula n° 357 do TST determina que não será considerada suspeita a testemunha pelo mero fato de a mesma ter ação idêntica contra a mesma reclamada.

O TST mitiga a jurisprudência acima quando se tratar de "troca de favores", ou seja, quando a testemunha convidada pelo reclamante também convidou o autor para ser a sua testemunha.

Art. 829, CLT. A testemunha que for parente até o terceiro grau civil, amigo íntimo ou inimigo de qualquer das partes, não prestará compromisso, e seu depoimento valerá como simples informação.

Art. 447, CPC. Podem depor como testemunhas todas as pessoas, exceto as incapazes, impedidas ou suspeitas.

§ 1º São incapazes:

I – o interdito por enfermidade ou deficiência mental;

II – o que, acometido por enfermidade ou retardamento mental, ao tempo em que ocorreram os fatos, não podia discerni-los, ou, ao tempo em que deve depor, não está habilitado a transmitir as percepções;

III – o que tiver menos de 16 (dezesseis) anos;

IV – o cego e o surdo, quando a ciência do fato depender dos sentidos que lhes faltam.

§ 2º São impedidos:

I – o cônjuge, o companheiro, o ascendente e o descendente em qualquer grau e o colateral, até o terceiro grau, de alguma das partes, por consanguinidade ou afinidade, salvo se o exigir o interesse público ou, tratando-se de causa relativa ao estado da pessoa, não se puder obter de outro modo a prova que o juiz repute necessária ao julgamento do mérito;

II – o que é parte na causa;

III – o que intervém em nome de uma parte, como o tutor, o representante legal da pessoa jurídica, o juiz, o advogado e outros que assistam ou tenham assistido as partes.

§ 3º São suspeitos:

I – o inimigo da parte ou o seu amigo íntimo;

236 Direito Processual do Trabalho

II – o que tiver interesse no litígio.

§ 4º Sendo necessário, pode o juiz admitir o depoimento das testemunhas menores, impedidas ou suspeitas.

§ 5º Os depoimentos referidos no § 4º serão prestados independentemente de compromisso, e o juiz lhes atribuirá o valor que possam merecer.

> **Súmula nº 357 do TST – TESTEMUNHA. AÇÃO CONTRA A MESMA RECLAMADA. SUSPEIÇÃO (mantida) – Res. nº 121/2003, DJ 19, 20 e 21.11.2003.**
>
> Não torna suspeita a testemunha o simples fato de estar litigando ou de ter litigado contra o mesmo empregador.

■ Contradita

Contradita consiste no ato processual de alegar impedimento ou suspeição da testemunha.

A contradita deve ocorrer após a qualificação e antes do compromisso. Após tal momento, há preclusão, caso não suscitada. Há **controvérsia doutrinária** sobre a possibilidade de contradita **superveniente**, ou seja, quando o motivo de suspeição ou impedimento surge no decorrer do depoimento. Para uma **primeira corrente,** não cabe, pois preclusa a oportunidade, já que o momento da contradita é após a qualificação e antes do compromisso. Em tal hipótese, caberá ao magistrado, na sentença, valorar a prova e desconsiderar o depoimento. Para a **segunda corrente**, é possível a contradita superveniente quando se tratar de um fato novo e, por tal razão, não há preclusão.

Prevalece na doutrina que também não cabe a **contradita de ofício,** uma vez que o juiz não precisa praticar tal ato, já que pode valorar o depoimento no momento da prolação da sentença.

Acolhida a contradita por suspeição ou impedimento, a pessoa **poderá** ser ouvida como **informante.** Trata-se de uma prerrogativa do magistrado, sendo que o indeferimento não gera nulidade. O depoimento como informante serve como indício de prova ou presunção relativa (*juris tantum*), que pode ser afastado por qualquer outra modalidade de prova.

Rejeitada a contradita, o magistrado tomará o compromisso e irá ouvi-la como testemunha.

O **compromisso** é o ato formal de advertir a testemunha quanto ao dever de falar a verdade. Não se exige a concordância da testemunha, **não devendo ser dispensada em caso de recusa de compromisso**. Compromissada a testemunha, na hipótese de faltar com a verdade, caracterizará crime de **falso testemunho**, que admite a retratação até a sentença.

Dica!

Em fase oral de concursos públicos, não é aconselhável o candidato defender a prisão da testemunha, tendo em vista o tumulto processual que irá causar, além do que a testemunha pode se retratar até a sentença. Deve o candidato defender apenas o envio de ofício ao MPF para providências cabíveis.

Se a testemunha faltar com a verdade e ocorrer a sua prisão por falso testemunho, não há direito para a parte de ouvir outra testemunha em seu lugar, tendo em vista que assumiu o risco de ter trazido aquela testemunha que praticou o crime.

Observação

A Reforma Trabalhista trouxe previsão sobre o dano processual nos arts. 793-A a 793-D da CLT, sendo que este último dispositivo prevê a aplicação da multa para a testemunha que faltar com a verdade. Há debate quanto a este tema no tocante à possibilidade de protesto e audiência pela testemunha, bem como de recurso desta. O TST, no art. 10 da IN n° 41/2018, regulamentou o tema e determinou que a multa é aplicada à testemunha apenas para as ações ajuizadas após a reforma, e o magistrado deve aplicar a penalidade na sentença, após a instauração de incidente no qual o juiz indica o ponto controvertido e assegura o contraditório à testemunha, sendo cabível, inclusive, a retratação.

12

Sentença e coisa julgada

12.1 Conceito

O art. 203, § 1º, do CPC prevê que sentença é a decisão do juiz, com fundamento nos arts. 485 e 487, que coloca fim à fase cognitiva do processo, bem como extingue a fase de execução. O atual conceito afastou debate do CPC/1973, que em seu art. 162, § 1º, não mencionava expressamente que a sentença colocava fim ao processo.

12.2 Classificação da sentença

Para uma parte da doutrina, a sentença é classificada em:

a) **terminativa:** é a sentença que não resolve o mérito;
b) **definitiva:** é a sentença com resolução de mérito.

Já para outra parte da doutrina, a classificação da sentença seria **trinária** e consiste:

a) **declaratória:** declara uma relação jurídica. Ex.: decisão que reconhece o vínculo de emprego;
b) **constitutiva:** cria ou extingue uma relação jurídica. Ex.: sentença do inquérito judicial para apuração de falta grave;

240 Direito Processual do Trabalho

c) **condenatória:** trata-se da sentença que impõe uma obrigação. Ex.: condenação em horas extras.

A doutrina ampliou a classificação acima, acrescentando dois subtipos:

a) **sentença mandamental:** é a decisão que impõe uma ordem. Ex.: mandado de segurança;

b) **sentença executiva *lato sensu*:** é a sentença que admite a execução sem exigir o procedimento próprio.

Porém, a doutrina moderna sustenta que essas duas novas classificações são desnecessárias, retornando à classificação trinária.

12.3 Requisitos da sentença

A sentença divide-se em três partes:

a) **Relatório:** é a parte da sentença em que o juiz vai relatar os principais elementos do processo. Nos termos do art. 852-I da CLT, o relatório é dispensado no rito sumaríssimo. A sentença sem relatório pode ser considerada **nula**. O Tribunal não pode suprir tal nulidade.

b) **Fundamentação:** trata-se da parte mais importante da sentença, na qual o magistrado deve motivar a sua decisão. A falta de fundamentação gera a **nulidade** por negativa de prestação jurisdicional. O art. 489, § 1º, do CPC inovou ao apresentar um rol de hipóteses em que a sentença não será considerada fundamentada, ou seja, caso a decisão se enquadre em alguma das hipóteses do citado dispositivo, haverá **nulidade**. O dispositivo teve sua constitucionalidade questionada, uma vez que ofende o princípio da livre motivação do juiz. Entretanto, atualmente é plenamente válido e o art. 15 da IN nº 39/2016 do TST, regulamenta a sua aplicação no processo do trabalho.

Art. 489. São elementos essenciais da sentença:

I – o relatório, que conterá os nomes das partes, a identificação do caso, com a suma do pedido e da contestação, e o registro das principais ocorrências havidas no andamento do processo;

II – os fundamentos, em que o juiz analisará as questões de fato e de direito;

III – o dispositivo, em que o juiz resolverá as questões principais que as partes lhe submeterem.

§ 1º Não se considera fundamentada qualquer decisão judicial, seja ela interlocutória, sentença ou acórdão, que:

I – se limitar à indicação, à reprodução ou à paráfrase de ato normativo, sem explicar sua relação com a causa ou a questão decidida;

II – empregar conceitos jurídicos indeterminados, sem explicar o motivo concreto de sua incidência no caso;

III – invocar motivos que se prestariam a justificar qualquer outra decisão;

IV – não enfrentar todos os argumentos deduzidos no processo capazes de, em tese, infirmar a conclusão adotada pelo julgador;

V – se limitar a invocar precedente ou enunciado de súmula, sem identificar seus fundamentos determinantes nem demonstrar que o caso sob julgamento se ajusta àqueles fundamentos;

VI – deixar de seguir enunciado de súmula, jurisprudência ou precedente invocado pela parte, sem demonstrar a existência de distinção no caso em julgamento ou a superação do entendimento.

§ 2º No caso de colisão entre normas, o juiz deve justificar o objeto e os critérios gerais da ponderação efetuada, enunciando as razões que autorizam a interferência na norma afastada e as premissas fáticas que fundamentam a conclusão.

§ 3º A decisão judicial deve ser interpretada a partir da conjugação de todos os seus elementos e em conformidade com o princípio da boa-fé.

c) **Dispositivo:** trata-se da parte da sentença em que o juiz apresenta a sua conclusão. A doutrina classifica o dispositivo em: **c.1) dispositivo direto:** é a modalidade de dispositivo em que o juiz apresenta de forma detalhada toda a sua decisão, inclusive parâmetros de liquidação; **c.2) dispositivo indireto:** em tal modalidade, o juiz apenas faz remissão ao que já foi decidido, não detalhando de forma clara. A falta do dispositivo gera **inexistência** da sentença.

12.4 Vícios da sentença

Segundo a doutrina, a sentença pode apresentar três vícios:

a) **Sentença *citra petita*:** é a decisão em que o juiz deixou de apreciar alguma pretensão deduzida pelo reclamante. Para parte da doutrina, se não houve apresentação de embargos e a sentença transitou em julgado, basta ajuizar uma nova ação postulando a parte não julgada. Entretanto, corrente contrária, **que prevalece**, defende que não é cabível ajuizamento de nova ação, pois a sentença *citra petita* faz coisa julgada material, conforme OJ nº 41 da SDI-2 do TST, a qual prevê que cabe ação rescisória contra sentença *citra petita*, com base na violação à ordem jurídica, já que a sentença *citra petita* ofende os arts. 141 e 492 do CPC.

b) **Sentença *extra petita*:** é a hipótese da decisão que concede algo diverso do que foi pedido. O juiz **não aprecia o pedido** da parte e julga algo diverso. A parte diversa será **nula** e o juiz deverá julgar aquilo que não apreciou.

c) **Sentença *ultra petita*:** trata-se da decisão que deferiu algo a mais do que foi pedido. Aqui o juiz **julga o pedido**, mas dá o "algo a mais". Em tal hipótese, a parte "a mais" será considerada **nula**.

Além dos vícios mencionados, também ocorrerá nulidade da sentença por falta de algum dos requisitos ou proferida por julgador sem investidura.

12.5 Requisitos da sentença na CLT

O art. 832 da CLT trata do tema, prevendo que na sentença deve constar a qualificação das partes, os pedidos apresentados, o resumo da defesa, a apreciação das provas, a fundamentação da decisão e a conclusão. Ademais, o § 1º do art. 832 da CLT prevê que o juiz vai apresentar o prazo e as condições para o cumprimento da decisão (tal dispositivo pode ser usado como fundamento para a corrente que defende a aplicação da multa de 10% prevista no art. 523, § 1º, do CPC).

O § 3º do art. 832 prevê que o juiz deve discriminar a natureza das verbas (remuneratórias/salariais ou indenizatórias), para fins de recolhimento previdenciário.

O § 5º do mesmo art. 832 prevê ainda a necessidade da intimação da União para recorrer da parte previdenciária.

Na hipótese de erro, o juiz poderá corrigir de ofício ou a requerimento da parte, conforme art. 833 da CLT. Cabe destacar que o CPC, no art. 485, § 7º, inovou com a possibilidade de retratação do magistrado nas hipóteses de extinção sem resolução do mérito, quando interposto recurso. A IN nº 39/2016 do TST autoriza a aplicação deste dispositivo ao processo do trabalho.

O art. 834 da CLT e a Súmula nº 197 do TST regulam a intimação das partes da sentença prolatada.

> Art. 832. Da decisão deverão constar o nome das partes, o resumo do pedido e da defesa, a apreciação das provas, os fundamentos da decisão e a respectiva conclusão.

§ 1º Quando a decisão concluir pela procedência do pedido, determinará o prazo e as condições para o seu cumprimento.

§ 2º A decisão mencionará sempre as custas que devam ser pagas pela parte vencida.

§ 3º As decisões cognitivas ou homologatórias deverão sempre indicar a natureza jurídica das parcelas constantes da condenação ou do acordo homologado, inclusive o limite de responsabilidade de cada parte pelo recolhimento da contribuição previdenciária, se for o caso.

§ 3º-A. Para os fins do § 3º deste artigo, salvo na hipótese de o pedido da ação limitar-se expressamente ao reconhecimento de verbas de natureza exclusivamente indenizatória, a parcela referente às verbas de natureza remuneratória não poderá ter como base de cálculo valor inferior:

I – ao salário mínimo, para as competências que integram o vínculo empregatício reconhecido na decisão cognitiva ou homologatória; ou

II – à diferença entre a remuneração reconhecida como devida na decisão cognitiva ou homologatória e a efetivamente paga pelo empregador, cujo valor total referente a cada competência não será inferior ao salário mínimo.

§ 3º-B. Caso haja piso salarial da categoria definido por acordo ou convenção coletiva de trabalho, o seu valor deverá ser utilizado como base de cálculo para os fins do § 3º-A deste artigo.

§ 4º A União será intimada das decisões homologatórias de acordos que contenham parcela indenizatória, na forma do art. 20 da Lei nº 11.033, de 21 de dezembro de 2004, facultada a interposição de recurso relativo aos tributos que lhe forem devidos.

§ 5º Intimada da sentença, a União poderá interpor recurso relativo à discriminação de que trata o § 3º deste artigo.

§ 6º O acordo celebrado após o trânsito em julgado da sentença ou após a elaboração dos cálculos de liquidação de sentença não prejudicará os créditos da União.

§ 7º O Ministro de Estado da Fazenda poderá, mediante ato fundamentado, dispensar a manifestação da União nas decisões homologatórias de acordos em que o montante da parcela indenizatória envolvida ocasionar perda de escala decorrente da atuação do órgão jurídico.

Art. 833. Existindo na decisão evidentes erros ou enganos de escrita, de datilografia ou de cálculo, poderão os mesmos, antes da execução, ser corrigidos, *ex officio*, ou a requerimento dos interessados ou da Procuradoria da Justiça do Trabalho.

Art. 834. Salvo nos casos previstos nesta Consolidação, a publicação das decisões e sua notificação aos litigantes, ou a seus patronos, consideram-se realizadas nas próprias audiências em que forem as mesmas proferidas.

12.6 Remessa necessária

Trata-se de uma condição de eficácia da sentença, quando for condenatória em face da Administração Pública direta, autarquia e fundação. Não se aplica para as sociedades de economia mista e empresas públicas.

Não se trata de um recurso, pois falta o requisito **voluntariedade**.

O CPC regulamenta a matéria no art. 496, aplicável ao processo do trabalho por força da IN nº 39/2016 e da Súmula nº 303 do TST. Tal dispositivo prevê que não há necessidade da remessa necessária na hipótese de sentença condenatória inferior a:

a) **1.000 salários mínimos:** união/autarquia/fundação;

b) **500 salários mínimos:** estados/DF/autarquias e fundações estaduais/ municípios/capitais de estado;

246 Direito Processual do Trabalho

c) **100 salários mínimos:** demais municípios não capitais/fundações municipais/autarquias municipais.

O § 4° do art. 496 do CPC apresenta outras hipóteses em que não há remessa necessária.

A Súmula n° 303 do TST foi alterada para se adequar à nova redação do CPC.

> Art. 496. Está sujeita ao duplo grau de jurisdição, não produzindo efeito senão depois de confirmada pelo tribunal, a sentença:
>
> I – proferida contra a União, os Estados, o Distrito Federal, os Municípios e suas respectivas autarquias e fundações de direito público;
>
> II – que julgar procedentes, no todo ou em parte, os embargos à execução fiscal.
>
> § 1° Nos casos previstos neste artigo, não interposta a apelação no prazo legal, o juiz ordenará a remessa dos autos ao tribunal, e, se não o fizer, o presidente do respectivo tribunal avocá-los-á.
>
> § 2° Em qualquer dos casos referidos no § 1°, o tribunal julgará a remessa necessária.
>
> § 3° Não se aplica o disposto neste artigo quando a condenação ou o proveito econômico obtido na causa for de valor certo e líquido inferior a:
>
> I – 1.000 (mil) salários mínimos para a União e as respectivas autarquias e fundações de direito público;
>
> II – 500 (quinhentos) salários mínimos para os Estados, o Distrito Federal, as respectivas autarquias e fundações de direito público e os Municípios que constituam capitais dos Estados;
>
> III – 100 (cem) salários mínimos para todos os demais Municípios e respectivas autarquias e fundações de direito público.

§ 4º Também não se aplica o disposto neste artigo quando a sentença estiver fundada em:

I – súmula de tribunal superior;

II – acórdão proferido pelo Supremo Tribunal Federal ou pelo Superior Tribunal de Justiça em julgamento de recursos repetitivos;

III – entendimento firmado em incidente de resolução de demandas repetitivas ou de assunção de competência;

IV – entendimento coincidente com orientação vinculante firmada no âmbito administrativo do próprio ente público, consolidada em manifestação, parecer ou súmula administrativa.

Súmula nº 303 do TST – FAZENDA PÚBLICA. REEXA-ME NECESSÁRIO (nova redação em decorrência do CPC de 2015) – Res. nº 211/2016, *DEJT* divulgado em 24, 25 e 26.08.2016.

I – Em dissídio individual, está sujeita ao reexame necessário, mesmo na vigência da Constituição Federal de 1988, decisão contrária à Fazenda Pública, salvo quando a condenação não ultrapassar o valor correspondente a: a) 1.000 (mil) salários mínimos para a União e as respectivas autarquias e fundações de direito público; b) 500 (quinhentos) salários mínimos para os Estados, o Distrito Federal, as respectivas autarquias e fundações de direito público e os Municípios que constituam capitais dos Estados; c) 100 (cem) salários mínimos para todos os demais Municípios e respectivas autarquias e fundações de direito público.

II – Também não se sujeita ao duplo grau de jurisdição a decisão fundada em: a) súmula ou orientação jurisprudencial do Tribunal Superior do Trabalho; b) acórdão proferido pelo Supremo Tribunal Federal ou pelo Tribunal Superior do Trabalho em julgamento de recursos repetitivos; c) entendimento firmado em incidente de resolução de demandas repetitivas ou de assunção de competência; d) entendimento coincidente com orientação vinculante firmada no âmbito administrativo do próprio ente público, consolidada em manifestação, parecer ou súmula administrativa.

III – Em ação rescisória, a decisão proferida pelo Tribunal Regional do Trabalho está sujeita ao duplo grau de jurisdição obrigatório quando desfavorável ao ente público, exceto nas hipóteses dos incisos anteriores. (ex-OJ nº 71 da SBDI-1 – inserida em 03.06.1996).

IV – Em mandado de segurança, somente cabe reexame necessário se, na relação processual, figurar pessoa jurídica de direito público como parte prejudicada pela concessão da ordem. Tal situação não ocorre na hipótese de figurar no feito como impetrante e terceiro interessado pessoa de direito privado, ressalvada a hipótese de matéria administrativa. (Ex-OJs nºs 72 e 73 da SBDI-1 – inseridas, respectivamente, em 25.11.1996 e 03.06.1996.)

Por fim, a OJ nº 334 da SDI-1 do TST prevê que não cabe Recurso de Revista da Fazenda Pública que não apresentou Recurso Ordinário voluntário, **salvo** se ocorrer um agravamento na condenação:

> OJ nº 334 – REMESSA *EX OFFICIO*. RECURSO DE RE-VISTA. INEXISTÊNCIA DE RECURSO ORDINÁRIO VOLUNTÁRIO DE ENTE PÚBLICO. INCABÍVEL (*DJ* 09.12.2003).
>
> Incabível recurso de revista de ente público que não interpôs recurso ordinário voluntário da decisão de primeira instância, ressalvada a hipótese de ter sido agravada, na segunda instância, a condenação imposta.

12.7 Coisa julgada

Consiste na qualidade especial da sentença que a torna imutável. Possui proteção na Constituição Federal como direito fundamental, nos termos do art. 5°, XXXVI, da CF.

A doutrina classifica a coisa julgada em:

a) **Coisa julgada formal:** é aquela que ocorre nas hipóteses de sentença **sem** resolução do mérito (art. 485, CPC) e não evita uma nova discussão em outro processo. Ou seja, é **endoprocessual**.

b) **Coisa julgada material:** decorre das sentenças **com** resolução do mérito (art. 487, CPC), e evita nova discussão sobre a matéria. Tem efeito **pamprocessual**.

c) **Coisa julgada soberana:** é a que ocorre após decorrido o prazo de dois anos na coisa julgada material.

12.7.1 Limites da coisa julgada

A doutrina classifica os limites da coisa julgada em:

a) **Objetivos:** consiste nos pedidos apreciados, que constam da coisa julgada.

b) **Subjetivos:** consiste nas partes alcançadas pela coisa julgada. Regra geral, autor/reclamante e réu/reclamado. Entretanto, nas ações coletivas, há possibilidade de se alcançar terceiros, ampliando os limites subjetivos da coisa julgada, conforme art. 103 do CDC.

12.7.2 Coisa julgada progressiva

Consiste na coisa julgada que ocorre em momentos diferentes, como por exemplo quando há recurso parcial, ou seja, quando se recorre somente de parte da sentença. Nesse sentido,

Súmula nº 100, item II, do TST. Não haverá coisa julgada progressiva em tal hipótese, se o recurso possuir preliminar que torne nulo todo o processo.

Outro exemplo dessa modalidade de coisa julgada é a previsão do art. 356 do CPC, que regulamenta a possibilidade do julgamento antecipado parcial de mérito, aplicável ao processo do trabalho por força da IN nº 39/2016 do TST.

12.7.3 Coisa julgada em questão prejudicial

O art. 503, § 1º, do CPC prevê a possibilidade da coisa julgada em questão prejudicial, desde que cumpridos os requisitos previstos no dispositivo.

12.7.4 Relativização da coisa julgada

A ação rescisória é uma modalidade de relativização da coisa julgada. Entretanto, a doutrina passou a admitir mais outras duas modalidades de relativização da coisa julgada, quais sejam:

a) **coisa julgada inconstitucional:** consiste na previsão do art. 884, § 5º, da CLT que prevê a possibilidade de relativizar a coisa julgada quando se fundamentar em lei ou ato normativo declarado inconstitucional;

b) **coisa julgada injusta:** a doutrina defende a possibilidade da relativização dessa modalidade de coisa julgada quando notoriamente injusta, como, por exemplo, a decisão que pode ser alterada em razão de um resultado de DNA que não existia na época dos fatos.

Observação

O CPC, no art. 503, § 1º, passou a permitir a possibilidade de efeito de coisa julgada para questão prejudicial decidida expressa e incidentemente no processo.

13

Recursos trabalhistas

13.1 Teoria geral dos recursos trabalhistas

13.1.1 Principais características ou peculiaridades

a) **Princípio da uniformidade dos prazos recursais:** em regra, todos os prazos recursais trabalhistas são de oito dias para razões e contrarrazões (art. 900, CLT c.c. art. 6º da Lei nº 5.584/1970 c.c. art. 1º, § 2º, IN nº 39/2016, TST):

- **Recurso ordinário** (art. 895, CLT): **oito dias.**
- **Agravo de instrumento** (art. 897, *b*, CLT): **oito dias.**
- **Recurso de revista** (arts. 896, 896-A, 896-B e 896-C, CLT): **oito dias.**
- **Agravo regimental ou interno** (art. 1.021, CPC, Súmula nº 435, TST, e OJ nº 412, SDI-1 do TST): **oito dias.**
- **Embargos no TST** (art. 894, CLT): **oito dias.**
- **Agravo de petição** (art. 897, *a*, CLT): **oito dias.**
  Exceções:
- **Embargos de declaração** (art. 897-A, CLT, e arts. 1.022 a 1.026, CPC): cinco dias.
- **Recurso extraordinário** (art. 102, III, CF, e art. 1.003, § 5º, CPC): 15 dias.

252 Direito Processual do Trabalho

- **Recurso ordinário constitucional** (art. 102, II, CF, e art. 1.003, § 5°, CPC): 15 dias.
- **Recurso ou pedido de revisão** (art. 2°, Lei n° 5.584/1970): 48 horas.
- **Fazenda Pública** (art. 1°, III, Decreto-lei n° 779/1969, e art. 183, CPC): prazos em dobro para razões e contrarrazões.
- **Ministério Público do Trabalho** (art. 180, CPC): prazos em dobro para razões e contrarrazões (e em todas as manifestações processuais).

Observação

A OJ n° 310 da SDI-1 do TST, atualizada pela Resolução n° 208/2016, prevê que o art. 229 do CPC (**prazos em dobro** para litisconsortes com diferentes procuradores em escritórios distintos) é inaplicável ao processo do trabalho por incompatibilidade com o princípio da celeridade trabalhista.

----

b) **Princípio da fungibilidade ou da conversibilidade recursal trabalhista:** é a possibilidade de um recurso erroneamente interposto ser conhecido como se fosse o recurso correto e cabível. Trata-se de manifestação do princípio da instrumentalidade das formas (arts. 188 e 277 do CPC). A doutrina e a jurisprudência elencam os seguintes requisitos cumulativos para a aplicação deste princípio: inexistência de erro grosseiro ou de má-fé; existência de dúvida objetiva na doutrina e na jurisprudência, e não do operador do direito (dúvida subjetiva); respeito ao prazo do recurso correto (requisito polêmico).

13.1.2 Análise da jurisprudência consolidada do TST

- **Erro grosseiro:** a **OJ n° 152 da SDI-2 do TST** prevê que a interposição de recurso de revista de decisão definitiva de Tribunal Regional do Trabalho (TRT) em **ação rescisória** ou em **mandado de segurança**, com fundamento em violação legal e divergência jurisprudencial e remissão expressa ao art. 896 da CLT, configura erro grosseiro, insuscetível de autorizar o seu recebimento como recurso ordinário, em face do disposto no art. 895, *b*, da CLT. Da decisão colegiada em tais ações, caberá **recurso ordinário** (art. 895, II e Súmulas n° 158 e 201, TST). Ainda, a **OJ n° 412 da SDI-1 do TST** prevê que é incabível **agravo interno** (art. 1.021 do CPC de 2015, art. 557, § 1°, do CPC de 1973 e Súmula n° 435, TST) ou agravo regimental (art. 235 do RITST) contra decisão proferida por órgão colegiado. Tais recursos destinam-se, exclusivamente, a impugnar **decisão monocrática** nas hipóteses previstas. Inaplicável, no caso, o princípio da fungibilidade ante a configuração de erro grosseiro. Portanto, o manejo do agravo interno para atacar decisões colegiadas dos tribunais trabalhistas constitui erro grosseiro, o que afasta a aplicação do princípio da fungibilidade.

■ **Aplicação do princípio da fungibilidade:** a **OJ n° 69 da SDI-2 do TST** prevê que das decisões monocráticas indeferitórias da petição inicial em ação rescisória ou mandado de segurança é cabível agravo regimental/interno. Porém, caso interposto recurso ordinário, poderá ser recebido como agravo regimental/interno. Ainda, a **Súmula n° 421 do TST**, atualizada pela Resolução n° 208/2016, diz respeito aos arts. 932 e 1.021 do CPC, e trata da **ampliação dos poderes do relator na análise meritória recursal**, que poderá dar decisão monocrática definitiva e conclusiva da lide. Se o objetivo do recurso for o de aclarar a decisão (suprir omissão, contradição ou obscuridade), caberá embargos de declaração. Se o objetivo for a reforma da decisão, caberá agravo regimental. Nesses termos, se o advogado optou pelos embargos declaratórios com efeito modificativo ou infringente, serão aceitos como agravo regimental. Nesse contexto, os autos serão remetidos ao pronunciamento do colegiado após a intimação do recorrente para, no prazo de cinco dias, complementar as razões recursais (art. 1.021, § 1°, CPC).

a) **Princípio da variabilidade recursal e seu cabimento no processo do trabalho:** representa a possibilidade de o recorrente variar de recurso dentro do prazo legal. O último recurso elimina o anterior. **Tal princípio é aplicável no processo do tra-**

balho? Existe controvérsia doutrinária e jurisprudencial sobre a questão: a **primeira corrente (Manoel Antônio Teixeira Filho, Sérgio Pinto Martins, Wagner D. Giglio)** defende o cabimento, em razão dos princípios informadores do processo do trabalho (simplicidade, informalidade, *jus postulandi*, economia processual). Já a **segunda corrente (posição majoritária – Mauro Schiavi, Bezerra Leite, Leone Pereira)** sustenta a inaplicabilidade com fundamento no princípio da preclusão consumativa. Esse princípio tinha origem no CPC de 1939, sendo que o CPC de 1973 não reiterou a regra (e nem o CPC de 2015).

b) **Efeitos devolutivo e suspensivo nos recursos trabalhistas:**

■ **Efeito devolutivo:** a base está no art. 1.013, *caput*, do CPC. O recurso devolve ao Tribunal o conhecimento da matéria impugnada. O art. 899, *caput*, da CLT prevê que, em regra, os recursos trabalhistas são dotados apenas do efeito devolutivo, por dois grandes fundamentos: proteção do trabalhador hipossuficiente; natureza alimentar das verbas trabalhistas. Ou seja, esses fundamentos deságuam na necessidade da celeridade processual. No processo do trabalho, a urgência é a regra e não a exceção. Nesses termos, caberá a execução provisória até a penhora.

Observação

■ A doutrina e a jurisprudência trazem a seguinte classificação do efeito devolutivo:

☐ **Efeito devolutivo em extensão ou horizontal:** quando o Tribunal julga um recurso, fica adstrito ao objeto de insurgência da parte nas razões recursais. O Tribunal não se pronunciará quanto aos pedidos não ventilados e, quanto a estes, ocorrerá o trânsito em julgado (ideia dos capítulos da decisão + princípio da adstrição/correlação/congruência/simetria ou correspondência – arts. 141 e 492, CPC). **Exceção:** a Súmula nº 393 do TST traz uma exceção a este efeito: representa a possibilidade de o Tribunal julgar uma tese, ainda que não haja pedido no âmbito do recurso. Pela **teoria da causa madura** (art. 1.013, § 3°, CPC), se o Tribunal identificar que a causa está pronta para julgamento, assim o fará, ainda que não haja pedido recursal nesse sentido.

☐ **Efeito devolutivo em profundidade ou vertical**: a profundidade diz respeito aos fundamentos. Quando o Tribunal julga um recurso, poderá apreciar todos os fundamentos da inicial e da defesa, ainda que não renovados em razões ou contrarrazões (art. 1.013, §§ 1° e 2°, CPC, bem como Súmula n° 393, TST). Trata-se de manifestação do **princípio do convencimento motivado ou da persuasão racional**.

☐ **Efeito suspensivo**: é a **exceção** no sistema recursal trabalhista. O meio processual genérico para pleitear o efeito suspensivo nos recursos trabalhistas é o simples requerimento dirigido ao Tribunal (art. 1.029, § 5°, CPC, e Súmula n° 414, item I, *in fine*, TST). O entendimento anterior era que a ação cautelar seria o meio adequado.

■ Há uma hipótese específica de efeito suspensivo no processo do trabalho prevista no art. 9° da Lei n° 7.701/1988, que envolve o dissídio coletivo de competência originária do TRT. Nesse caso, é proferida sentença normativa e, caso interposto recurso ordinário, o Presidente do TST poderá atribuir efeito suspensivo, pelo prazo improrrogável de 120 dias, contados da publicação, salvo se o recurso ordinário for julgado antes desse prazo.

----

c) **Princípio da inexigibilidade de fundamentação nos recursos trabalhistas:** está previsto também no art. 899, *caput*, da CLT. Os recursos trabalhistas serão interpostos por simples petição, independentemente de fundamentação. É decorrência dos princípios informadores do processo do trabalho (simplicidade, celeridade, oralidade, informalidade, *jus postulandi*, economia processual). **Porém**, a doutrina e jurisprudência, atualmente, trazem a necessidade de fundamentação na interposição dos recursos trabalhistas (**princípio da dialeticidade ou discursividade recursal** – necessidade de fundamen-

256 Direito Processual do Trabalho

tação dos recursos), com base nos princípios do contraditório e ampla defesa. Nesse sentido, temos a **Súmula n° 422 do TST:** em tese, a exigência de fundamentação somente é cabível nos recursos trabalhistas de natureza extraordinária (ventilam apenas matéria de direito material ou processual – RR e Embargos no TST). Dessa forma, nos recursos de natureza ordinária, não se exige a fundamentação, em regra. A própria Súmula n° 422 traz duas **exceções:** (i) a exigência de fundamentação será dispensada em relação à motivação secundária e impertinente consubstanciada em despacho de admissibilidade recursal ou em decisão monocrática; (ii) exigência de fundamentação nos recursos trabalhistas de natureza ordinária quando a motivação é inteiramente dissociada dos fundamentos da sentença. Ex.: fato superveniente (justa causa) no curso do processo e do contrato de trabalho.

> **Súmula n° 422 do TST – RECURSO. FUNDAMENTO AUSENTE OU DEFICIENTE. NÃO CONHECIMENTO (redação alterada, com inserção dos itens I, II e III) – Res. n° 199/2015, *DEJT* divulgado em 24, 25 e 26.06.2015. Com errata publicado no *DEJT* divulgado em 1°.07.2015.**
>
> I – Não se conhece de recurso para o Tribunal Superior do Trabalho se as razões do recorrente não impugnam os fundamentos da decisão recorrida, nos termos em que proferida.
>
> II – O entendimento referido no item anterior não se aplica em relação à motivação secundária e impertinente, consubstanciada em despacho de admissibilidade de recurso ou em decisão monocrática.
>
> III – Inaplicável a exigência do item I relativamente ao recurso ordinário da competência de Tribunal Regional do Trabalho, exceto em caso de recurso cuja motivação é inteiramente dissociada dos fundamentos da sentença.

d) **Princípio do *jus postulandi* e seu cabimento nos recursos trabalhistas:** o *jus postulandi* está previsto nos arts. 791 e

839, *a*, da CLT. O diploma consolidado prevê que o *jus postulandi* poderá ser exercido "até o final". Assim, o TST editou a Súmula nº 425, limitando o *jus postulandi* às varas do trabalho e aos TRTs, não alcançando a ação rescisória, a ação cautelar, o mandado de segurança, e os recursos de competência do TST.

> **Súmula nº 425 do TST – *JUS POSTULANDI* NA JUSTIÇA DO TRABALHO. ALCANCE. Res. nº 165/2010, *DEJT* divulgado em 30.04.2010 e 03 e 04.05.2010.**
>
> O *jus postulandi* das partes, estabelecido no art. 791 da CLT, limita-se às Varas do Trabalho e aos Tribunais Regionais do Trabalho, não alcançando a ação rescisória, a ação cautelar, o mandado de segurança e os recursos de competência do Tribunal Superior do Trabalho.

A expressão "competência do TST" abrange somente os recursos ou também a ação rescisória, a ação cautelar, o mandado de segurança de competência do TST? Prevalece o entendimento de que a expressão "competência do TST" concorda apenas com a palavra "recursos". Assim, não é cabível o exercício do *jus postulandi* em qualquer ação rescisória, cautelar ou mandado de segurança.

É cabível *jus postulandi* em qualquer recurso ordinário? Não, pois temos processos de competência originárias dos TRTs (ação rescisória, a ação cautelar, o mandado de segurança), em que o RO será julgado no TST (art. 895, II, da CLT e Súmulas nº 158 e 201, TST). Nesse contexto processual, se o RO for julgado pelo TRT, caberá o exercício do *jus postulandi*.

Observação

- **O princípio do *jus postulandi* foi recepcionado pela CF/1988?** Foi ajuizada a ADI nº 1.127-8 perante o STF pela Associação dos Magistrados Brasileiros – AMB, com alegação de que o art. 791 da CLT fere o art. 133 da CF. O Supremo decidiu pela **recepção** do art. 791 da CLT pela CF/1988, sob fundamento de que a capacidade postulatória

258 Direito Processual do Trabalho

é privativa, mas não exclusiva de advogado (art. 1°, *caput*, Lei n° 8.906/1994).

■ **É cabível o exercício do *jus postulandi* em uma mera relação de trabalho?** Há divergência doutrinária e jurisprudencial: Para a **primeira corrente**, não caberia, sendo cabível apenas na relação de emprego, conforme interpretação gramatical ou literal do próprio art. 791, *caput*, da CLT (existência das expressões "empregados" e "empregadores"), conforme IN n° 27/2005 do TST. Já a **segunda corrente** defende o cabimento tanto na relação de emprego quanto na relação de trabalho, conforme interpretação histórica do art. 791 da CLT, aliada à ampliação significativa da competência material da Justiça do Trabalho pela EC n° 45/2004.

■ A Reforma Trabalhista não promoveu alterações significativas no instituto do *jus postulandi*. Existem alterações por reflexo (ex.: liquidação de pedidos na petição inicial).

----

e) **Pressupostos recursais:** para o exercício do direito de recorrer, deve haver o preenchimento dos pressupostos recursais. São pressupostos recursais **objetivos** ou **extrínsecos** aqueles que dizem respeito a aspectos externos da decisão recorrida (previsão legal – taxatividade, adequação, tempestividade, preparo, regularidade de representação). São pressupostos recursais **subjetivos** ou **intrínsecos** aqueles que dizem respeito a aspectos internos da decisão recorrida (legitimidade, capacidade, interesse).

13.2 Recursos trabalhistas em espécie

13.2.1 Recurso ordinário

13.2.1.1 *Amparo legal*

Art. 895 da CLT.

Recursos trabalhistas **259**

13.2.1.2 *Prazo*

Oito dias para razões e contrarrazões.

13.2.1.3 *Preparo*

Custas (arts. 789 e ss., CLT) e depósito recursal (art. 899, CLT), este último a depender do caso concreto.

13.2.1.4 *Hipóteses de cabimento*

a) **Art. 895, I, CLT:** cabível contra decisões definitivas ou terminativas proferidas pelas Varas e Juízos (são os juízes de direito investidos em matéria trabalhista – art. 112, CF e arts. 668 e 669, CLT). A CLT prevê "decisões" definitivas ou terminativas. As espécies de decisões recorríveis por RO são: (i) **sentenças terminativas ou processuais**: são aquelas previstas no art. 485 do CPC; (ii) **sentenças definitivas ou de mérito**: aquelas previstas no art. 487 do CPC; (iii) **decisões interlocutórias terminativas do feito**: são aquelas que implicam troca de TRT ou de ramo do Poder Judiciário (**princípio da irrecorribilidade imediata, direta, em separado ou autônoma das decisões interlocutórias**). Por isso a CLT utiliza o termo "decisões". Parcela da doutrina (Mauro Schiavi) critica a abrangência das decisões interlocutórias terminativas do feito. Com efeito, somente deveriam abarcar a troca de ramo do Poder Judiciário. O TST adota a posição ampliativa (Súmula nº 214, letra *c*, TST, que faz remissão ao art. 799, § 2º, da CLT);

b) **Art. 895, II, CLT:** cabível contra decisões definitivas ou terminativas proferidas pelos TRTs, em processos de sua competência originária (Súmulas nºs 158 e 201, TST). Ex.: ação rescisória, MS, dissídio coletivo, ação cautelar.

260 Direito Processual do Trabalho

13.2.1.5 Juízo a quo

Nas hipóteses do inciso I, o Juiz do Trabalho ou Juiz de Direito investido. Nas hipóteses do inciso II, será o TRT, com observância do regimento interno (Presidente ou Vice-presidente do TRT etc.).

13.2.1.6 Juízo ad quem

Nas hipóteses do inciso I, será o TRT. Nas hipóteses do inciso II, o TST.

13.2.1.7 Recurso ordinário no procedimento sumaríssimo

A base está no art. 895, §§ 1° e 2°, da CLT. É perfeitamente cabível no procedimento sumaríssimo. Há uma amplitude nas hipóteses de cabimento, mas com um processamento mais célere.

> Art. 895. Cabe recurso ordinário para a instância superior:
>
> I – das decisões definitivas ou terminativas das Varas e Juízos, no prazo de 8 (oito) dias; e
>
> II – das decisões definitivas ou terminativas dos Tribunais Regionais, em processos de sua competência originária, no prazo de 8 (oito) dias, quer nos dissídios individuais, quer nos dissídios coletivos.
>
> § 1º Nas reclamações sujeitas ao procedimento sumaríssimo, o recurso ordinário:
>
> I – (Vetado).
>
> II – será imediatamente distribuído, uma vez recebido no Tribunal, devendo o relator liberá-lo no prazo máximo de dez dias, e a Secretaria do Tribunal ou Turma colocá-lo imediatamente em pauta para julgamento, sem revisor;
>
> III – terá parecer oral do representante do Ministério Público presente à sessão de julgamento, se este entender necessário o parecer, com registro na certidão;

IV – terá acórdão consistente unicamente na certidão de julgamento, com a indicação suficiente do processo e parte dispositiva, e das razões de decidir do voto prevalente. Se a sentença for confirmada pelos próprios fundamentos, a certidão de julgamento, registrando tal circunstância, servirá de acórdão.

§ 2º Os Tribunais Regionais, divididos em Turmas, poderão designar Turma para o julgamento dos recursos ordinários interpostos das sentenças prolatadas nas demandas sujeitas ao procedimento sumaríssimo.

13.2.2 Recurso de revista

13.2.2.1 Amparo legal

Arts. 896, 896-A, 896-B e 896-C, CLT, reflexos das Leis nºs 13.015/2014 (Lei dos Recursos Trabalhistas) e 13.467/2017 (Reforma Trabalhista).

13.2.2.2 Prazo

Oito dias para razões e contrarrazões.

13.2.2.3 Preparo

Custas e depósito recursal, a depender do caso concreto.

13.2.2.4 Hipóteses de cabimento (art. 896, caput, CLT)

Cabível contra acórdãos proferidos pelos TRTs nos dissídios individuais, em grau de recurso ordinário. Portanto, não é cabível a interposição do Recurso de Revista nos dissídios coletivos e nos processos de competência originária dos TRTs (dissídio coletivo, ação rescisória ou mandado de segurança).

262 Direito Processual do Trabalho

■ **Exemplo 1**: interpretação de outro TRT – o TRT 2ª Região reconheceu grupo econômico entre igrejas. O TRT 9ª Região decidiu que não existe grupo econômico entre igrejas. Cabe recurso de revista de decisão divergente.

■ **Exemplo 2**: a Reclamante foi dispensada por ser portadora de câncer. Dispensa discriminatória. **Súmula nº 443 do TST – no caso de doença grave, a dispensa é presumidamente discriminatória.** A juíza de primeiro grau não deu a reintegração, em recurso ao TRT não foi dada a reintegração. Cabe recurso de revista.

13.2.2.5 Juízo a quo

O recurso de revista é dirigido ao Presidente do respectivo TRT, conforme art. 896, § 1º, da CLT. Na praxe forense, os regimentos internos vêm atribuindo esta competência ao Vice-Presidente do TRT.

Dica!

Em concurso público, se perguntar a literalidade, deve-se responder que é ao Presidente.

13.2.2.6 Juízo ad quem

É a Turma do TST (uma das oito Turmas), conforme art. 111-A, CF + art. 92, CF. Analisando a estrutura básica interna do TST, temos basicamente quatro graus:

■ **1º grau:** 27 Ministros
■ **2º grau:** oito Turmas
■ **3º grau:** Seções (SDIs e SDC)
■ **4º grau:** Pleno ou Órgão Especial de 14 Ministros (art. 93, XI, CF)

13.2.2.7 Recurso trabalhista de natureza extraordinária

O Recurso de Revista (RR) não admite o reexame de fatos e provas (Súmula nº 126, TST). Logo, apenas se pode discutir matérias de direito. Atualmente, prevalece o entendimento de que o recurso de revista poderá abranger matéria tanto de direito material quanto de direito processual. Trata-se de um recurso eminentemente técnico.

O recurso de revista tem alguns objetivos: (a) uniformização da jurisprudência dos Tribunais Trabalhistas; (b) assegurar a autoridade da lei federal e/ou da Constituição Federal. Prevalece o entendimento de que o cabimento do recurso extraordinário em matéria trabalhista depende do exaurimento das instâncias da Justiça do Trabalho.

Ademais, o RR não admite o exercício do *jus postulandi*, conforme arts. 791 e 839, *a*, da CLT e Súmula n° 425 do TST.

13.2.2.8 Fundamentação jurídica do recurso de revista (alíneas do art. 896, CLT)

■ **Art. 896, alínea *a*:** cabe RR por divergência jurisprudencial na interpretação de lei federal. A divergência jurisprudencial existe em quatro hipóteses: (a) quando o acórdão do TRT contraria acórdão de outro TRT em seu Pleno ou turma; (b) quando viola acórdão da SDI do TST; (c) quando viola Súmula do TST; (d) quando viola Súmula Vinculante do STF.

☐ **Acórdão paradigma: Súmula n° 337 e art. 896, §§ 1°-A e 8°, CLT:**

> Súmula n° 337 do TST – COMPROVAÇÃO DE DIVERGÊNCIA JURISPRUDENCIAL. RECURSOS DE REVISTA E DE EMBARGOS (incluído o item V) – Res. n° 220/2017, *DEJT* divulgado em 21, 22 e 25.09.2017.
>
> I – Para comprovação da divergência justificadora do recurso, é necessário que o recorrente:
>
> a) Junte certidão ou cópia autenticada do acórdão paradigma ou cite a fonte oficial ou o repositório autorizado em que foi publicado; e

264 Direito Processual do Trabalho

b) Transcreva, nas razões recursais, as ementas e/ou trechos dos acórdãos trazidos à configuração do dissídio, demonstrando o conflito de teses que justifique o conhecimento do recurso, ainda que os acórdãos já se encontrem nos autos ou venham a ser juntados com o recurso.

II – A concessão de registro de publicação como repositório autorizado de jurisprudência do TST torna válidas todas as suas edições anteriores.

III – A mera indicação da data de publicação, em fonte oficial, de aresto paradigma é inválida para comprovação de divergência jurisprudencial, nos termos do item I, *a*, desta súmula, quando a parte pretende demonstrar o conflito de teses mediante a transcrição de trechos que integram a fundamentação do acórdão divergente, uma vez que só se publicam o dispositivo e a ementa dos acórdãos;

IV – É válida para a comprovação da divergência jurisprudencial justificadora do recurso a indicação de aresto extraído de repositório oficial na internet, desde que o recorrente:

a) transcreva o trecho divergente;

b) aponte o sítio de onde foi extraído; e

c) decline o número do processo, o órgão prolator do acórdão e a data da respectiva publicação no *Diário Eletrônico da Justiça do Trabalho*.

V – A existência do código de autenticidade na cópia, em formato pdf, do inteiro teor do aresto paradigma, juntada aos autos, torna-a equivalente ao documento original e também supre a ausência de indicação da fonte oficial de publicação.

☐ **É possível a interposição do recurso de revista pautada em acórdão paradigma do mesmo tribunal?** Não é possível (OJ n° 111, SDI-1 do TST). Antes da Reforma Trabalhista, nós tínhamos o IUJ (Incidente de Uniformização de Jurisprudência), previsto no então art. 896, §§ 3° a 6°, CLT, que ensejava a edição de teses jurídicas prevalecentes.

Com o advento do CPC/2015 e da Reforma Trabalhista, este incidente foi expressamente revogado e hoje temos o art. 926 do CPC, em que os tribunais deverão manter a jurisprudência estável, íntegra e coerente.

☐ **Se o acórdão do TRT contrariar OJ, caberá recurso de revista?** É cabível no procedimento ordinário, nos termos da OJ nº 219 da SDI-1 do TST.

■ **Art. 896, alínea *b*:** cabimento do RR por divergência jurisprudencial na interpretação de lei estadual, CCT, ACT, Sentença Normativa ou Regulamento Empresarial de observância obrigatória em área territorial que exceda a competência do TRT prolator da decisão recorrida (OJ nº 147, SDI-1, TST). Os mesmos comentários da alínea *a* são aplicáveis para a alínea *b*.

■ **Art. 896, alínea *c*:** cabível RR quando o acórdão do TRT contraria a CF ou Lei Federal. A afronta deve ser direta e literal, não podendo ser por interpretação. Nada impede o enquadramento do RR em mais de uma alínea.

13.2.2.9 Observações finais

1. **Pressupostos recursais específicos do recurso de revista (prequestionamento e transcendência)**

a) **Prequestionamento:** tem seu fundamento na Súmula nº 297 do TST e no art. 896, § 1º-A, I, da CLT. Há o prequestionamento quando o tribunal, em seu julgamento, enfrenta expressamente determinada tese ou matéria. Nesse contexto, se o tribunal for omisso, são cabíveis embargos de declaração para fins de prequestionamento.

Observação

Prequestionamento ficto, tácito ou presumido: essa modalidade de prequestionamento ocorre quando o tribunal continua omisso mesmo

266 Direito Processual do Trabalho

após a oposição dos embargos de declaração. Nesse caso, considera-se prequestionada a matéria.

---

b) **Transcendência:** prevista no art. 896-A da CLT (Lei nº 13.467/2017). A ideia básica é a de que, para haver transcendência, deve ser algo importante, relevante, que ultrapasse os interesses individuais. A transcendência serviu de inspiração para a criação da repercussão geral para o Recurso Extraordinário. Antes da reforma, nós tínhamos regras legais básicas: (i) análise da transcendência de maneira exclusiva pelo TST; (ii) transcendência era a ideia dos reflexos gerais de natureza econômica, social, política ou jurídica. Todavia, a ideia da transcendência era vaga e imprecisa, necessitando de uma regulamentação mais específica. Havia dissenso doutrinário sobre a melhor forma de regulamentação da transcendência: a **primeira corrente** defendia a necessidade de lei ordinária específica, com base no art. 22, I, da CF. Já a **segunda corrente** defendia que bastava a regulamentação no Regimento Interno do TST, pois já havia a previsão legal da transcendência na CLT (art. 896-A). **A Reforma Trabalhista veio regulamentar a transcendência:**

b.1) **Indicadores da transcendência (§ 1º do art. 896-A):** necessidade do enquadramento da transcendência, entre outros (isto é, o rol não é taxativo):

- **transcendência econômica:** elevado valor da causa. A pergunta é: a partir de qual valor? Ou seja, o conceito continua vago e impreciso;
- **transcendência política:** desrespeito da instância recorrida à jurisprudência sumulada do TST ou do STF. É uma das hipóteses mais comuns na praxe forense trabalhista atual;
- **transcendência social:** ocorre quando houver postulação por reclamante recorrente de direito social constitucionalmente assegurado (basicamente, art. 7º da CF);
- **transcendência jurídica:** existência de questão nova em torno da interpretação da legislação trabalhista.

Recursos trabalhistas **267**

b.2) **Regras procedimentais da transcendência (§§ 2º a 6º do art. 896-A):**

- Poderá o relator monocraticamente denegar seguimento ao recurso de revista que não demonstrar transcendência, cabendo **agravo interno** (art. 1.021, CPC + Súmula nº 435 + OJ nº 421, SDI-1, TST) dessa decisão para o colegiado. Trata-se da decisão do relator no TST.

- Em relação ao recurso que o relator considerou não ter transcendência, o recorrente poderá realizar sustentação oral sobre a questão da transcendência durante cinco minutos, em sessão.

- Mantido o voto do relator quanto à não transcendência do recurso, será lavrado acórdão com fundamentação sucinta, que constituirá **decisão irrecorrível** no âmbito do tribunal.

- É irrecorrível a decisão monocrática do relator que, em agravo de instrumento em recurso de revista, considerar ausente a transcendência da matéria. Ou seja, não cabe agravo interno de agravo de instrumento de recurso de revista: **Todavia, resta a discussão da possibilidade ou não de impetração de mandado de segurança dessa decisão.**

- Por fim, o juízo de admissibilidade do Recurso de Revista exercido pela presidência dos TRTs limita-se à análise dos pressupostos intrínsecos e extrínsecos do apelo, **não abrangendo o critério da transcendência das questões nele veiculadas.**

2. **É cabível a interposição do recurso de revista no procedimento sumaríssimo?** Cabe RR quando o acórdão do TRT viola CF, Súmula do TST ou Súmula Vinculante do TRT. Logo, sim, cabe RR no procedimento sumaríssimo, mas com limitação quanto às hipóteses de cabimento (art. 896, § 9º, CLT + Súmula nº 442, TST).

3. **É cabível a interposição do recurso de revista no bojo da execução trabalhista?** Cabe RR na execução **somente** quando do o acórdão do TRT viola a CF (afronta direta e literal). Logo, sim, é cabível, mas temos grande limitação quanto às hipó-

268　Direito Processual do Trabalho

teses de cabimento (art. 896, § 2°, CLT e Súmula n° 266, TST). **Exemplo prático**: penhora de bem de família (Lei n° 8.009/1990).

4. **Análise do § 10 do art. 896, CLT:** dispositivo prevê o cabimento do recurso de revista nas **execuções fiscais** e nas controvérsias envolvendo CNDT (Certidão Negativa de Débitos Trabalhistas). Temos três hipóteses de cabimento:

a) violação à lei federal;

b) divergência jurisprudencial;

c) ofensa à CF.

5. **Análise do § 14 do art. 896, CLT:** o dispositivo é fruto da reforma trabalhista. O relator do recurso de revista poderá denegar-lhe seguimento em decisão monocrática nas hipóteses de: (a) intempestividade; (b) deserção; (c) irregularidade de representação; (d) ausência de qualquer outro pressuposto extrínseco ou intrínseco de admissibilidade. A crítica é que bastaria prever a "ausência de qualquer pressuposto recursal extrínseco ou intrínseco", não necessitando da "intempestividade" ou "irregularidade de representação". São pressupostos recursais **objetivos** ou **extrínsecos** aqueles que dizem respeito a aspectos externos da decisão recorrida (previsão legal – taxatividade, adequação, tempestividade, preparo, regularidade de representação). São pressupostos recursais **subjetivos** ou **intrínsecos** aqueles que dizem respeito a aspectos internos da decisão recorrida (legitimidade, capacidade, interesse).

13.2.3 Embargos no TST

Antes da reforma da Lei n° 11.496/2007 nós tínhamos três espécies de embargos no TST:

- embargos de nulidade (dissídios individuais);
- embargos de divergência (dissídios individuais);
- embargos infringentes (dissídios coletivos).

Com o advento da mencionada reforma, foram extintos os embargos de nulidade pelos seguintes argumentos: (a) hipóteses de cabimento: acórdão da Turma do TST que viola a CF ou Lei Federal. Eram exatamente as mesmas hipóteses de cabimento do RR lá na alínea *c* do art. 896 da CLT (*bis in idem*); (b) a extinção teve por escopo contribuir para a efetividade, celeridade e razoável duração do processo.

a) Embargos de divergência: cuida-se de recurso específico trabalhista, com previsão no art. 894 da CLT, cujo objetivo é a uniformização da jurisprudência dentro do TST, garantindo, por via reflexa, a adequada aplicação da lei federal, Constituição Federal e leis estaduais (quando extrapolarem o âmbito de incidência de um TRT) em todo o território nacional.

Desse conceito extrai-se que os embargos de divergência possuem, à semelhança do recurso de revista, natureza extraordinária, ou seja, seu objetivo central é a tutela do direito objetivo, refletindo de modo apenas residual no direito subjetivo das partes, para corrigir a justiça da decisão. Em razão desse objetivo central, veda-se no recurso de embargos de divergência o reexame de fatos e provas (Súmula n° 126 do TST), o que não impede o TST de emprestar nova qualificação jurídica aos fatos já debatidos no curso do processo.

Além disso, em razão de seu cabimento somente em casos de vícios específicos descritos em lei – divergência jurisprudencial entre as Turmas do TST ou entre esta e a Seção de Dissídios Individuais, ou contrariedade à súmula ou orientação jurisprudencial do TST e à súmula vinculante do STF – os embargos de divergência são considerados como de fundamentação vinculada.

A competência para julgamento dos embargos de divergência é da Seção de Dissídios Individuais I do TST (SDI-1). Todavia, esse recurso é interposto perante o Presidente da Turma do TST prolatora da decisão recorrida, que fica responsável pelo primeiro juízo de admissibilidade.

270 Direito Processual do Trabalho

b) Embargos infringentes: consoante o art. 894, I, *a*, da CLT, cuida-se do recurso cabível para impugnar decisão não unânime de julgamento que conciliar, julgar ou homologar conciliação em dissídios coletivos que excedam a competência territorial dos Tribunais Regionais do Trabalho e estender ou rever as sentenças normativas do Tribunal Superior do Trabalho.

Observe-se que de decisão proferida em dissídio coletivo de competência originária pelo TRT cabe recurso ordinário para o TST. Entretanto, nos casos em que o dissídio coletivo é de competência originária do TST, por meio da SDC, isso por extrapolar o âmbito de abrangência de um TRT, o recurso cabível de decisão não unânime são os embargos infringentes.

Cuida-se, assim, de recurso impróprio, na medida em que direcionado para o próprio órgão prolator da decisão combatida e de natureza ordinária, pois visa alterar a situação debatida no processo, dando vazão à insurgência da parte, quanto a um novo julgamento de mérito. É recurso típico e exclusivo dos dissídios coletivos de competência originária do TST.

Os embargos infringentes são cabíveis das seguintes decisões prolatadas em dissídio coletivo: i) julgamento do dissídio coletivo; ii) homologação de conciliação; iii) extensão da sentença normativa; iv) revisão da sentença normativa.

Os embargos infringentes somente têm cabimento diante de decisões não unânimes proferidas pela Seção de Dissídios Coletivos, em dissídios coletivos de sua competência originária. Ademais, consoante previsto no art. 2º, II, *c*, da Lei nº 7.701/1988, não caberão os embargos infringentes se a decisão, embora não unânime, estiver em consonância com precedente jurisprudencial ou súmula do TST.

13.2.4 Agravo de petição

Cuida-se de recurso específico, com previsão no art. 897, *a*, da CLT, para combater decisões proferidas no processo ou fase de execução trabalhista, inclusive nos incidentes processuais, como liquidação (quando resolver controvérsia entre as partes ou explicitar os motivos de acolhimento do cálculo), embargos do devedor, embargos à arrematação, embargos de terceiro etc. Como a quase totalidade dos recursos trabalhistas, submete-se ao prazo de oito dias, para sua interposição.

13.2.4.1 Cabimento

Reza o art. 897, *a*, da CLT: "Cabe agravo, no prazo de 8 (oito) dias: a) de petição, das decisões do Juiz ou Presidente, nas execuções".

Em virtude dos termos amplos do dispositivo, doutrina e jurisprudência controvertem sobre o cabimento do agravo de petição: se seria cabível somente em face de sentenças (terminativas ou definitivas – somente decisões que encerram o procedimento) ou se desafiaria também qualquer tipo de decisão interlocutória, independentemente de colocar ou não fim ao processo.

A primeira corrente, encabeçada por Wagner Giglio, repele a admissibilidade do agravo de petição para impugnar decisão interlocutória, em virtude do princípio da irrecorribilidade imediata das interlocutórias na Justiça do Trabalho que, na sua visão, deve orientar inclusive a fase/processo de execução.

A segunda corrente sustenta o cabimento do agravo de petição para impugnar quaisquer sentenças e/ou decisões interlocutórias, independentemente de colocarem ou não fim ao procedimento, uma vez que "onde a lei não distinguiu, não cabe ao intérprete fazê-lo".

Já a terceira posição, dita intermediária, da qual são defensores, entre outros autores de renome, Rodrigues Pinto, Amauri Mascaro Nascimento, Manoel Antônio Teixeira Filho e Carlos Henrique Bezerra Leite, admite a interposição de agravo de petição nos casos em que uma decisão interlocutória tenha tornado

272 Direito Processual do Trabalho

impossível a continuidade da execução, como, por exemplo, quando o juiz indefere a quebra de sigilo fiscal do executado e não existem outros bens penhoráveis.

13.2.4.2 Decisão em liquidação

Consoante o art. 884, § 3°, da CLT, "somente nos embargos à penhora poderá o executado impugnar a sentença de liquidação, cabendo ao exequente igual direito e no mesmo prazo".

Portanto, para além do princípio da irrecorribilidade imediata das decisões interlocutórias, em razão desse preceito legal expresso que contempla momento oportuno para a impugnação da decisão proferida em liquidação, não haveria que se falar de recurso da decisão proferida na fase de liquidação, eis que seria impugnada: i) pelo executado: no prazo para apresentar embargos à execução (cinco dias a contar da intimação da penhora); ii) pelo exequente: no mesmo prazo do executado, por meio de impugnação à liquidação.

Entretanto, o TST perfilha entendimento divergente, considerando cabível o agravo de petição de decisões proferidas na fase de liquidação, desde que haja resolução definitiva da controvérsia pelo juiz, o que impediria que houvesse rediscussão do mesmo tema perante a mesma instância, na medida em que haveria preclusão. É o que preceituam as Súmulas n°s 266 e 399, II, do TST.

13.2.4.3 Pressuposto recursal extrínseco específico. Delimitação da matéria e de valores

De acordo com o art. 897, § 1°, da CLT, compete ao recorrente delimitar a matéria e valores impugnados, a fim de permitir a execução do remanescente até o final.

Uma vez delimitado o objeto da insurgência – *an debeatur* e *quantum debeatur* – a execução do remanescente pode prosseguir até o final, inclusive com a liberação do dinheiro ao exequente (Súmula n° 416 do TST).

Recursos trabalhistas **273**

13.2.4.4 *Pressuposto recursal extrínseco. Preparo*

No processo ou fase de execução, as custas processuais são de responsabilidade do executado e pagas ao final (art. 789-A, *caput*, da CLT), razão pela qual a interposição ao agravo de petição independe do pagamento das custas, não sendo considerado um pressuposto recursal.

Quanto ao depósito recursal, uma vez garantido o juízo de execução, descabe a exigência de depósito recursal. Havendo, porém, elevação do valor da execução, deverá haver o depósito recursal no valor integral exequendo, não se aplicando o teto legal (Súmula nº 128, item II, do Tribunal Superior do Trabalho). Cumpre destacar que a Lei nº 13.467/2017 passou a permitir que o depósito recursal, feito na conta vinculada ao juízo, seja substituído por seguro-garantia judicial ou fiança bancária.

13.2.4.5 *Competência*

Os agravos de petição das decisões proferidas pelo juiz de primeira instância, serão julgados por uma das Turmas do Tribunal; já os interpostos das decisões prolatadas pelos Tribunais Regionais serão de competência do Pleno, Órgão Especial ou Seção Especializada do TRT, a depender do Regimento Interno de cada Tribunal; e, por fim, das decisões prolatadas pelo TST, na fase de execução dos processos de sua competência originária, serão analisados pela SDI-1, do TST (art. 71, II, *b*, do RITST).

13.2.5 Agravo de instrumento

No processo do trabalho, como regra, as decisões interlocutórias são irrecorríveis de imediato (princípio da irrecorribilidade das decisões interlocutórias).

No processo do trabalho, o agravo de instrumento tem utilização restrita para destrancar recurso cujo seguimento foi dene-

274 Direito Processual do Trabalho

gado. É o que preceitua o art. 897, *b*, da CLT: "Art. 897. Cabe agravo, no prazo de 8 (oito) dias: (...) b) de instrumento, dos despachos que denegarem a interposição de recursos".

O preceito é atécnico em dois pontos: primeiro, utiliza a expressão despacho, quando, na verdade, trata-se de decisão interlocutória, por deter conteúdo decisório; na sequência, refere-se à negativa de interposição de recurso, o que não ocorre, na medida em que não é a interposição do recurso que é impedida e sim o seu processamento.

13.2.5.1 Competência

A competência para julgar o agravo de instrumento é do órgão competente para julgar o recurso cujo seguimento foi denegado (art. 897, § 4°, da CLT).

13.2.5.2 Pressuposto recursal intrínseco. Cabimento

Na esfera do processo trabalhista, o agravo de instrumento, diferentemente do que ocorre no processo civil, tem a única finalidade de desafiar as decisões interlocutórias que denegarem o processamento de recursos ordinário, de revista, extraordinário, de petição, adesivo e do próprio agravo de instrumento (art. 897, *b*, da Consolidação das Leis do Trabalho). As decisões que denegarem seguimento ao recurso de embargos no Tribunal Superior do Trabalho desafiam agravo regimental.

Calha ressaltar que outros tipos de decisões interlocutórias recorríveis no processo do trabalho (por exemplo, previstas na Súmula n° 214 do TST, no IRDR, no julgamento parcial de mérito ou no incidente de desconsideração da personalidade jurídica) desafiam a interposição de outros recursos, a depender da fase do processo, mas não de agravo de instrumento, o qual, conforme dito, no processo do trabalho, possui utilização restrita ao destrancamento de recurso.

13.2.5.3 *Pressuposto recursal extrínseco. Regularidade formal*

Assim como os demais recursos, o agravo de instrumento também se submete ao princípio da dialeticidade, impondo que o agravante exponha as razões que empolgam a reforma da decisão. Releva mencionar que as razões do agravo de instrumento devem impugnar o conteúdo da decisão que negou seguimento ao recurso, infirmando os seus fundamentos, e não renovar as razões de reforma da decisão objeto do recurso que foi trancado.

Caso o agravo de instrumento não impugne a decisão que negou seguimento ao recurso e se limite a reiterar as razões do recurso trancado, não deverá ser conhecido por irregularidade formal.

13.2.5.4 *Pressuposto recursal extrínseco específico. Custas e depósito recursal*

O recolhimento das custas não é exigido nessa modalidade recursal, sendo que, no processo de execução, é devido, ao final, o recolhimento de custas sobre o agravo de instrumento (art. 789-A, III, da CLT).

Quanto ao depósito recursal, o art. 899, § 7º, da Consolidação das Leis do Trabalho dispõe que o depósito recursal referente ao agravo de instrumento corresponderá a 50% do valor do depósito do recurso que se pretende destrancar.

Entretanto, quando o agravo de instrumento tiver a finalidade de destrancar recurso de revista que se insurge contra decisão que contraria a jurisprudência uniforme do Tribunal Superior do Trabalho, consubstanciada nas suas súmulas ou em orientação jurisprudencial, não haverá obrigatoriedade de se efetuar o depósito recursal (art. 899, § 8º, da CLT).

Importante destacar que, de acordo com o art. 23 do Ato Normativo nº 491/SEGJUD.GP, de 23.09.2014, do TST:

276 Direito Processual do Trabalho

A dispensa de depósito recursal a que se refere o § 8º do art. 899 da CLT não será aplicável aos casos em que o agravo de instrumento se refira a uma parcela de condenação, pelo menos, que não seja objeto de arguição de contrariedade a súmula ou a orientação jurisprudencial do Tribunal Superior do Trabalho. Parágrafo único. Quando a arguição a que se refere o *caput* deste artigo revelar-se manifestamente infundada, temerária ou artificiosa, o agravo de instrumento será considerado deserto.

Cumpre observar que a lei excepciona do depósito recursal somente o agravo de instrumento para destrancar recurso de revista interposto contra decisão que contraria súmula ou orientação jurisprudencial do TST. Caso o recurso trancado seja outro, como recurso ordinário, ainda que interposto contra decisão que contraria súmula ou orientação jurisprudencial do TST, a realização do depósito recursal continua sendo obrigatória.

13.2.5.5 *Pressuposto recursal extrínseco específico. Formação do instrumento*

As partes devem formar o instrumento de modo a possibilitar, caso provido, o imediato julgamento do recurso principal. O art. 897, § 5°, da Consolidação das Leis do Trabalho indica as peças obrigatórias e facultativas:

I – obrigatoriamente, com cópias da decisão agravada, da certidão da respectiva intimação, das procurações outorgadas aos advogados do agravante e do agravado, da petição inicial, da contestação, da decisão originária, do depósito recursal referente ao recurso que se pretende destrancar, da comprovação do recolhimento das custas e do depósito recursal a que se refere o § 7° do art. 899 desta Consolidação;

II – facultativamente, com outras peças que o agravante reputar úteis ao deslinde da matéria de mérito controvertida.

Consoante a OJ nº 217, da SDI-1, do TST, "para a formação do agravo de instrumento, não é necessária a juntada de comprovantes de recolhimento de custas e de depósito recursal relativamente ao recurso ordinário, desde que não seja objeto de controvérsia no recurso de revista a validade daqueles recolhimentos". Não se dispensa, contudo, a juntada do comprovante de depósito recursal do próprio recurso de revista que se pretenda destrancar.

Ademais, competindo às partes a adequada formação do instrumento, é válido o traslado de peças essenciais efetuado pelo agravado (OJ nº 238, da SDI-1, do TST).

Caso seja constatada a formação deficiente do instrumento, o art. 1.017 do CPC/2015 preceitua que: "Na falta da cópia de qualquer peça ou no caso de algum outro vício que comprometa a admissibilidade do agravo de instrumento, deve o relator aplicar o disposto no art. 932, parágrafo único" (§ 3º). Ou seja, deve-se conceder o prazo de cinco dias ao recorrente para que seja sanado vício ou complementada a documentação exigível.

Por fim, é importante mencionar que no processo eletrônico está dispensada a formação do instrumento, na medida em que, interposto o agravo de instrumento, o Tribunal tem acesso integral aos autos (art. 34 da Resolução nº 136/2014, CSJT).

13.2.6 Embargos de declaração

Cuida-se de recurso dirigido ao mesmo órgão prolator da decisão atacada (recurso impróprio), de fundamentação vinculada, cabível nas estritas hipóteses previstas em lei, em face de vícios que nascem na decisão recorrida: obscuridade, contradição, omissão, erro material e manifesto equívoco no exame dos pressupostos extrínsecos do recurso (art. 1.022 do CPC/2015 e art. 897-A da CLT).

O que desafia a interposição dos embargos de declaração é a existência de vícios formais na decisão e não sua injustiça (erro

278   Direito Processual do Trabalho

de julgamento), razão pela qual parte da doutrina afirma que os embargos de declaração são um recurso de saneamento, por visar a correção de defeitos formais do *decisum*.

13.2.6.1 Cabimento

No processo do trabalho, os embargos de declaração são cabíveis para combater os seguintes vícios: a) obscuridade; b) contradição; c) omissão; d) erro material; e) manifesto equívoco no exame dos pressupostos extrínsecos do recurso. Condizente com o propósito integrativo e saneador do recurso, admite-se o uso anômalo dos embargos de declaração.

Os embargos de declaração podem ser interpostos nas fases/processos de conhecimento e execução, em primeiro e segundo graus, nos dissídios individuais e coletivos.

13.2.6.2 Competência

A competência para analisar os embargos de declaração é do mesmo órgão que proferiu a decisão embargada, o que não quer dizer que, à míngua de disposição regimental nesse sentido, tenha que ser necessariamente o mesmo juiz.

Quando os embargos aclaratórios forem interpostos de decisão monocrática do relator, serão apreciados também monocraticamente, salvo se convertidos para agravo interno, quando terão apreciação colegiada.

13.2.6.3 Prazo

O prazo para interposição dos embargos de declaração é de cinco dias, devendo as contrarrazões serem apresentadas no mesmo prazo. De acordo com a OJ n° 192 da SDI-1 do TST: "É em dobro o prazo para a interposição de embargos declaratórios por pessoa jurídica de direito público".

Recurso trabalhistas 279

13.2.6.4 *Prequestionamento*

Os embargos de declaração são opostos para o prequestionamento de matéria veiculada em recurso, sobre a qual o Tribunal não se pronunciou explicitamente, mas que será objeto das súplicas especiais (recurso de revista e recurso extraordinário).

As questões decididas de forma explícita pelo Tribunal empolgam os recursos excepcionais, na medida em que somente aquilo que foi decidido pode violar a lei federal, a Constituição ou discrepar da jurisprudência nacional, o que se denomina de prequestionamento.

Entretanto, atendendo ao princípio da razoável duração do processo (art. 5°, LXXVIII, da CF), o entendimento do TST sempre foi no sentido de criar uma ficção jurídica, de modo que, uma vez interpostos os aclaratórios e persistindo a omissão do Tribunal, a matéria considerava-se prequestionada para fins de acesso às instâncias superiores (Súmula n° 297 do Tribunal Superior do Trabalho).

Essa posição foi consagrada também no processo civil, vez que o art. 1.025 do CPC/2015 dispõe que:

> Consideram-se incluídos no acórdão os elementos que o embargante suscitou, para fins de pré-questionamento, ainda que os embargos de declaração sejam inadmitidos ou rejeitados, caso o tribunal superior considere existentes erro, omissão, contradição ou obscuridade.

13.2.6.5 *Efeito modificativo*

Os embargos de declaração possuem o objetivo de sanar vícios que acometem a decisão e não se prestam a corrigir sua justiça. No entanto, como efeito secundário, mormente nos casos de omissão e de premissa equivocada, os embargos podem acarretar a modificação do julgado.

13.2.6.6 *Efeito interruptivo*

De acordo com o art. 1.026 do CPC/2015, "os embargos de declaração não possuem efeito suspensivo e interrompem o prazo para a interposição de recurso". No mesmo sentido, o art. 897-A, § 3°, da CLT: "os embargos de declaração interrompem o prazo para interposição de outros recursos, por qualquer das partes, salvo quando intempestivos, irregular a representação da parte ou ausente a sua assinatura".

Não haverá a interrupção do prazo processual, caso os embargos de declaração não sejam conhecidos por intempestividade, irregularidade de representação ou ausência de assinatura.

13.2.6.7 *Efeito suspensivo* ope judicis

Regra geral, os embargos de declaração não possuem efeito suspensivo, permitindo desde logo a execução/cumprimento do julgado, vez que no processo do trabalho os recursos possuem somente o efeito devolutivo.

No entanto, o art. 1.026, § 1°, do CPC/2015, compatível com o processo do trabalho, contempla a possibilidade de concessão de efeito suspensivo ao recurso pelo juiz ou relator, quando: a) houver probabilidade de provimento do recurso; b) sendo relevante a fundamentação, houver risco de dano grave ou de difícil reparação.

14

Liquidação de sentença

14.1 Conceito

Trata-se da fase preparatória da execução. Tem como objetivo apurar o valor devido, já que, regra geral, a sentença é ilíquida. O art. 879 da CLT trata do tema e prevê que a liquidação deve respeitar o que já foi decidido no título liquidando (**princípio da fidelização do título**). Ademais, a liquidação pode ser: a) por cálculos; b) por procedimento comum (antiga liquidação por artigos) ou c) arbitramento.

O § 1º-A do mesmo artigo prevê que a liquidação também contemplará o recolhimento previdenciário.

14.2 Liquidação por arbitramento

Trata-se da modalidade de liquidação utilizada quando necessário conhecimento técnico, não sendo suficiente o mero cálculo. Ex.: condenação a pagar comissões a um corretor empregado, sendo necessário um especialista de mercado para apurar o valor das comissões.

A CLT não trata da matéria, cabendo aplicar os arts. 509, I, e 510 do CPC. Este último, inclusive, prevê a possibilidade da prova

282 Direito Processual do Trabalho

pericial quando os documentos que constam nos autos não são suficientes. Em tal hipótese, deve ser observado o procedimento de prova pericial.

14.3 Liquidação pelo procedimento comum (antiga liquidação por artigos)

Trata-se da modalidade que ocorre quando não há todos os elementos necessários à apuração do valor. Nesse caso, é necessária a prova do **fato novo**.

Fato novo é aquele cujo direito já foi reconhecido na sentença, existindo a necessidade de se apurar a exata dimensão e alcance.

Cabe citar como exemplo a condenação da empresa a pagar sessão de fisioterapia ao trabalhador. Caberá a liquidação por artigos para se apurar o gasto com a fisioterapia.

A CLT não regulamenta o procedimento, embora o mencione. Cabe, nesse caso, a aplicação dos arts. 509, II, e 511 do CPC. Tal norma não utiliza mais a expressão **liquidação por artigos**, mas sim **liquidação pelo procedimento comum**.

A liquidação por artigos não pode se iniciar de ofício, dependendo de requerimento do autor, sequer cabendo ao magistrado determinar a produção da prova, pois trata-se de ônus da parte autora.

14.4 Liquidação por cálculos

É a modalidade mais usual na qual todos os elementos estão constantes dos autos, sendo utilizada a matemática.

A CLT apresenta dois procedimentos para a liquidação por cálculos:

Liquidação de sentença **283**

- **Primeiro procedimento:** possui fundamento no art. 879, §§ 2º e 3º, da CLT, que começa com o cálculo apresentado pelo calculista da vara. Após tal ato, o juiz **deverá** intimar as partes para apresentar manifestação no **prazo de oito dias**. Após a manifestação/impugnação dos cálculos das partes, será proferida a **sentença de liquidação**, que possui natureza de **decisão interlocutória** e, portanto, irrecorrível de imediato, sendo expedido na sequência o Mandado de Citação, Penhora e Avaliação (MCPA). Citado o executado, com a garantia do juízo (voluntária, por penhora ou por seguro-garantia judicial), poderá, através de embargos à execução, questionar a sentença de liquidação, e o exequente através de impugnação à sentença de liquidação.

- **Segundo procedimento:** possui previsão no art. 879, § 1º-B, da CLT. Trata-se do procedimento mais comum, que inicia com a intimação das partes para apresentarem seus cálculos. Primeiro, o reclamante e, depois, a reclamada. O magistrado, na sequência, vai proferir a sentença de liquidação, e após tal ato, será expedido Mandado de Citação, Penhora e Avaliação (MCPA). Citado o executado, com a garantia do juízo (voluntária, por penhora ou seguro-garantia judicial), poderá, através de embargos à execução, questionar a sentença de liquidação, e o exequente através de impugnação à sentença de liquidação.

Observação

- A CLT prevê no art. 879, § 6º, que, na hipótese de cálculo complexo, o juiz poderá, em qualquer dos procedimentos, nomear perito contábil.

- Se a parte intimada para se manifestar ou apresentar cálculos quedar-se inerte, irá ocorrer a preclusão, não podendo, posteriormente, questionar a sentença de liquidação.

14.5 Juros e correção monetária

No tocante aos juros, serão de 1% ao mês a partir do ajuizamento da ação, conforme art. 39, § 1º, da Lei nº 8.177/1991 e art. 883, CLT.

Com relação à correção monetária, deve ser aplicada a Súmula nº 381 do TST.

A **Reforma Trabalhista** positivou no § 7º do art. 879 da CLT que a correção monetária vai observar o índice da taxa referencial (TR). Nesse sentido, OJ nº 300, SDI-1, TST. Ocorre que o STF, em recente decisão, validou a aplicação do índice do IPCA. Entretanto, tal decisão está suspensa em razão de efeito suspensivo concedido em embargos de declaração.

No tocante aos juros, o art. 39 da Lei nº 8.177/1991, bem como o art. 883 da CLT, determinam que eles incidam no importe de 1% ao mês a partido do ajuizamento da ação.

O Pleno do Supremo Tribunal Federal, no julgamento conjunto das ADCs nºs 58 e 59 e das ADIs nºs 5.867 e 6.021, fixou os seguintes critérios para atualização monetária dos débitos trabalhistas: IPCA-E, na fase pré-judicial; e Taxa Selic, na fase judicial, conforme art. 406, do Código Civil.

Nos termos do voto do I. Relator, Ministro Gilmar Mendes, não é possível a aplicação cumulada de juros com IPCA-E ou Selic, por falta de embasamento legal e sob pena de configuração de *bis in idem* e consequente anatocismo, de modo que as questões afetas à aplicação de juros foram devidamente enfrentadas e afastadas pelo Supremo Tribunal Federal.

Ainda, sobre o momento processual que dá início à fase judicial e, portanto, à aplicação da Taxa Selic, a questão foi objeto de Embargos de Declaração já julgados em 25.10.2021, sendo que foi firmado entendimento de que a aplicação da Selic deverá se iniciar a partir da data do ajuizamento da ação.

Em síntese, a aplicação da tese fixada pelo STF deverá observar os seguintes pontos:

1. aplicação de IPCA-E, na fase pré-judicial; e taxa Selic, na fase judicial, a partir do ajuizamento da ação;
2. impossibilidade de cumulação dos índices acima referidos com juros de mora, por ausência de previsão legal, sob pena de *bis in idem* e configuração de anatocismo;
3. aplicação dos mesmos índices e nos mesmos moldes descritos nos itens 2 e 3 sobre os valores de eventuais depósitos recursais garantidores do juízo, na remota hipótese de improcedência da presente ação, em que haverá a consequente interposição dos recursos cabíveis;
4. determinar, por cautela, a aplicação dos índices de atualização monetária vigentes no momento da execução definitiva da condenação.

Quanto ao dano moral, a Súmula n° 439 do TST prevê que a correção incide a partir da decisão que arbitrou ou alterou o seu valor. Para os juros permanece a mesma regra.

A Súmula n° 211 do TST prevê que, ainda que a petição inicial seja omissa e a sentença nada dispuser a respeito, é possível na liquidação de sentença ocorrer a incidência e aplicação de juros e correção monetária.

Após apurado o valor principal, deve primeiro incidir a correção monetária e, na sequência, os juros, nos termos da Súmula n° 200 do TST.

A OJ n° 400 da SDI-1 do TST dispõe que não há imposto de renda sobre juros, em razão de sua natureza indenizatória.

A Súmula n° 187 do TST prevê que não incide correção monetária sobre o débito do trabalhador reclamante. A OJ n° 198 da SDI-1 do TST prevê correção monetária diferenciada para os honorários periciais.

15

Execução

15.1 Competência

Nos termos do art. 877 da CLT, é competente para a execução o juiz que proferiu o título executável, quando o título for judicial. Na hipótese de título extrajudicial, o art. 877-A da CLT prevê que a competência observa a regra da fase de conhecimento, ou seja, o art. 651 da CLT.

Como a CLT tem regra própria, em princípio, não se aplica o art. 516 do CPC, que prevê a competência do juízo onde se encontram os bens, bem como outras localidades. No entanto, é possível argumentar a existência de lacuna axiológica, permitindo-se o processamento da fase de execução em local que melhor atenda aos interesses do exequente, especialmente em se tratando de crédito alimentar.

15.2 Princípio do impulso oficial

Conforme redação anterior do art. 878 da CLT, a execução poderia iniciar-se ou tramitar de ofício, independentemente de qualquer requerimento das partes. Tratava-se de uma exceção ao princípio da inércia do Poder Judiciário ou da jurisdição.

Cabe citar como exemplo a previsão do art. 6° da IN n° 39/2016 do TST que autoriza a desconsideração da personalidade jurídica de ofício pelo magistrado.

Contudo, a **Reforma Trabalhista** alterou o *caput* do art. 878 da CLT, prevendo que o juiz só poderá promover a execução de ofício quando as partes estiverem litigando fazendo uso do *jus postulandi*. Quando as partes tiverem advogados, o início da execução deverá se dar apenas por requerimento.

Tal previsão gera reflexos em toda a execução inclusive na desconsideração da pessoa jurídica, gerando debate na doutrina sobre essa limitação na atuação do juiz. Para o **primeiro entendimento**, somente se ambas as partes estiverem sem advogado, o juiz pode atuar. Já para **outra corrente**, basta uma das partes não ter advogado. Por fim, o entendimento mais razoável é que a atuação do juiz de ofício deve ocorrer principalmente se o exequente estiver sem advogado.

15.3 Títulos executivos

A CLT, no art. 876, apresenta os seguintes títulos: judiciais e extrajudiciais.

a) **judiciais:** sentença e acordo judicial não cumprido;

b) **extrajudiciais:** TAC perante o MPT e acordo firmado na CCP.

A EC n° 45/2004 trouxe nova redação ao art. 114, VII, da CF, permitindo a execução de mais um título extrajudicial, qual seja, **a multa aplicada pelo fiscal do trabalho** e não paga pelo autuado. Tal penalidade vai constar na certidão da dívida ativa da União e pode ser objeto de execução.

A IN n° 39/2016 do TST, em seu art. 13, prevê a aplicação do art. 784, I, do CPC, sendo possível a execução trabalhista do cheque ou nota promissória, desde que decorrentes da relação de trabalho.

15.4 Natureza jurídica da execução

Há na doutrina debate quanto à natureza jurídica da execução: na **primeira corrente (minoritária)**, trata-se de um novo processo, já que o art. 880 da CLT exige a citação do executado. A **segunda corrente** defende que se trata de mera fase processual, ou seja, uma mera continuidade do exercício do direito de ação.

Evidentemente que a discussão não se propõe em se tratando de título executivo extrajudicial, que inaugura uma relação jurídica processual.

15.5 Aplicação subsidiária

Nos termos do art. 889 da CLT, na omissão da CLT quanto à execução, deve ser aplicada, subsidiariamente, a Lei de Execução Fiscal (Lei nº 6.830/1980), salvo quanto à ordem de bens penhoráveis, uma vez que o art. 882 da CLT determina, nesse caso, a aplicação do CPC (art. 835).

15.6 Princípios da execução

a) **Princípio da primazia do credor na execução (ou do interesse):** a execução tramita no interesse do credor, uma vez que tal fase somente existe em razão do devedor não ter cumprido com sua obrigação. Nesse sentido, o art. 797 do CPC. Tal princípio é aplicado em conjunto com o art. 805 do CPC (princípio da menor onerosidade da execução ao devedor). Entretanto, esta última norma somente será utilizada quando existir mais de uma forma de se satisfazer o crédito. O TST autoriza a aplicação de tal dispositivo ao processo do trabalho.

290   Direito Processual do Trabalho

b) **Princípio da utilidade:** os atos da execução devem ser úteis à satisfação do crédito. Deve-se privilegiar a prática de atos efetivos, como por exemplo, não será vendido em leilão um videocassete.

c) **Princípio da patrimonialidade:** a execução incide apenas sobre o patrimônio do devedor. Não alcança a pessoa, ou seja, ninguém vai preso por não pagar dívida trabalhista.

d) **Princípio do título:** toda a execução exige um título, judicial ou extrajudicial. **Corrente doutrinária minoritária** sustenta que a execução da decisão da tutela antecipada é uma exceção ao princípio em análise.

15.7 Execução provisória

Trata-se da execução da sentença que ainda não transitou em julgado, ou seja, da decisão que ainda tem recurso pendente de julgamento, e possui as seguintes peculiaridades:

a) Não se aplica o princípio do impulso oficial, ou seja, depende de iniciativa do exequente.

b) Nos termos do art. 899 da CLT, a execução provisória tramita somente até o ato de penhora, ou seja, prevalece o entendimento que não é possível a liberação de dinheiro em execução provisória. Não se aplica a regra do art. 520, IV, do CPC. **Corrente contrária** defende que a CLT está ultrapassada, ela sofre de ancilosamento normativo. Em que pese não existir lacuna normativa, pois possui regra própria, existe lacuna ontológica e axiológica, uma vez que a norma existente não atende mais o critério de justiça ou a necessidade contemporânea, sendo possível, portanto, a liberação do dinheiro, independentemente de caução, tendo em vista a natureza alimentar do crédito trabalhista.

c) Na hipótese de ocorrer a reversão da decisão em grau de recurso, eventual prejuízo do executado será de responsabilidade do exequente (reclamante). Por tal razão, não cabe o início da execução provisória de ofício (impulso oficial).

Execução 291

d) O TST, recentemente, alterou a Súmula n° 417, passando a permitir a penhora de dinheiro na execução provisória, ainda que o executado tenha outros bens penhoráveis. O texto antigo defendia que a penhora de dinheiro em execução provisória violava direito líquido e certo. Tal regra, agora, somente será aplicada para a penhora ocorrida **antes** do CPC.

15.8 Execução definitiva

Após liquidada a sentença, a execução se inicia com a citação do executado, através do MCPA (Mandado de Citação, Penhora e Avaliação), que, nos termos do art. 880 da CLT, é cumprido por oficial de justiça, sendo que, se o executado não é localizado em duas tentativas no prazo de 48 horas, far-se-á a citação por edital.

Citado o executado, no prazo de 48 horas, o mesmo poderá adotar uma das três posturas:

a) **Pagamento total da execução:** nos termos do art. 881 da CLT, tal hipótese gera a extinção da execução pelo cumprimento da obrigação.

b) **Garantia da execução:** nos termos do art. 882 da CLT, o executado pode garantir a execução através do depósito do valor ou da nomeação de bens à penhora. Em tal situação, a execução não se encerra, mas prosseguirá com as ferramentas do processo executivo.

c) **Nada faz o executado:** em tal situação, nos termos do art. 883 da CLT, irá ocorrer a penhora de bens do executado, não se extinguindo o processo.

15.9 Penhora de bens

a) **Bens penhoráveis**

Nos termos do art. 882 da CLT, para a penhora de bens, deve-se observar a ordem do art. 835 do CPC.

O CPC incluiu na lista de bens passíveis de penhora os **se-moventes** e a penhora dos **direitos aquisitivos derivados da promessa de compra e venda e da alienação fiduciária em garantia.**

No tocante à **penhora de faturamento**, mencionada no dispositivo, somente deve ser um percentual, conforme, inclusive, já previa a OJ n° 93 da SDI-2 do TST.

O art. 835, § 2°, do CPC menciona que a **fiança bancária** e o **seguro-garantia judicial** equiparam-se a dinheiro para fins de ordem de penhora. Nesse sentido, tal lei passou a exigir que a fiança e o seguro sejam no valor do débito, acrescido de 30%. O TST alterou a OJ n° 59 da SDI-2 para se adequar ao texto do CPC. Já o § 1° do mesmo art. 835 do CPC prevê que, exceto quanto à preferência do dinheiro, qualquer outra ordem mencionada no dispositivo poderá ser alterada.

Por fim, o art. 836, *caput*, do CPC determina que não ocorrerá a penhora quando o valor arrecadado garantir apenas o pagamento de custas na execução. Trata-se da aplicação do **princípio da utilidade.**

> Art. 835. A penhora observará, preferencialmente, a seguinte ordem:
>
> I – dinheiro, em espécie ou em depósito ou aplicação em instituição financeira;
>
> II – títulos da dívida pública da União, dos Estados e do Distrito Federal com cotação em mercado;
>
> III – títulos e valores mobiliários com cotação em mercado;
>
> IV – veículos de via terrestre;
>
> V – bens imóveis;
>
> VI – bens móveis em geral;
>
> VII – semoventes;
>
> VIII – navios e aeronaves;
>
> IX – ações e quotas de sociedades simples e empresárias;

Execução **293**

X – percentual do faturamento de empresa devedora;

XI – pedras e metais preciosos;

XII – direitos aquisitivos derivados de promessa de compra e venda e de alienação fiduciária em garantia;

XIII – outros direitos.

§ 1º É prioritária a penhora em dinheiro, podendo o juiz, nas demais hipóteses, alterar a ordem prevista no *caput* de acordo com as circunstâncias do caso concreto.

§ 2º Para fins de substituição da penhora, equiparam-se a dinheiro a fiança bancária e o seguro garantia judicial, desde que em valor não inferior ao do débito constante da inicial, acrescido de trinta por cento.

§ 3º Na execução de crédito com garantia real, a penhora recairá sobre a coisa dada em garantia, e, se a coisa pertencer a terceiro garantidor, este também será intimado da penhora.

Art. 836. Não se levará a efeito a penhora quando ficar evidente que o produto da execução dos bens encontrados será totalmente absorvido pelo pagamento das custas da execução.

b) **Bens impenhoráveis**

No processo do trabalho é cabível a aplicação do art. 833 do CPC, que apresenta uma lista de bens considerados impenhoráveis.

A nova lei trouxe como diferença da legislação anterior a inclusão do inciso XII, que prevê também como impenhoráveis os créditos oriundos de alienação de unidades imobiliárias, sob o regime de incorporação imobiliária, vinculados à execução da obra.

Art. 833. São impenhoráveis:

I – os bens inalienáveis e os declarados, por ato voluntário, não sujeitos à execução;

II – os móveis, os pertences e as utilidades domésticas que guarnecem a residência do executado, salvo os de elevado

294 Direito Processual do Trabalho

valor ou os que ultrapassem as necessidades comuns correspondentes a um médio padrão de vida;

III – os vestuários, bem como os pertences de uso pessoal do executado, salvo se de elevado valor;

IV – os vencimentos, os subsídios, os soldos, os salários, as remunerações, os proventos de aposentadoria, as pensões, os pecúlios e os montepios, bem como as quantias recebidas por liberalidade de terceiro e destinadas ao sustento do devedor e de sua família, os ganhos de trabalhador autônomo e os honorários de profissional liberal, ressalvado o § 2º;

V – os livros, as máquinas, as ferramentas, os utensílios, os instrumentos ou outros bens móveis necessários ou úteis ao exercício da profissão do executado;

VI – o seguro de vida;

VII – os materiais necessários para obras em andamento, salvo se essas forem penhoradas;

VIII – a pequena propriedade rural, assim definida em lei, desde que trabalhada pela família;

IX – os recursos públicos recebidos por instituições privadas para aplicação compulsória em educação, saúde ou assistência social;

X – a quantia depositada em caderneta de poupança, até o limite de 40 (quarenta) salários mínimos;

XI – os recursos públicos do fundo partidário recebidos por partido político, nos termos da lei;

XII – os créditos oriundos de alienação de unidades imobiliárias, sob regime de incorporação imobiliária, vinculados à execução da obra.

§ 1º A impenhorabilidade não é oponível à execução de dívida relativa ao próprio bem, inclusive àquela contraída para sua aquisição.

§ 2º O disposto nos incisos IV e X do *caput* não se aplica à hipótese de penhora para pagamento de prestação alimentícia,

Execução **295**

independentemente de sua origem, bem como às importâncias excedentes a 50 (cinquenta) salários mínimos mensais, devendo a constrição observar o disposto no art. 528, § 8º, e no art. 529, § 3º.

§ 3º Incluem-se na impenhorabilidade prevista no inciso V do *caput* os equipamentos, os implementos e as máquinas agrícolas pertencentes a pessoa física ou a empresa individual produtora rural, exceto quando tais bens tenham sido objeto de financiamento e estejam vinculados em garantia a negócio jurídico ou quando respondam por dívida de natureza alimentar, trabalhista ou previdenciária.

O § 2º do art. 833 do CPC prevê que é possível a penhora de salários e os valores depositados na caderneta de poupança até 40 salários mínimos quando se tratar de pagamento de prestação alimentícia, independente da origem, bem como as importâncias acima de 50 salários mínimos. Para uma **primeira corrente,** à luz da IN n° 39/2016 do TST, que determina a aplicação do § 2° do art. 833 ao processo do trabalho, passou a ser possível a penhora sobre tais valores (poupança e salários). Entretanto, a **segunda corrente**, com fundamento na OJ n° 153 da SDI-2, não cabe a penhora de salários, ainda que seja um percentual, uma vez que prestação alimentícia não é um gênero para contemplar um crédito trabalhista.

c) **Impenhorabilidade do bem de família**

Além do dispositivo mencionado, também se aplica a impenhorabilidade prevista na Lei n° 8.009/1990. Tal norma possuía como exceção a dívida trabalhista do empregado. Entretanto, a LC n° 150/2015 revogou o inciso I do art. 3° da Lei n° 8.009/1990, afastando a possibilidade de penhora do bem de família.

Há entendimento doutrinário que defende que é possível a penhora do bem de família quando o imóvel for de elevado valor, desde que seja garantido o direito à moradia do executado.

Direito Processual do Trabalho

O TST já decidiu que a impenhorabilidade do bem de família é irrenunciável, uma vez que é considerada matéria de ordem pública.

Temos no ordenamento jurídico duas modalidades de bem de família:

- **Bem de família voluntário:** é disciplinado pelo art. 1.711 e ss. do Código Civil, o qual é instituído por ato dos cônjuges ou entidade familiar, mediante escritura pública ou testamento, limitado a 1/3 do patrimônio líquido existente à época da instituição;

- **Bem de família legal:** tal modalidade possui previsão na Lei nº 8.009/1990, sendo aplicada de forma automática, ou seja, não precisa de qualquer ato da parte para sua constituição e busca proteger o imóvel utilizado para moradia, sendo que, na hipótese de mais de um imóvel, será protegido o de menor valor.

Por fim, a Súmula nº 364 do STJ prevê a aplicação da impenhorabilidade do bem de família também para o imóvel da pessoa solteira, viúva e divorciada, tendo em vista que o objetivo é proteger o direito à moradia.

d) **Depositário**

Trata-se da pessoa responsável pelo bem penhorado. A OJ nº 89 da SDI-2 do TST prevê que a função de depositário exige a concordância, não podendo o ônus ser imposto. Ademais, não é possível ser depositário de bem futuro e incerto, conforme OJ nº 143 da SDI-2 do TST.

Por fim, em que pese a previsão do art. 5º, LXVII, da CF, o STF, na Súmula Vinculante nº 25, vedou a prisão civil do depositário infiel, com fundamento no Pacto de São José da Costa Rica.

15.10 Ferramentas da execução

15.10.1 Embargos à execução

Trata-se da ferramenta do executado, que possui natureza dúplice: defesa e de ação incidental na execução. A CLT trata da matéria no art. 884, prevendo como requisito dos embargos a garantia do juízo.

O prazo dos embargos é de cinco dias, **salvo** Fazenda Pública, em que o prazo é de 30 dias, contados a partir da citação da execução, conforme art. 910 do CPC.

A parte legítima para apresentar os embargos é o executado, ou seja, aquele que figura no processo como devedor. Há debate na doutrina quanto à legitimidade do sócio ou ex-sócio da empresa devedora para a apresentação dos embargos à execução quando ocorrer a desconsideração da personalidade jurídica: para a **primeira corrente (prevalece)**, após a apresentação para defesa no prazo de 15 dias (art. 135, CPC), o sócio poderá apresentar embargos, uma vez que é considerado executado. A **segunda corrente (minoritária)** defende que, uma vez que o sócio não consta do título judicial, ele é terceiro e, portanto, a ferramenta deveria ser os embargos de terceiro. Há quem defenda que, pela simplicidade, é possível ocorrer a fungibilidade entre as ações. Entretanto, a crítica que se faz é a natureza diversa das medidas.

O § 1º do art. 884 da CLT prevê que o executado pode alegar em sede de embargos à execução a quitação, o cumprimento da obrigação e a prescrição da dívida. Uma vez que a CLT é um pouco confusa, prevalece na doutrina que também se pode discutir em sede de embargos as matérias previstas nos arts. 525, § 1º, 535 e 917 do CPC.

No tocante à prescrição, o dispositivo trata da **prescrição intercorrente**, ou seja, aquela que ocorre dentro do processo, cujo prazo é de dois anos, conforme Súmula n° 150 do STF.

A **Reforma Trabalhista** positivou o cabimento da prescrição intercorrente para o processo do trabalho no prazo de dois anos, a partir da intimação do exequente para a prática do ato, nos termos art. 11-A da CLT. A prescrição intercorrente pode ser declarada a requerimento ou de ofício.

Seria aplicável a prescrição intercorrente para os processos parados a mais de dois anos anteriores à reforma trabalhista? Nos termos da IN n° 41/2018 do TST, somente se aplica a prescrição intercorrente a partir do descumprimento **das decisões proferidas após 11.11.2017.** Corrente contrária à IN n° 41/2018 defende que a aplicação da prescrição intercorrente prevista no novo dispositivo pode ser imediata, tendo em vista que já existia a Súmula n° 327 do STF autorizando a sua aplicação.

Também é possível alegar em sede de embargos a inconstitucionalidade do título (sentença baseada em lei declarada inconstitucional pelo STF), conforme § 5° do art. 884 da CLT. Trata-se dos **embargos rescisórios**, sendo utilizado como forma de relativização da coisa julgada. Nos embargos à execução, o § 2° do art. 884 da CLT autoriza a realização de audiência, inclusive, com oitiva de testemunhas.

Da decisão dos embargos cabe recurso de **agravo de petição**. As custas processuais nos embargos sempre serão pagas pelo executado ao final, conforme art. 789-A, V, da CLT.

No caso de execução por **carta precatória**, o art. 914, § 2°, do CPC prevê que os embargos poderão ser apresentados no juízo deprecante ou no juízo deprecado, mas a competência para o julgamento, em regra, é do juízo deprecante, salvo se a matéria alegada for unicamente relacionada a vício ou defeito do ato de penhora, avaliação ou alienação de bens, efetuadas no juízo deprecado, ocasião em que a competência será desse juízo. Nesse sentido, se o executado alegar matéria relacionada à execução e aos atos de penhora, a competência será do juízo deprecante. Cabe lembrar que não se aplica mais nesse caso a interpretação da Súmula nº 419 do TST, que fica limitada aos embargos de terceiro.

Quanto à possibilidade de **parcelamento na execução**, o art. 916 do CPC prevê que, no prazo dos embargos à execução, o executado, reconhecendo o crédito do exequente, poderá depositar 30% do valor total da execução e parcelar o restante em seis vezes, com juros de 1% ao mês.

O § 1º do art. 916 do CPC dispõe que o exequente será intimado para se manifestar no prazo de cinco dias. Tal manifestação fica limitada apenas ao cumprimento dos requisitos pelo executado, e não sobre a concordância no parcelamento.

Enquanto não apreciado, o executado deve depositar as parcelas, sendo facultado ao exequente o levantamento dos valores. Tal previsão pode gerar tumulto processual, uma vez que não é razoável o juiz despachar liberando valores sem ao menos despachar o parcelamento. Nos termos do § 3º do art. 916, o juiz não é obrigado a deferir o parcelamento. Caso defira, o exequente levanta a quantia depositada e a execução fica suspensa. Caso indefira, a execução prossegue e o depósito é convertido em penhora.

Caso o executado opte pelo parcelamento, fica caracterizada a renúncia do mesmo à oposição dos embargos (§ 6º do art. 916, CPC). Crítica a tal previsão defende que deveria ser devolvido o prazo dos embargos à execução ao executado.

O TST, no art. 3º, XXI, da IN nº 39/2016 autoriza a aplicação do dispositivo ao processo do trabalho, tendo em vista a omissão no texto celetista e a compatibilidade, uma vez que se coaduna com a economia processual ao afastar o uso dos embargos. **Corrente minoritária** defende que não cabe no processo do trabalho o parcelamento em estudo, tendo em vista que é direito do exequente receber à vista o seu crédito.

300 Direito Processual do Trabalho

Cabe destacar que, para uma melhor aplicação ao processo do trabalho, o pedido de parcelamento deveria ocorrer no prazo do art. 880 da CLT, qual seja, 48 horas da citação do executado, já que a utilização no prazo dos embargos após a garantia do juízo perde o sentido do dispositivo.

Por fim, o § 7º do art. 916 do CPC prevê que não se aplica tal procedimento ao cumprimento de sentença. Entretanto, no processo do trabalho tal previsão não prejudica sua aplicação.

SEÇÃO III
DOS EMBARGOS À EXECUÇÃO E DA SUA IMPUGNAÇÃO

Art. 884. Garantida a execução ou penhorados os bens, terá o executado 5 (cinco) dias para apresentar embargos, cabendo igual prazo ao exequente para impugnação.

§ 1º A matéria de defesa será restrita às alegações de cumprimento da decisão ou do acordo, quitação ou prescrição da dívida.

§ 2º Se na defesa tiverem sido arroladas testemunhas, poderá o Juiz ou o Presidente do Tribunal, caso julgue necessários seus depoimentos, marcar audiência para a produção das provas, a qual deverá realizar-se dentro de 5 (cinco) dias.

§ 3º Somente nos embargos à penhora poderá o executado impugnar a sentença de liquidação, cabendo ao exequente igual direito e no mesmo prazo.

§ 4º Julgar-se-ão na mesma sentença os embargos e as impugnações à liquidação apresentadas pelos credores trabalhista e previdenciário.

§ 5º Considera-se inexigível o título judicial fundado em lei ou ato normativo declarados inconstitucionais pelo Supremo Tribunal Federal ou em aplicação ou interpretação tidas por incompatíveis com a Constituição Federal.

§ 6º A exigência da garantia ou penhora não se aplica às entidades filantrópicas e/ou àqueles que compõem ou compuseram a diretoria dessas instituições.

Execução 301

15.10.2 Impugnação à sentença de liquidação

Trata-se da ferramenta do exequente na execução, que serve apenas para questionar cálculos de liquidação.

Possui previsão no art. 884, § 3º, da CLT, o qual prevê que tal peça deve ser apresentada no prazo de cinco dias, contados da garantia do juízo pelo executado.

A decisão da impugnação à sentença de liquidação será proferida na mesma sentença que decidir os embargos à execução, que também admite recurso de **agravo de petição**.

Nos termos do art. 789-A, VII, da CLT, tal impugnação tem custas que serão sempre pagas pelo executado ao final.

15.10.3 Exceção de preexecutividade

Trata-se de ferramenta do executado que não tem previsão na lei, sendo de origem doutrinária (Pontes de Miranda). Tem como objetivo alegar vício na execução, e não admite dilação probatória, exigindo prova pré-constituída das alegações. É utilizada antes da penhora de bens. É cabível no processo do trabalho, conforme Súmula nº 397 do TST.

O oferecimento da exceção de preexecutividade não suspende a execução, podendo o juiz prosseguir com a mesma.

Por fim, na hipótese de **improcedência**, trata-se de decisão interlocutória, irrecorrível de imediato. Se **procedente**, é decisão definitiva em Execução, sendo cabível, portanto, **agravo de petição**.

15.10.4 Embargos de terceiro

Possui previsão no art. 674 e ss. do CPC, e tem como finalidade a defesa do patrimônio de terceiro, violado por ato judicial.

302 Direito Processual do Trabalho

O CPC traz a possibilidade do uso dos embargos de terceiro preventivos, uma vez que prevê o seu cabimento quando existir ameaça à posse.

Tal peça deve ser apresentada, na fase de conhecimento, a qualquer tempo antes do trânsito em julgado, ou na fase de execução, no prazo de cinco dias após a adjudicação ou arrematação do bem, mas desde que antes da assinatura da respectiva carta.

A parte contrária será intimada para contestar no prazo de 15 dias (o CPC/1973 falava em dez dias). Na hipótese de carta precatória, deve ser aplicada a regra prevista na Súmula nº 419 do TST:

> **Súmula nº 419 do TST – COMPETÊNCIA. EMBARGOS DE TERCEIRO. EXECUÇÃO POR CARTA PRECATÓRIA. JUÍZO DEPRECADO. (alterada em decorrência do CPC de 2015) – Res. nº 212/2016, *DEJT* divulgado em 20, 21 e 22.09.2016.**
>
> Na execução por carta precatória, os embargos de terceiro serão oferecidos no juízo deprecado, salvo se indicado pelo juízo deprecante o bem constrito ou se já devolvida a carta (art. 676, parágrafo único, do CPC de 2015).

Por fim, tratando-se de decisão de embargos de terceiro na fase de conhecimento, caberá recurso ordinário. Se na fase de execução, caberá agravo de petição.

15.11 Fase de expropriação da execução

Trata-se da fase final da execução, que ocorre quando já resolvidas as eventuais ferramentas da execução. Em tal fase, o bem será alienado, podendo surgir três situações:

a) **Adjudicação:** o bem penhorado fica com o exequente, abatendo da sua dívida.

Execução **303**

b) **Arrematação:** o bem penhorado fica com terceiro denomina-do arrematante, que adquire o bem em hasta pública, através do valor do maior lance, não sendo admitido o preço vil (art. 891, parágrafo único, CPC). O art. 888 da CLT prevê que o arrematante deve pagar de imediato 20% do valor e o saldo restante em 24 horas. O art. 3º, XX, da IN nº 39/2016 do TST autoriza a aplicação do art. 895 do CPC ao processo do trabalho, dispositivo este que prevê a possibilidade de parce-lamento do lance em até 30 vezes após o sinal de 25%.

c) **Remição:** em tal hipótese, o executado permanece com o bem, pagando o valor total da execução. Não confundir com remissão (com dois "ss"), que consiste no perdão da dívida pelo exequente, e não se aplica ao processo do trabalho, uma vez que os créditos trabalhistas são irrenunciáveis.

Observação

O CPC/1973, no art. 746, autorizava o uso da ferramenta "embargos à arrematação" para questionar a venda do bem em hasta pública. Entretanto, o CPC não repete o dispositivo, sendo que a doutrina passou a defender que cabe ação anulatória para se alegar algum vício da arrematação ou adjudicação.

15.12 Execução de prestações sucessivas

Trata-se da execução de uma verba que é exigida mês a mês, como, por exemplo, a execução de pensão alimentícia decor-rente de doença ou acidente do trabalho.

A CLT trata da matéria nos arts. 891 e 892, os quais pre-veem que na hipótese de execução de prestações sucessivas por prazo **determinado**, a execução pelo não pagamento de uma pres-tação alcança as que lhe sucederem, ou seja, a execução de uma alcança todas as demais.

304 Direito Processual do Trabalho

Por fim, na hipótese de prestações sucessivas por prazo **indeterminado**, a execução de uma irá alcançar as prestações vencidas até o início da execução.

SEÇÃO V
DA EXECUÇÃO POR PRESTAÇÕES SUCESSIVAS

Art. 890. A execução para pagamento de prestações sucessivas far-se-á com observância das normas constantes desta Seção, sem prejuízo das demais estabelecidas neste Capítulo.

Art. 891. Nas prestações sucessivas por tempo determinado, a execução pelo não pagamento de uma prestação compreenderá as que lhe sucederem.

Art. 892. Tratando-se de prestações sucessivas por tempo indeterminado, a execução compreenderá inicialmente as prestações devidas até a data do ingresso na execução.

15.13 Execução de contribuição previdenciária

15.13.1 Competência

Nos termos do art. 114, VII, da CF, é da competência da Justiça do Trabalho o recolhimento previdenciário das sentenças condenatórias e dos acordos homologados em juízo. Não é da competência da Justiça do Trabalho a execução do recolhimento previdenciário decorrente das sentenças **declaratórias** e das decisões que reconhecem que teve o desconto do INSS e o empregador não fez o recolhimento. Ex.: sentença que reconhece o vínculo não é da Justiça do Trabalho a execução. Nesse sentido, Súmula vinculante n° 53 do STF e Súmula n° 368 do TST.

A Súmula n° 454 do TST autoriza a execução, na Justiça do Trabalho, do SAT (Seguro Acidente do Trabalho).

Por fim, não é da Justiça do Trabalho a competência para execução das contribuições para terceiros, ou seja, para o sistema S, uma vez que não se enquadram no conceito de contribuição social previsto no dispositivo constitucional citado.

15.13.2 Execução previdenciária sobre acordos

Nos termos do art. 831, parágrafo único, da CLT, o termo de conciliação é decisão irrecorrível para as partes, salvo para a Previdência Social (INSS), que poderá recorrer quanto à natureza das verbas discriminadas no acordo. Nesse sentido, o art. 832, § 3°, da CLT determina que cabe às partes discriminar a natureza das verbas, sob pena de incidir recolhimento previdenciário sobre o valor total do acordo celebrado. Nesse sentido ainda, a OJ n° 368, SDI-1 do TST.

Na hipótese de acordo celebrado após o trânsito em julgado da sentença, deve ser respeitada a proporcionalidade da natureza das verbas definida na sentença, conforme determina a OJ n° 376 da SDI-1 do TST.

Tratando-se de acordo sem reconhecimento do vínculo, haverá tributação como contribuinte individual, sendo 20% a cargo ao tomador dos serviços e 11% ao prestador, sobre o valor total do acordo, respeitando o teto de contribuição.

15.13.3 Responsabilidade do recolhimento previdenciário

Nos termos da Súmula n° 368 do TST, é do empregador a responsabilidade pelo recolhimento da contribuição previdenciária, podendo deduzir a cota do empregado, ainda que tenha dado causa ao recolhimento posterior. Nesse sentido, a incorporação da OJ n° 363 da SDI-1 do TST à Súmula n° 368.

306 Direito Processual do Trabalho

15.13.4 Regime de recolhimento previdenciário

Conforme a mesma Súmula n° 368 do TST, para o recolhimento previdenciário, deve ser observado o **regime de competência**, ou seja, apurar o INSS, conforme a condenação, mês a mês. Ou seja, não se adota o regime de caixa, que determina que o recolhimento considere o valor **total** da condenação.

15.13.5 Averbação de tempo de serviço no INSS

Nos termos do art. 55, § 3°, da Lei n° 8.213/1991, a sentença que reconhece o vínculo de emprego proferida pela Justiça do Trabalho **não é** suficiente para a comprovação do tempo de serviço perante o INSS. Trata-se de um mero início de prova a ser corroborado por outras provas. Nesse sentido, a OJ n° 57 da SDI-2 do TST prevê que cabe **mandado de segurança** da decisão que determina a averbação de tempo de serviço perante o INSS.

Por fim, à luz do art. 109, I, da Constituição Federal, é da competência da Justiça Federal apreciar o litígio com o INSS.

15.13.6 Procedimento na CLT

Com fulcro no art. 832, § 5°, da CLT, a União deve ser intimada da sentença, uma vez que o juiz tem o dever de discriminar a natureza das verbas.

Na fase de liquidação, o art. 879, § 3°, da CLT prevê que o INSS deverá ser intimado dos cálculos para manifestação no prazo de dez dias.

O mesmo art. 879, em seu § 4°, prevê que a correção monetária do crédito previdenciário deve observar a lei própria previdenciária. Em tal hipótese, a medida cabível a **impugnação à sentença de liquidação**. Se o INSS pretender se manifestar da sentença, a medida cabível será o recurso ordinário.

Nos termos dos arts. 832, § 7°, e 879, § 5°, da CLT, o Ministro da Fazenda poderá fixar um teto em que o INSS estará dispensado de manifestação. Tal dispensa não alcança o recolhimento, ou seja, apenas dispensa sua manifestação. A necessidade do pagamento da contribuição ainda permanece devida.

Por fim, o art. 889-A da CLT prevê a possibilidade de parcelamento do recolhimento previdenciário.

15.14 Execução contra a massa falida e empresa em recuperação judicial

A Lei n° 11.101/2005 prevê algumas preferências para o crédito trabalhista na recuperação judicial e na falência, por exemplo:

- No art. 54, que prevê que na recuperação judicial não pode ser previsto prazo superior a um ano para pagamento dos créditos trabalhistas.

Ademais, o § 1° do mesmo dispositivo prevê que no crédito estritamente salarial, vencido nos últimos três meses, limitado a cinco salários mínimos, o pagamento deverá ocorrer em até 30 dias. Esse prazo "poderá ser estendido em até 2 (dois) anos, se o plano de recuperação judicial atender aos seguintes requisitos, cumulativamente: I – apresentação de garantias julgadas suficientes pelo juiz; II – aprovação pelos credores titulares de créditos derivados da legislação trabalhista ou decorrentes de acidentes de trabalho, na forma do § 2° do art. 45 desta Lei; e III – garantia da integralidade do pagamento dos créditos trabalhistas", conforme § 2°, inserido pela Lei n° 14.112/2020.

- Já na falência, o art. 83, I, da Lei n° 11.101/2005 prevê a preferência no pagamento do crédito trabalhista limitado a 150 salários mínimos, sendo considerado crédito quirografário o que ultrapassar.

308 Direito Processual do Trabalho

■ Além disso, na falência, o art. 151 da Lei 11.101/2005 prevê que, para os créditos estritamente salariais, limitados a cinco salários mínimos, vencidos nos últimos três meses, o pagamento deve ocorrer tão logo haja disponibilidade de caixa.

15.14.1 Procedimento

Na **recuperação judicial**, o procedimento está previsto no art. 6°, § 4°, da Lei n° 11.101/2005, que prevê que, deferido o plano de recuperação, deverão ser suspensos por 180 dias os processos em face da empresa em recuperação judicial. A mencionada suspensão alcança apenas a fase de execução, e não a fase de conhecimento, que irá tramitar normalmente contra a empresa em recuperação judicial e, por tal razão, eventual preliminar de contestação requerendo a suspensão deve ser rejeitada. Nos termos da Lei n° 11.101/2005, decorrido o prazo de suspensão, a execução deve voltar a fluir normalmente. Entretanto, a jurisprudência defende que, se o plano de recuperação judicial estiver sendo fielmente cumprido pela empresa, a execução deve permanecer suspensa mesmo após o prazo de 180 dias, para manutenção da empresa em recuperação e não prejuízo do plano.

Já na **falência**, a execução tramita na Justiça do Trabalho até a apuração do valor. Uma vez delimitado o crédito, o Juiz do Trabalho expedirá certidão de habilitação de crédito e o reclamante deve habilitar tal certidão no juízo universal da falência, que possui competência para todas as ações em face da massa falida.

Há debate na doutrina com relação às penhoras e garantias oferecidas no processo trabalhista **antes** da decretação da falência. Para a **primeira corrente**, à luz do **princípio da anterioridade das penhoras**, o bem penhorado e a garantia oferecida devem permanecer na Justiça do Trabalho para a satisfação do crédito trabalhista. A **segunda corrente** defende que o bem penhorado e a garantia (ex.: depósito recursal) devem ser remetidos ao juízo

Execução 309

universal da falência para ocorrer a quitação coletiva dos débitos trabalhistas, bem como privilegiar a manutenção da empresa.

15.14.2 Sucessão na recuperação judicial e falência

Na hipótese de massa falida ser adquirida por outra empresa, o art. 141 da Lei nº 11.101/2005 prevê que não há qualquer ônus para o comprador, inclusive tributário e trabalhista, conforme inciso II do art. 141, afastando, portanto, a possibilidade de sucessão.

Já no tocante à recuperação judicial, o art. 60, parágrafo único, menciona que a aquisição por terceiro está livre de qualquer ônus, inclusive o tributário, nada dispondo sobre o ônus trabalhista. Em razão disso, surgiu debate na doutrina: para a **primeira corrente**, resta caracterizada a sucessão, já que a lei fez tratamento diverso do que consta na regra de sucessão na falência. Nesse sentido, os arts. 10 e 448 da CLT, os quais preveem que o empregado não pode sofrer nenhum prejuízo com a alteração da estrutura da empresa. Para a **segunda corrente**, que prevalece, conforme decisão do STF, não há sucessão, tendo em vista que a lei é clara ao mencionar "livre de qualquer ônus", o que levaria à exclusão do ônus trabalhista. Ademais, deve-se privilegiar a manutenção da empresa para a satisfação de todos os débitos. Por fim, entender de forma diversa afastaria eventuais interessados na aquisição da empresa.

15.15 Execução contra a Fazenda Pública

A execução tramita pela CLT até o momento da citação da Fazenda Pública, ou seja, a fase de liquidação tramita normalmente, sem nenhuma alteração.

Será expedido o Mandado de Citação (e não MCPA), mas não para pagamento, penhora e avaliação de bens; apenas para apresentação de embargos à execução, no prazo de **30 dias**, con-

310 Direito Processual do Trabalho

forme art. 910 do CPC, podendo alegar as matérias previstas no art. 535 também do CPC.

Da decisão dos embargos à execução caberá recurso de agravo de petição, no prazo de 16 dias (em dobro).

A Súmula nº 279 do STJ e o art. 910 do CPC autorizam a execução de título extrajudicial contra a Fazenda Pública.

Após julgados os embargos à execução e o agravo de petição, a execução vai prosseguir através da expedição de Precatório ou RPV (Requisição de Pequeno Valor). No sistema de precatórios, o juiz, após a apuração dos valores, solicita ao presidente do Tribunal para que faça a expedição do precatório. Recebido o ofício pela Administração, deverá ser cadastrado o precatório para pagamento, observando-se a ordem cronológica de chegada.

Na hipótese de preterição do credor na ordem cronológica do precatório, o presidente do Tribunal, após dar vista ao Ministério Público, poderá ordenar o sequestro de bens da Administração, conforme art. 100, § 6º, da CF e OJ nº 3 do Tribunal Pleno.

Ademais, cabe ressaltar que o sequestro somente pode ser requerido quando não respeitada a ordem cronológica, não sendo cabível a medida quando a Fazenda Pública não inclui o crédito no orçamento ou quando não há o pagamento até o final do exercício. A OJ nº 13 do Tribunal Pleno defende que o requerimento do sequestro de bens somente será deferido se solicitado pelo primeiro lugar na lista cronológica de credores.

Nos termos da Súmula nº 733 do STF e OJ nº 8 do Tribunal Pleno, a atuação do Presidente do Tribunal tem natureza administrativa e não jurisdicional, ou seja, não cabe recurso extraordinário, remessa necessária, recurso de revista etc., mas apenas mandado de segurança contra eventual ilegalidade ou abuso de poder. Nesse sentido, ainda, OJs nºs 4 e 10 do Tribunal Pleno.

O art. 1°-E da Lei n° 9.494/1997 e OJ n° 2 do Tribunal Pleno preveem que o Presidente do Tribunal, de ofício ou a requerimento da parte, poderá rever os valores do precatório.

No tocante à outra modalidade de execução, o RPV, esta possui previsão no art. 100, § 3°, da CF, e tramita na Vara do Trabalho, e não pelo Presidente do Tribunal. O juiz determina o pagamento e, caso não ocorra, caberá também o sequestro de bens, nos termos da OJ n° 1 do Tribunal Pleno.

Até que venha uma lei específica, considera-se RPV o débito não superior a:

- 60 salários mínimos – União;
- 40 salários mínimos – Estado;
- 30 salários mínimos – Municípios (art. 87, ADCT).

A OJ n° 9 do Tribunal Pleno prevê que, na hipótese de reclamação plúrima, para se apurar se é de pequeno valor, devem ser considerados os créditos de cada reclamante isoladamente, e não o valor total da execução.

O CPC, nos arts. 534 e 535, afasta a exigência de processo autônomo para execução contra a Fazenda Pública, admitindo um mero cumprimento de sentença. Ademais, não se aplica contra a Fazenda a multa de 10% do art. 523, § 1°, do CPC e o exequente deve apresentar demonstrativo discriminado e atualizado do crédito.

Por fim, os juros serão de 0,5%, à luz da OJ n° 7 do Tribunal Pleno, salvo se a Fazenda é devedora subsidiária, sendo que, nesse caso, os juros serão de 1%, conforme OJ n° 382 da SDI-1 do TST.

A EC n° 62, que alterou algumas regras quanto ao precatório, foi declarada parcialmente inconstitucional pelo STF.

15.16 Temas pontuais

15.16.1 Fundo de Garantia das Execuções Trabalhistas

Nos termos do art. 3° da EC n° 45/2004, na busca da satisfação do crédito alimentar trabalhista, é possível utilizar os valores arrecadados com a execução fiscal das multas administrativas para o pagamento dos débitos trabalhistas. Nesse sentido, o Estado paga a dívida trabalhista ao empregado, e o empregador/reclamado passa a ser executado pelo Estado.

Ocorre que o dispositivo da emenda em análise exige regulamentação por lei específica, a qual, até a presente data, não foi editada.

15.16.2 Certidão Negativa de Débitos Trabalhistas (CNDT)

O art. 642-A da CLT prevê que a CNDT será expedida de forma eletrônica e gratuita, para comprovar a inexistência (ou existência) de débitos trabalhistas. Na hipótese de existir débitos, será expedida certidão **positiva**, e o devedor fica impedido de participar de licitações ou de obter empréstimos em bancos públicos.

O prazo de validade da CNDT é de 180 dias, contados da data de sua emissão.

Também constará como **positiva** a certidão quando existir débitos exequendos pelo MPT ou acordo não cumprido na CCP. Por fim, na hipótese de garantido o juízo, será expedida **certidão positiva**, porém, com efeitos de certidão negativa.

15.16.3 Inscrição nome do executado nos órgãos de proteção ao crédito

O art. 17 da IN n° 39/2016 do TST prevê que, sem prejuízo do procedimento da CNDT, aplica-se ao processo do trabalho os arts. 495, que trata da hipoteca judiciária, 517, que trata do pro-

Execução 313

testo da sentença e, 782, §§ 3º ao 5º, que trata do cadastro do nome do executado nos órgãos de proteção ao crédito (SCPC e SERASA), todos do CPC.

Oportuno frisar que, em que pese o § 3º do art. 782 do CPC mencionar que a inclusão do nome do executado nos órgãos de proteção ao crédito se dê a requerimento da parte, é possível defender a sua aplicação de ofício, tendo em vista o impulso oficial do juiz do trabalho na execução previsto no art. 878 da CLT.

15.16.4 Desconsideração da pessoa jurídica

A execução, em regra, tramita em face da pessoa jurídica, sendo que os sócios possuem benefício de ordem na responsabilização pelo pagamento da dívida, ou seja, somente poderão ser executados após esgotados os bens da pessoa jurídica.

No tocante aos requisitos para a aplicação da desconsideração da pessoa jurídica, existem duas teorias: teoria maior e teoria menor.

a) **Teoria maior:** é a prevista no art. 50 do Código Civil, que afirma que a desconsideração poderá ocorrer, desde que constatado o abuso de personalidade da pessoa jurídica através de desvio de finalidade ou da confusão patrimonial.

b) **Teoria menor:** está prevista no art. 28 do Código de Defesa do Consumidor e defende que ocorrerá a desconsideração da personalidade jurídica quando ocorrer a simples inadimplência e insolvência da mesma. Tal teoria aplica-se na Justiça do Trabalho.

O CPC regulamentou a desconsideração da personalidade jurídica nos arts. 133 a 137. O primeiro dispositivo prevê que a desconsideração deve ocorrer a requerimento da parte ou do MP.

O CPC não regulamenta quais os requisitos para a desconsideração, podendo, portanto, ser aplicada a teoria menor.

A nova lei processual, no § 2° do art. 133, permitiu a desconsideração inversa da personalidade jurídica, ou seja, a pessoa jurídica passa a responder por dívidas de seu sócio.

O incidente de desconsideração da personalidade jurídica suspende o processo até sua decisão final. Na hipótese de requerido desde a fase de conhecimento, na petição inicial, o sócio ingressa no feito como parte (cabe lembrar que, se não demonstrados os requisitos desde a petição inicial, é possível extinção por falta de interesse, já que desnecessária a desconsideração).

O sócio tem direito de resposta no prazo de 15 dias. O TST, na IN n° 39/2016, prevê que da decisão da desconsideração da personalidade jurídica, sendo na fase de conhecimento, não cabe recurso de imediato. Se na fase de execução, caberá Agravo de Petição **sem a necessidade de garantia do juízo**.

16

Procedimentos trabalhistas

16.1 Procedimento sumário (dissídio de alçada)

- **Primeira regra:** amparo legal no art. 2°, §§ 3° e 4°, da Lei n° 5.584/1970.
- **Segunda regra:** valor da causa de até dois salários mínimos. O corte é feito na data do ajuizamento da RT e a base está na Súmula n° 356 do TST, que permite a fixação de rito com base em salário mínimo. Abrange apenas os dissídios individuais.
- **Terceira regra:** será dispensável o resumo dos depoimentos, devendo constar na ata a conclusão da vara quanto à matéria de fato (princípio da celeridade).
- **Quarta regra:** em regra, não cabe a interposição de recursos no procedimento sumário trabalhista. É o princípio da **irrecorribilidade das decisões** no rito sumário. A exceção: se a sentença ventilar matéria constitucional, caberá a interposição de recurso. A questão é: qual recurso é cabível nesse caso? A lei é omissa (lacuna) e a doutrina e jurisprudência construíram três correntes: **primeira corrente:** como não existe previsão legal, caberia recurso inominado (posição minoritária); **segunda corrente:** sustenta que cabe recurso ordinário previsto no art. 895 da CLT, no prazo de oito dias; **terceira corrente:** defende que cabe recurso extraordinário, nos termos do art. 102, III, CF, no prazo de 15 dias.

Para fins de concurso, **prevalece na doutrina e na jurisprudência a terceira corrente**, já que a matéria é constitucional e o art. 102, III, da CF prevê o cabimento do Recurso Extraordinário nas causas decididas em única ou última instância.

16.2 Procedimento sumaríssimo

- ■ **Primeira regra – amparo legal:** possui amparo legal nos arts. 852-A a 852-I da CLT (frutos da Lei n° 9.957/2000).
- ■ **Segunda regra – abrangência:** somente dissídios individuais, não sendo cabível nos dissídios coletivos.
- ■ **Terceira regra – valor da causa:** o art. 852-A, *caput*, da CLT prevê **até** 40 salários mínimos. A CLT é omissa sobre o valor da causa mínimo para o procedimento sumaríssimo. Logo, **o advento do procedimento sumaríssimo revogou o procedimento sumário?** Prevalece o entendimento na doutrina e na jurisprudência de que o advento do rito sumaríssimo **não** revogou o procedimento sumário. O fundamento está no art. 2° da LINDB, pois não houve revogação expressa ou tácita. Nesse cenário, o valor da causa para o procedimento sumaríssimo **é acima de dois e até 40 salários mínimos**. Assim, temos a possibilidade da coexistência dos dois ritos céleres. **Corrente contrária** defende a revogação tácita do procedimento sumário pelo sumaríssimo, sob o argumento da incompatibilidade lógica entre os dois ritos: o procedimento sumário possui ampla produção probatória e restrita possibilidade recursal, ao passo que o procedimento sumaríssimo possui restrições na produção probatória e ampla possibilidade recursal. Ainda, **sumário** é mais lento com valor da causa menor, e **sumaríssimo** seria mais célere com valor da causa maior. Há quem defenda ainda a revogação do procedimento sumário pelo advento do CPC/2015, já que esse procedimento não mais existe no processo civil.
- ■ **Quarta regra: obrigatoriedade ou facultatividade na observância do rito sumaríssimo:** sobre o assunto, uma **primeira**

corrente (majoritária) sustenta a **obrigatoriedade** do procedimento sumaríssimo nas causas acima de dois e até 40 salários mínimos, sob o argumento da interpretação gramatical ou literal do art. 852-A, *caput*, da CLT ("ficam submetidos..." – locução imperativa), bem como pelo fato de as normas processuais trabalhistas são cogentes, imperativas ou de ordem pública e, portanto, obrigatórias. Ainda, na praxe forense trabalhista, especialmente com o PJe, a observância do rito é obrigatória. Uma **segunda corrente** defende a **facultatividade** do rito sumário, com fundamento no princípio do *jus postulandi* (arts. 791 e 839, *a*, CLT e Súmula n° 425, TST). Ainda, essa corrente se funda no fato de o Direito Processual do Trabalho ter por objetivo facilitar o acesso do trabalhador hipossuficiente ao Judiciário Trabalhista. Por fim, o terceiro fundamento é a aplicação do art. 3°, § 3°, da Lei n° 9.099/1995 (facultatividade do rito no JEC).

■ **Quinta regra – partes excluídas:** estão excluídas do procedimento sumaríssimo as demandas em que é parte a Administração Pública, Direta, Autárquica e Fundacional, ou seja, a Fazenda Pública. Estão incluídas as **empresas públicas e sociedades de economia mista**, uma vez que são pessoas jurídicas de direito privado. Parcela da doutrina critica essa prerrogativa processual da Fazenda Pública, tendo em vista o fato de ela prejudicar a celeridade e a efetividade do processo, bem como pela ideia de não se coadunar mais com a própria evolução do sistema processual. Ex.: reexame necessário (art. 496, CPC + Súmula n° 303, TST). Se o próprio reexame necessário foi mitigado, hoje não se justificaria mais não aplicar o procedimento sumaríssimo para a Fazenda Pública. Ainda, há controvérsia doutrinária e jurisprudencial sobre a aplicabilidade ou não do procedimento sumaríssimo quando for parte os Correios: a **primeira corrente** defende a **aplicabilidade** do rito sumaríssimo nesse caso, por simples interpretação gramatical do art. 852-A, parágrafo único, da CLT. Já a **segunda corrente** defende a **inaplicabilidade**, com base na interpretação sistemática, teleológica e analógica. Hoje os Correios gozam de prerrogativas e vantagens proces-

318 Direito Processual do Trabalho

suais que são conferidas à Fazenda Pública. Ex.: Súmula n° 390, TST + OJ n° 247, SDI-1, TST.

■ **Sexta regra – abrangência:** apenas os dissídios individuais, não os dissídios coletivos. **É cabível a observância do rito sumaríssimo nas ações plúrimas?** As ações plúrimas estão previstas no art. 842 da CLT, que nada mais são do que as ações em litisconsórcio ativo, desde que haja identidade de matéria. Prevalece o entendimento de que é cabível, desde que o valor da causa global não supere os 40 salários mínimos.

■ **Sétima regra – requisitos específicos da exordial:** além dos requisitos tradicionais, o art. 852-B da CLT traz mais alguns requisitos específicos da petição inicial no procedimento sumaríssimo, quais sejam: a) pedido certo ou (leia-se "e") determinado e indicará o valor correspondente. O pedido deve ser líquido. Serviu de inspiração para a Reforma Trabalhista (art. 840, §§ 1° e 3°, CLT); b) o autor deverá indicar corretamente o nome e endereço da reclamada. Nesses termos, não cabe citação por edital no procedimento sumaríssimo. Apenas os pedidos condenatórios em pecúnia deverão ser líquidos. A própria CLT estabelece duas consequências processuais na hipótese de não preenchimento de qualquer desses requisitos: a) arquivamento da reclamação trabalhista, que equivale à extinção do processo sem resolução de mérito (art. 485, CPC – sentença terminativa ou processual); b) condenação do reclamante em custas sobre o valor da causa. Todavia, vale ressaltar que na praxe forense muitos juízes determinam a emenda da petição inicial em tais hipóteses (art. 765, CLT – O Juiz do Trabalho é o diretor do processo).

Questão de 2ª fase da Magistratura: Em determinado caso prático, a empresa encerrou suas atividades e os sócios desapareceram. Nesse contexto, foi ajuizada uma reclamação trabalhista cujo valor da causa era de R$ 10.000,00, sendo observado o rito sumaríssimo, mas sem a identificação do atual endereço dos sócios. Você, como magistrado trabalhista, como solucionaria o imbróglio? A **primeira corrente** defende a interpretação gramatical ou literal, com a aplicação das regras do art. 852-B da CLT, que

Procedimentos trabalhistas **319**

preveem o arquivamento da RT e a condenação do reclamante em custas sobre o valor da causa. A **segunda corrente** é a que prevalece hoje na doutrina e na jurisprudência, e defende a conversão do rito sumaríssimo em rito ordinário, possibilitando a citação por edital, nos termos do art. 765 da CLT. Existe, ainda, uma **terceira corrente**, do jurista Júlio Bebber, que defende a declaração *incidenter tantum* de inconstitucionalidade do art. 852-B, II, § 1º, da CLT, sob o argumento de ofensa ao princípio ao amplo acesso do Poder Judiciário, previsto no art. 5º, XXXV, da CF e art. 3º, *caput*, do CPC. Nessa hipótese, seria possível a citação por edital no próprio procedimento sumaríssimo.

- ■ **Oitava regra – audiência trabalhista no rito sumaríssimo:** o juiz do trabalho deverá ter maior rigor com a realização da audiência **una**, em homenagem ao princípio da celeridade processual. A tentativa de conciliação poderá ocorrer em qualquer fase da audiência.

- ■ **Nona regra – produção probatória:** o art. 852-H da CLT prevê que: a) as provas serão produzidas em audiência, independentemente de requerimento prévio (regra), excetuando a prova documental, pericial e até mesmo a inspeção judicial; b) em relação à prova documental apresentada por uma das partes, haverá a oportunidade da manifestação imediata da parte contrária, sem interrupção, salvo absoluta impossibilidade (ex.: número excessivo de laudas), a critério do juiz (princípio do contraditório imediato); c) prova testemunhal: o número máximo de testemunhas para as partes é de duas testemunhas (esse número não se aplica ao juiz, que poderá ouvir quantas quiser). Como fica esse número em caso de litisconsórcio, ativo ou passivo? No litisconsórcio ativo, o limite é de duas testemunhas para todos, já que optaram por ajuizar a ação em litisconsórcio, abrindo mão do limite individual. No passivo, o limite é aplicado para cada litisconsorte. As testemunhas comparecerão em audiência independentemente de intimação, assim como no rito ordinário. A peculiaridade é que somente será deferida a intimação da testemunha, desde que comprovadamente convidada pela parte e não comparecer em juízo (carta-convite ou prova do convite prévio). Prevalece o entendimento de que essa carta-convite não precisa ser escrita, sendo que a comprovação poderá ser até por outra testemunha, por ausência de previsão legal específica; d) prova pericial: somente é cabível em duas hipóteses: d.1 – quando a prova do fato exigir ou d.2 – quando for legalmente imposta. O Juiz do Trabalho nomeará, desde logo, perito, fixando o objeto da perícia e determinará prazo para a entrega do laudo. Apresentado o laudo, as partes serão intimadas para se manifestarem no prazo comum de cinco dias.

■ **Décima regra – sentença:** está prevista no art. 852-I da CLT. A sentença no rito sumaríssimo é publicada em audiência e não possui relatório, mas apenas fundamentação e dispositivo. Deve ser a mais justa e equânime possível, atendendo aos fins sociais da lei e às exigências do bem comum (art. 5°, LINDB, e art. 8°, CPC).

17

Procedimentos especiais

17.1 Inquérito judicial para apuração de falta grave

17.1.1 Conceito e hipóteses de cabimento

Trata-se do procedimento para se apurar a falta grave de um empregado que goza de estabilidade.

No tocante à estabilidade, exige o inquérito para dispensa o estável decenal, conforme art. 494 da CLT, bem como o dirigente sindical, nos termos do art. 543, § 3º, da CLT, Súmula nº 379 do TST e Súmula nº 197 do STF.

Há quem defenda também a necessidade do inquérito judicial para a dispensa do empregado eleito diretor de cooperativa dos empregados, uma vez que o art. 55 da Lei nº 5.764/1971 e a OJ nº 253 da SDI-1 do TST garantem a ele as mesmas prerrogativas do dirigente sindical.

Também há quem defenda a necessidade do inquérito judicial para a dispensa do empregado eleito ao Conselho Nacional da Previdência Social como representante dos trabalhadores, uma vez que o art. 3º, § 7º, da Lei nº 8.213/1991 menciona que o mesmo só pode ser dispensado mediante processo judicial.

322 Direito Processual do Trabalho

Por fim, há uma corrente minoritária a qual defende que também há necessidade do inquérito judicial para a dispensa do empregado eleito a representante do Conselho Curador do FGTS, uma vez que o art. 3°, § 9°, da Lei n° 8.036/1990 exige **processo sindical** para a dispensa do mesmo.

Observação

Não há necessidade do inquérito judicial para a dispensa do empregado eleito para a CIPA e do **servidor público celetista**.

17.1.2 Procedimento

O art. 853 da CLT exige a petição inicial escrita, não se admitindo a reclamação verbal. No tocante ao *jus postulandi*, há debate na doutrina sobre a possibilidade: a **primeira corrente** sustenta ser plenamente cabível, tendo em vista que o art. 791 da CLT autoriza o *jus postulandi* para empregados e empregadores, e a Súmula n° 425 do TST, que limita o *jus postulandi*, não afasta o seu cabimento para o inquérito judicial. Uma **segunda corrente (minoritária)** defende que não cabe o *jus postulandi* no inquérito judicial por se tratar de procedimento especial.

O citado art. 853 da CLT afirma que o empregador deve ajuizar o inquérito judicial no prazo decadencial de 30 dias, contados da suspensão do empregado faltoso. Entretanto, cabe ressaltar que, nos termos do art. 494 da CLT, tal suspensão é **facultativa** ao empregador, já que a lei fala em "poderá suspender". Caso não ocorra a suspensão, o inquérito judicial deverá ser ajuizado o quanto antes pelo empregador, sob pena de caraterização do perdão tácito da falta praticada.

O art. 821 da CLT prevê que cada parte poderá ouvir até seis testemunhas.

Por fim, o empregador, por ser o autor da ação, senta do lado esquerdo do juiz, e o empregado, como réu, do lado direito.

17.1.3 Sentença

Na hipótese de **procedência** do inquérito judicial, irá ocorrer a declaração de rescisão do contrato por justa causa e o pagamento das verbas rescisórias decorrentes de tal modalidade de dispensa (saldo de salário, férias + 1/3 vencidas e 13° vencidos). A baixa na CTPS deverá ser a data da suspensão, caso tenha ocorrido, ou a data da sentença, caso não tenha havido suspensão.

Já se a sentença for de **improcedência**, o empregado retornará (não é reintegração) ao emprego, e será devido o pagamento dos salários de todo o período em que ocorreu a suspensão se ela ocorreu, bem como do período que o processo tramitou. Trata-se de um efeito **automático** da sentença, não sendo necessário o uso de reconvenção ou pedido contraposto pelo empregado réu.

17.2 Dissídio coletivo

17.2.1 Conceito e classificação

A doutrina classifica o dissídio coletivo em três modalidades:

a) **Dissídio coletivo de natureza econômica:** tem como objetivo a criação de novos direitos para a categoria. Trata-se do exercício do Poder Normativo da Justiça do Trabalho (art. 114, §§ 1° e 2°, CF).

b) **Dissídio coletivo de natureza jurídica:** tem como objetivo a interpretação de uma norma coletiva já existente. O TST defende que não é cabível para a interpretação de norma de caráter genérico (lei em tese), conforme OJ n° 7 da SDC (**exceção:** cabe lembrar que para decisão da dispensa em massa, o TST admitiu o dissídio de natureza jurídica para a interpretação da lei, no caso, o art. 7º, I, da CF – caso Embraer, determinando a necessidade de prévia negociação coletiva).

c) **Dissídio coletivo de greve:** tem como objetivo solucionar a greve. O MPT tem legitimidade para ajuizar o dissídio de greve quando se tratar de atividade essencial com possibilidade (e não somente em efetiva lesão) de lesão ao interesse público, conforme art. 114, § 3º, da CF.

17.2.2 Dissídio coletivo de natureza econômica

17.2.2.1 Espécies

A doutrina classifica tal dissídio em três modalidades:

a) **Dissídio originário:** consiste na primeira modalidade de dissídio, ou seja, é a ferramenta que cria o direito pela primeira vez.

b) **Dissídio de revisão:** possui previsão no art. 873 da CLT e ocorre após um ano do ajuizamento do dissídio originário, a fim de que este seja revisado.

c) **Dissídio de extensão:** possui previsão no art. 868 da CLT e tem como objetivo estender o dissídio originário para o restante da categoria.

17.2.2.2 Legitimidade

Nos termos do art. 114, § 2º, da CF c.c. art. 857 da CLT, a legitimidade para instaurar dissídio coletivo é das partes sindicais, ou seja, dos entes sindicais.

A previsão do art. 856 da CLT, que autoriza o presidente do Tribunal a suscitar o dissídio coletivo, não foi recepcionada pela CF/1988, tendo em vista que ofende o **princípio da inércia da jurisdição.**

Procedimentos especiais **325**

O art. 859 da CLT prevê que a atuação do sindicato no dissídio está condicionada à aprovação em assembleia, sendo que o dispositivo citado prevê, inclusive, quórum mínimo de votação. Ocorre que prevalece o entendimento que, à luz do art. 8°, I, da CF, tal dispositivo não foi recepcionado, uma vez que viola a liberdade sindical, já que o Estado não pode intervir na estrutura do sindicato.

17.2.2.3 Procedimento

A petição inicial do dissídio coletivo **deve** ser escrita, conforme art. 856 da CLT. Entretanto, cabe ressaltar que, à luz do art. 791, § 2°, da CLT, cabe a aplicação do *jus postulandi* no dissídio coletivo.

O art. 858 da CLT prevê que a petição inicial deve constar a qualificação das partes, o motivo do dissídio e as "bases de conciliação" (outros direitos que a categoria admite a negociação).

Distribuído o dissídio, o art. 860 da CLT prevê que o juiz deverá designar audiência de conciliação, no prazo de dez dias. Na ausência das partes, não há que se falar em revelia ou arquivamento, pois o Tribunal já designará audiência de julgamento (art. 864, CLT).

O art. 862 da CLT autoriza a representação pelo empregador.

17.2.2.4 Competência

No tocante à competência, esta dependerá do alcance da categoria. Sendo ela de uma mesma região, a competência é do respectivo TRT (ex.: São Paulo e Santos – competência do TRT 2ª Região). Já na hipótese da categoria ultrapassar os limites regionais, ou seja, de ser uma categoria que atue em mais de uma região, a **competência será do TST** (ex.: São Paulo e Rio de Janeiro – competência TST).

326 Direito Processual do Trabalho

Observação

Na hipótese de a categoria atuar em cidades do TRT 2ª Região e TRT 15ª Região, a competência será do TRT 2ª Região.

17.2.2.5 Requisito constitucional para ajuizamento

A EC n° 45/2004, no art. 114, § 2°, da CF, criou o requisito do **comum acordo** para o ajuizamento do dissídio coletivo de natureza econômica. Foi uma tentativa de mitigar o exercício do poder normativo da Justiça do Trabalho, ou seja, dessa função atípica de criar novos direitos.

Inicialmente foi suscitada a inconstitucionalidade de tal dispositivo, uma vez que violava o direito de ação e a inafastabilidade da jurisdição. Entretanto, a tese não prevaleceu, já que o dissídio coletivo não é uma ação/lide típica.

O TST já decidiu que o **comum acordo** não precisa ser prévio, não havendo necessidade da assinatura em conjunto da petição inicial para a configuração do **comum acordo**, sendo possível, ainda, o **comum acordo tácito** e, na hipótese de recusa, a mesma deve ser justificada pela parte. Sendo a recusa válida, o processo será extinto sem resolução do mérito.

Para uns, o requisito do comum acordo consiste em condição da ação, uma vez que pode ser sanado durante o processo. Já para outra corrente, trata-se de pressuposto processual, uma vez que sem ele a demanda não poderá prosseguir.

Por fim, tal requisito surgiu uma vez que se defendeu que o poder normativo da Justiça do Trabalho ofendia o princípio da separação dos poderes, já que a prerrogativa de criar normas cabe ao Poder Legislativo e não ao Poder Judiciário.

Procedimentos especiais   327

O requisito do comum acordo é exigível apenas para o dissídio coletivo de natureza econômica, não sendo aplicável ao dissídio coletivo de natureza jurídica nem ao dissídio de greve.

17.2.2.6 Sentença normativa

Trata-se da decisão proferida no dissídio coletivo de natureza econômica. Nos termos do art. 868, parágrafo único, da CLT, possui prazo de vigência de quatro anos, não integrando *ad eternum* o contrato de trabalho (não confundir com a negociação coletiva, cujo prazo de vigência é de dois anos). Ademais, conforme já mencionado, o art. 873 da CLT prevê a possibilidade de revisão após mais de um ano de sua vigência, através de **dissídio coletivo de revisão**.

Já o art. 868, *caput*, da CLT prevê a possibilidade do **dissídio de extensão**, permitindo que a sentença normativa seja estendida ao restante da categoria.

Nos termos da Súmula nº 397 do TST e OJ nº 277 da SDI-1 do TST, a sentença normativa faz coisa julgada formal (atípica), não cabendo, portanto, ação rescisória. Não obstante, o RITST, bem como art. 2º, I, *c*, da Lei nº 7.701/1988, prevê a competência da SDC para julgar **ação rescisória** contra a sentença normativa (corrente minoritária).

Por fim, o art. 867, parágrafo único, da CLT regulamenta o seu momento de vigência.

17.2.2.7 Recurso

Na hipótese de sentença normativa proferida por TRT, caberá recurso ordinário para o TST, conforme art. 895, II, da CLT. Já na hipótese de sentença normativa proferida pelo TST, caberá embargos no TST para a SDC, conforme art. 894, I, *a*, da CLT.

328 Direito Processual do Trabalho

Observação

Em dissídio coletivo, não há recurso de revista.

17.2.2.8 Ação de cumprimento

Trata-se da ação cabível para a execução da sentença normativa. Nos termos do art. 872 da CLT, a ação de cumprimento tramita na Vara do Trabalho, não sendo necessário o trânsito em julgado da sentença normativa para o seu ajuizamento (Súmula nº 246, TST).

O prazo prescricional de dois anos é contado a partir do trânsito em julgado da sentença normativa (Súmula nº 350, TST).

A OJ nº 188 da SDI-1 prevê que falta interesse de agir no uso da reclamação trabalhista para reivindicar direito previsto em sentença normativa.

A Súmula nº 279 do TST prevê o efeito suspensivo de recurso interposto de sentença normativa.

Por fim, na hipótese de modificação da sentença normativa, a ação de cumprimento é extinta através de exceção de preexecutividade ou mandado de segurança, sendo que em tal situação não haverá devolução dos eventuais benefícios concedidos, uma vez que foram recebidos de boa-fé enquanto estava em vigor a decisão.

17.3 Procedimento de jurisdição voluntária de homologação de transação extrajudicial

Inserido pela Reforma Trabalhista, está regulamentado nos arts. 855-B a 855-E da CLT, e apresenta as seguintes características:

a) A petição inicial deve ser conjunta (empregado e empregador), sendo obrigatória a representação das partes por advogados.

Cabe destacar que o advogado não pode ser o mesmo, mas deverão ser distintos. Ademais, faculta-se ao trabalhador ser assistido pelo advogado de seu sindicato.

b) Tal procedimento não prejudica o prazo de pagamento das verbas rescisórias, previsto no § 6° do art. 477 da CLT.

c) O juiz, no prazo de 15 dias, a partir da distribuição da petição inicial, analisará o acordo, podendo designar audiência se entender necessário.

d) Tal procedimento suspende o prazo prescricional quanto aos direitos especificados na petição.

Conforme Súmula n° 418 do TST, o juiz não é obrigado a homologar o acordo. Trata-se de uma faculdade do julgador, não se constituindo direito líquido e certo que justifique mandado de segurança. Nesse sentido, da decisão que não homologa o acordo cabe recurso ordinário (art. 895, CLT), já que se trata de decisão terminativa do feito.

Tal recurso deverá ser interposto também em petição conjunta, já que se trata de jurisdição voluntária. As custas serão rateadas entre as partes, e não há depósito recursal em razão da natureza da decisão (não é condenatória em dinheiro).

O Tribunal, no julgamento do recurso, ao dar provimento, poderá homologar o acordo, em homenagem à **teoria da causa madura**. Corrente contrária defende que não cabe tal homologação pelo tribunal pela ocorrência de supressão de instância, retornando o processo à vara do trabalho.

A petição inicial deve discriminar os direitos que serão objeto do acordo.

No tocante à quitação, a mesma irá depender do teor do acordo, podendo ser total ou apenas quanto ao objeto do acordo, ficando a critério do magistrado a homologação.

330 Direito Processual do Trabalho

Por fim, a lei não veda a utilização do procedimento apenas para verbas rescisórias. Entretanto, ficará a critério do magistrado a homologação de verbas.

17.4 Ação rescisória

17.4.1 Introdução

Trata-se do procedimento especial que tem como objetivo a desconstituição de uma decisão transitada em julgado, ou seja, busca a rescisão do julgado e possui as seguintes características:

a) **Coisa julgada material:** a ação rescisória somente é cabível em face da coisa julgada material, ou seja, da sentença ou decisão interlocutória com resolução de mérito. O CPC atual autoriza o cabimento da ação rescisória quando a decisão rescindenda, embora terminativa, impedir o ajuizamento de uma nova ação ou a admissibilidade do recurso correspondente.

b) **Tipicidade:** a ação rescisória somente é cabível nas hipóteses previstas no art. 966 do CPC. Trata-se de um rol exaustivo/taxativo.

17.4.2 Prazo

O prazo é decadencial de dois anos (art. 975, CPC). Na hipótese do **inciso VII do art. 966**, o prazo será de cinco anos (§ 2º, art. 975, CPC), contados da descoberta da prova nova, respeitado o prazo máximo de cinco anos contados do trânsito em julgado da última decisão proferida no processo. Trata-se da obtenção de prova nova após o trânsito em julgado, cuja existência o autor ignorava ou seu uso foi impossível anteriormente:

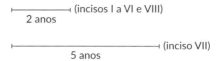

17.4.3 Depósito

O art. 836 da CLT prevê que, para o ajuizamento da ação rescisória, é necessário depósito prévio de 20% sobre o valor da causa, salvo miserabilidade jurídica.

Tal depósito possui natureza **punitiva**, ou seja, é aplicado a título de multa, quando a ação rescisória é julgada improcedente ou inadmissível por unanimidade.

Nessa situação, o autor perde o depósito, que será revertido em favor do réu. Se a ação for procedente, o autor será restituído do depósito, conforme arts. 968, II, e 974 do CPC.

Cabe ressaltar que na Justiça Comum o valor do depósito é de 5%.

O CPC atual, no art. 968, § 1º, afasta a exigência do depósito para a Administração Pública direta, autarquia, fundações públicas, MP, Defensoria Pública e da parte que goza de justiça gratuita.

Já o § 2º do mesmo artigo apresenta um limite do valor a ser depositado, que é de 1.000 salários mínimos.

A IN 31 do TST regulamentou o depósito, sendo que seu art. 6º prevê a isenção da **massa falida**. Há na doutrina crítica a esta previsão, uma vez que ultrapassou os limites legislativos de regulamentação.

Já os arts. 2º ao 4º da IN regulamentam o valor da causa da ação rescisória para evitar um valor aleatório e um recolhimento ínfimo de depósito.

332 Direito Processual do Trabalho

17.4.4 Competência

A competência para julgar ação rescisória contra sentença de primeiro grau será do TRT da respectiva região.

Já na hipótese de ação rescisória contra acórdão do TRT, a competência será do próprio TRT, por seu Tribunal Pleno ou Órgão Especial.

Por fim, na hipótese de ação rescisória em face de decisão do TST, a competência será do próprio TST.

A Súmula nº 192 do TST trata da matéria.

17.4.5 Legitimidade

a) **Legitimidade ativa:** nos termos do art. 967 do CPC, possuem legitimidade para ajuizar ação rescisória quem foi parte no processo originário (autor e réu), o terceiro juridicamente interessado, o MP e aquele que não foi ouvido no processo em que era obrigatória sua intervenção. No tocante ao MP, o CPC/2015 ampliou sua atuação ao trazer a alínea *c* no inciso III do art. 967. O TST já possuía esta interpretação na Súmula nº 407.

b) **Legitimidade passiva:** possuem legitimidade passiva para a ação rescisória o autor e réu da ação originária. A Súmula nº 406 do TST prevê que há litisconsórcio necessário no polo passivo entre o autor e réu do processo originário, pois não se admite uma solução diferente para eles. Tal jurisprudência, no item II, prevê que o sindicato substituto processual no processo originário tem legitimidade para atuar como réu na ação rescisória, não existindo o litisconsórcio entre o sindicato e os empregados substituídos, sequer cabendo a citação deles. Por fim, o item II da Súmula nº 406 prevê ainda que o litisconsórcio somente é necessário no polo passivo, não o sendo no polo ativo, uma vez que nesse caso a união dos autores irá ocorrer pela conveniência, e não pela necessidade.

17.4.6 Causa de pedir

O art. 968 do CPC regulamenta a petição inicial da ação rescisória.

A Súmula nº 408 do TST trata da causa de pedir, prevendo que não há inépcia da petição inicial se o autor não mencionar em qual inciso do art. 966 do CPC se fundamenta a ação, ou, ainda, na hipótese de se fundamentar no inciso incorreto.

Entretanto, na hipótese de ação rescisória por violação de norma jurídica (art. 966, V, CPC), o autor deve indicar qual a norma jurídica violada.

17.4.7 Pedido

O art. 968, I, do CPC prevê que, na ação rescisória, o autor poderá postular a rescisão do julgado (juízo rescindente), bem como o pedido de um novo julgamento (juízo rescisório).

Na ação rescisória com fundamento na violação da coisa julgada, só vai ocorrer a rescisão do julgado (juízo rescindente), não havendo novo julgamento no processo (juízo rescisório).

17.4.8 Defesa

O art. 970 do CPC prevê que o réu poderá apresentar a defesa em prazo não inferior a 15 dias e nem superior a 30 dias, cabendo ao relator fixar tal prazo.

A Súmula nº 398 do TST prevê que a ausência de contestação gera revelia, mas sem os efeitos de confissão, uma vez que o que se ataca na ação rescisória é a coisa julgada ato oficial do Estado, não sujeito aos efeitos da confissão.

> **Súmula nº 398 do TST – AÇÃO RESCISÓRIA. AUSÊNCIA DE DEFESA. INAPLICÁVEIS OS EFEITOS DA REVELIA (ALTERADA EM DECORRÊNCIA DO CPC DE**

2015) – RES. N° 219/2017, *DEJT* DIVULGADO EM 28, 29 E 30.06.2017 – REPUBLICADA – *DEJT* DIVULGADO EM 12, 13 E 14.07.2017.

Na ação rescisória, o que se ataca é a decisão, ato oficial do estado, acobertado pelo manto da coisa julgada. Assim, e considerando que a coisa julgada envolve questão de ordem pública, a revelia não produz confissão na ação rescisória. (EX-OJ N° 126 DA SBDI-2 – *DJ* 09.12.2003.)

17.4.9 Produção de provas na ação rescisória

Na hipótese de ser necessária a produção de provas, o relator poderá delegar a competência, expedindo a carta de ordem para o órgão de primeiro grau que proferiu a decisão atacada. Será fixado um prazo para cumprimento de um a três meses (o CPC/1973 determinava o prazo de 45 a 90 dias e também mencionava a expressão "delegará").

17.4.10 *Jus postulandi*

Nos termos da Súmula n° 425 do TST, não se aplica na ação rescisória. É necessária a contratação de um advogado.

17.4.11 Honorários advocatícios

A ação rescisória sempre gerou direitos a honorários advocatícios nos termos do texto da Súmula n° 219, II e IV, do TST:

Súmula n° 219 do TST – HONORÁRIOS ADVOCATÍCIOS. CABIMENTO (ALTERADA A REDAÇÃO DO ITEM I E ACRESCIDOS OS ITENS IV A VI EM DECORRÊNCIA DO CPC DE 2015) – RES. N° 204/2016, *DEJT* DIVULGADO EM 17, 18 E 21.03.2016.

(...)

II – É cabível a condenação ao pagamento de honorários advocatícios em ação rescisória no processo trabalhista.

(...)

IV – Na ação rescisória e nas lides que não derivem de relação de emprego, a responsabilidade pelo pagamento dos honorários advocatícios da sucumbência submete-se à disciplina do Código de Processo Civil (arts. 85, 86, 87 e 90).

Tal jurisprudência determina a aplicação dos arts. 85, 86, 87 e 90 do CPC. Ocorre que a reforma trabalhista, no art. 791-A da CLT, passou a regulamentar o direito a honorários advocatícios na Justiça do Trabalho para qualquer ação, sendo que parte da doutrina defende que tal dispositivo deve ser aplicado para a ação rescisória, já que se trata de regra específica trabalhista.

17.4.12 Suspensão da decisão atacada

O mero ajuizamento da ação rescisória por si só não suspende a decisão atacada na ação originária. O art. 969 do CPC prevê que para ocorrer a suspensão é necessário utilizar a tutela provisória na ação rescisória. Nesse sentido, a Súmula nº 405 do TST. Tal jurisprudência antes mencionava que era cabível o uso de apenas medida cautelar.

Art. 969, CPC. A propositura da ação rescisória não impede o cumprimento da decisão rescindenda, ressalvada a concessão de tutela provisória.

Súmula nº 405 do TST – AÇÃO RESCISÓRIA. TUTELA PROVISÓRIA (nova redação em decorrência do CPC de 2015) – Res. nº 208/2016, *DEJT* divulgado em 22, 25 e 26.04.2016.

Em face do que dispõem a MP 1.984-22/2000 e o art. 969 do CPC de 2015, é cabível o pedido de tutela provisória formulado na petição inicial de ação rescisória ou na fase recursal, visando a suspender a execução da decisão rescindenda.

336 Direito Processual do Trabalho

Observação

- O CPC/2015, no § 2° do art. 966, autoriza o uso de ação rescisória em face de decisão transitada em julgado que não seja de mérito quando impedir o ajuizamento de uma nova ação ou a admissibilidade do recurso correspondente. Cabe citar como exemplo o uso da ação rescisória em face de uma decisão que acolhe a perempção.

- Súmula n° 100 do TST

  ☐ Item II: coisa julgada progressiva;

  ☐ Item IV: foi transformado no § 3° do art. 975, CPC;

  ☐ Item VII: no processo do trabalho, aplica-se a teoria da causa madura (art. 1.013, § 3°, CPC);

  ☐ Item IX: foi transformado no § 1° do art. 975, CPC.

> **Súmula n° 100 do TST – AÇÃO RESCISÓRIA. DECA-DÊNCIA (incorporadas as Orientações Jurisprudenciais n°s 13, 16, 79, 102, 104, 122 e 145 da SBDI-2) – Res. n° 137/2005, DJ 22, 23 e 24.08.2005.**
>
> I – O prazo de decadência, na ação rescisória, conta-se do dia imediatamente subsequente ao trânsito em julgado da última decisão proferida na causa, seja de mérito ou não. (ex-Súmula n° 100 – alterada pela Res. n° 109/2001, DJ 20.04.2001)
>
> II – Havendo recurso parcial no processo principal, o trânsito em julgado dá-se em momentos e em tribunais diferentes, contando-se o prazo decadencial para a ação rescisória do trânsito em julgado de cada decisão, salvo se o recurso tratar de preliminar ou prejudicial que possa tornar insubsistente a decisão recorrida, hipótese em que flui a decadência a partir do trânsito em julgado da decisão que julgar o recurso parcial. (Ex-Súmula n° 100 – alterada pela Res. n° 109/2001, DJ 20.04.2001.)
>
> III – Salvo se houver dúvida razoável, a interposição de recurso intempestivo ou a interposição de recurso incabível não protrai o termo inicial do prazo decadencial. (Ex-Súmula n° 100 – alterada pela Res. n° 109/2001, DJ 20.04.2001.)

Procedimentos especiais 337

IV – O juízo rescindente não está adstrito à certidão de trânsito em julgado juntada com a ação rescisória, podendo formar sua convicção através de outros elementos dos autos quanto à antecipação ou postergação do *dies a quo* do prazo decadencial. (Ex-OJ nº 102 da SBDI-2 – *DJ* 29.04.2003.)

V – O acordo homologado judicialmente tem força de decisão irrecorrível, na forma do art. 831 da CLT. Assim sendo, o termo conciliatório transita em julgado na data da sua homologação judicial. (Ex-OJ nº 104 da SBDI-2 – *DJ* 29.04.2003.)

VI – Na hipótese de colusão das partes, o prazo decadencial da ação rescisória somente começa a fluir para o Ministério Público, que não interveio no processo principal, a partir do momento em que tem ciência da fraude. (Ex-OJ nº 122 da SBDI-2 – *DJ* 11.08.2003.)

VII – Não ofende o princípio do duplo grau de jurisdição a decisão do TST que, após afastar a decadência em sede de recurso ordinário, aprecia desde logo a lide, se a causa versar questão exclusivamente de direito e estiver em condições de imediato julgamento. (Ex-OJ nº 79 da SBDI-2 – inserida em 13.03.2002.)

VIII – A exceção de incompetência, ainda que oposta no prazo recursal, sem ter sido aviado o recurso próprio, não tem o condão de afastar a consumação da coisa julgada e, assim, postergar o termo inicial do prazo decadencial para a ação rescisória. (Ex-OJ nº 16 da SBDI-2 – inserida em 20.09.2000.)

IX – Prorroga-se até o primeiro dia útil, imediatamente subsequente, o prazo decadencial para ajuizamento de ação rescisória quando expira em férias forenses, feriados, finais de semana ou em dia em que não houver expediente forense. Aplicação do art. 775 da CLT. (Ex-OJ nº 13 da SBDI-2 – inserida em 20.09.2000.)

X – Conta-se o prazo decadencial da ação rescisória, após o decurso do prazo legal previsto para a interposição do recurso extraordinário, apenas quando esgotadas todas as vias recursais ordinárias. (Ex-OJ nº 145 da SBDI-2 – *DJ* 10.11.2004.)

338 Direito Processual do Trabalho

- **Conciliação na ação rescisória:** para a corrente que prevalece, não cabe acordo na rescisória quanto à validade ou não da coisa julgada, uma vez que é matéria de ordem pública, não sujeita a vontade das partes. Há quem defenda o cabimento de acordo quanto ao novo julgamento.

- **Cabe rescisória da rescisória?** Prevalece o entendimento que cabe ação rescisória de ação rescisória, uma vez que a decisão proferida também poderá fazer coisa julgada material, sendo possível enquadrar em uma das hipóteses do art. 966 do CPC.

17.5 Ação de consignação em pagamento

17.5.1 Cabimento

Embora a hipótese mais comum de utilização da ação de consignação em pagamento seja para permitir ao devedor ou terceiro a liberação da obrigação mantida com o credor, em função de sua recusa ao recebimento da quantia ou da coisa, existem outras situações que também ensejam a propositura da ação em comento, conforme art. 335 do CC:

> Art. 335, CC. A consignação tem lugar:
>
> I – se o credor não puder, ou, sem justa causa, recusar receber o pagamento, ou dar quitação na devida forma;
>
> II – se o credor não for, nem mandar receber a coisa no lugar, tempo e condição devidos;
>
> III – se o credor for incapaz de receber, for desconhecido, declarado ausente, ou residir em lugar incerto ou de acesso perigoso;
>
> IV – se ocorrer dúvida sobre quem deva legitimamente receber o objeto da obrigação;
>
> V – se pender litígio sobre o objeto do pagamento.

O processo do trabalho não contém previsão específica quanto à ação de consignação em pagamento, sendo possível a aplicação subsidiária do CPC, conforme autorizado pelo art. 769 da CLT.

17.5.2 Subespécies

Existem dois tipos de consignação em pagamento, quais sejam, a judicial e a extrajudicial, sendo que, quanto a esta última, há entendimento no sentido de ser incompatível com o processo trabalhista.

17.5.3 Consignação judicial

A hipótese mais comum de ação de consignação em pagamento no processo do trabalho é a proposta pelo empregador em face dos dependentes do empregado falecido, coincidindo com as enumeradas no art. 335 do CC.

Quanto à legitimidade ativa, tanto o devedor quanto o terceiro interessado no pagamento da dívida podem propor a ação consignatória (art. 539, CPC), podendo ser tanto o empregador quanto o empregado.

A competência para processar e julgar a ação de consignação em pagamento é do juízo trabalhista de primeiro grau, notadamente a vara trabalhista do lugar da prestação do serviço (art. 651, CLT).

Na petição inicial, prevê o art. 542 do CPC que o autor deverá requerer o depósito da quantia ou da coisa devida a ser efetivado no prazo de cinco dias do deferimento; e a citação do réu para levantar o depósito ou oferecer resposta. Aqui há uma incompatibilidade com o processo trabalhista, visto que resta prejudicada, por falta de previsão no rito, a audiência de conciliação, imprescindível no processo laboral.

340 Direito Processual do Trabalho

Assim, com espeque no art. 765, CLT, e, sobretudo, em homenagem ao princípio da conciliação, o juiz poderá designar audiência para tentativa de composição do conflito antes mesmo da efetivação do depósito.

Conforme art. 544 do CPC, na contestação, o reclamado poderá alegar:

> I – não houve recusa ou mora em receber (...);
>
> II – foi justa a recusa;
>
> III – o depósito não se efetuou no prazo ou no lugar do pagamento;
>
> IV – o depósito não é integral.
>
> Parágrafo único. No caso do inciso IV, a alegação somente será admissível se o réu indicar o montante que entende devido.

Não efetuado o depósito, caso deferido, o processo será extinto sem resolução do mérito (art. 542, parágrafo único, CPC). Caso o depósito seja parcial, haverá a improcedência do pedido, uma vez que não haverá a quitação da dívida. É o que decidiu o STJ em precedente obrigatório:

> 1. A consignação em pagamento visa exonerar o devedor de sua obrigação, mediante o depósito da quantia ou da coisa devida, e só poderá ter força de pagamento se concorrerem "em relação às pessoas, ao objeto, modo e tempo, todos os requisitos sem os quais não é válido o pagamento' (artigo 336 do NCC)". (4ª Turma, REsp 1.194.264/PR, Rel. Min. Luís Felipe Salomão, unânime, *DJe* de 4.3.2011)
>
> 2. O depósito de quantia insuficiente para a liquidação integral da dívida não conduz à liberação do devedor, que permanece em mora, ensejando a improcedência da consignatória.
>
> 3. Tese para os efeitos dos arts. 927 e 1.036 a 1.041 do CPC: **"Em ação consignatória, a insuficiência do depósito rea-**

lizado pelo devedor conduz ao julgamento de improcedência do pedido, pois o pagamento parcial da dívida não extingue o vínculo obrigacional". (Posição do STJ – REsp 1.108.058, *DJe* 23.10.2018.)

Não comparecendo o consignado à audiência e, consequentemente, não oferecida a contestação, será declarada a revelia e o Juiz julgará procedente o pedido, declarando extinta a obrigação e condenando o réu nas custas (art. 546 do CPC).

Por fim, o art. 545, § 2°, CPC, passou a permitir que a sentença, reconhecendo a insuficiência de depósito, possa determinar o montante devido. Nesse caso, a própria sentença já valerá como título executivo, facultando-se ao credor promover a execução nos mesmos autos. Assim, a natureza da sentença prolatada em ações de consignação pode ser também condenatória e não mais unicamente declaratória.

17.6 Ação monitória

17.6.1 Cabimento e natureza jurídica

Cuida-se de ação de conhecimento proposta por quem, com base em **prova escrita sem eficácia de título executivo**, tiver direito de exigir do devedor capaz o pagamento de quantia em dinheiro; a entrega de coisa fungível ou infungível ou de bem móvel ou imóvel; ou o adimplemento de obrigação de fazer ou de não fazer.

O procedimento surgiu com o propósito de acelerar a prestação da tutela jurisdicional, prestigiando-se o princípio da celeridade.

A doutrina diverge quanto à natureza jurídica da ação monitória:

342 Direito Processual do Trabalho

- primeiro entendimento: natureza jurídica de ação executiva;
- segundo entendimento: natureza jurídica de ação de conhecimento (majoritária);
- terceiro entendimento: natureza mista, com corpo de processo de conhecimento e alma de execução, uma ação de natureza híbrida, situada entre os processos de cognição e de execução.

Sua propositura constitui faculdade do autor, o qual pode apresentar prova escrita no próprio procedimento ordinário, sumário ou sumaríssimo.

Para a doutrina e jurisprudência que levam em conta sua natureza de ação cognitiva condenatória, não há qualquer obstáculo à admissibilidade da ação monitória no âmbito da Justiça do Trabalho.

Logo, se a controvérsia for oriunda da relação de trabalho, é inegável o cabimento da monitória perante a Justiça do Trabalho.

17.6.2 Competência

A ação monitória deverá ser proposta perante a Vara do Trabalho ou Juiz de Direito investido na jurisdição trabalhista, observada a regra de competência prevista no art. 651 da CLT.

17.6.3 Procedimento

Deve a petição inicial vir acompanhada de prova escrita que a fundamenta, sob pena de indeferimento. Caso o reclamante não possua prova escrita, deverá propor uma reclamação trabalhista comum.

A prova escrita pode ser prova documental pré-constituída ou documentada, apta a convencer o juiz acerca da verossimilhança da obrigação, sem a certeza atribuída legalmente aos títulos executivos.

De acordo com a regra do CPC, presentes as condições da ação e os pressupostos, o juiz ordenará a expedição de mandado de citação para que o reclamado, em 15 dias, pague soma em dinheiro, entregue coisa fungível ou infungível, ou bem móvel ou imóvel, ou cumpra obrigação de fazer ou de não fazer.

A decisão que determina a expedição do mandado monitório, proferida em cognição sumária, não deve obedecer ao contraditório prévio, ficando o exercício do direito de defesa postergado para os embargos.

No caso de apresentação dos embargos monitórios, designa-se a audiência de conciliação e julgamento, de modo a harmonizar o procedimento da ação monitória ao princípio da conciliação inerente ao processo do trabalho.

Caso não opostos os embargos ou se estes forem rejeitados, constitui-se de pleno direito o documento escrito em sentença (título executivo judicial), ou seja, o mandado inicial converte-se em mandado executivo, prosseguindo-se o feito em conformidade com o rito executivo previsto na CLT.

Se for reclamada a Fazenda Pública e não forem opostos os embargos do art. 701, § 4º, do CPC, haverá a remessa necessária ou reexame necessário da decisão.

Acolhidos os embargos, a ação monitória é julgada improcedente, havendo, pois, extinção do feito com resolução do mérito.

17.6.4 Ação monitória em face da Fazenda Pública

Não há qualquer vedação ou incompatibilidade quanto ao seu manejo em face das pessoas jurídicas de direito público, uma vez que, em qualquer caso, o mandado de citação, caso não haja apresentação de embargos, tem eficácia de título executivo judicial. Nesse sentido, a Súmula nº 339 do STJ e art. 700, § 6º, do CPC.

Referências

ABELHA, Marcelo. *Manual de direito processual civil*. 6. ed. Rio de Janeiro: Forense, 2016.

ALEXY, Robert. *Teoria de los derechos fundamentales*. Madrid: Centro de Estudios Constitucionales, 1993.

ALMEIDA, Cléber Lúcio de. *Direito processual do trabalho*. 3. ed. Belo Horizonte: Del Rey, 2009.

ANDRADE, Flávia Cristina Moura de; PAVIONE, Lucas dos Santos. *Técnico do TRT*. Carreiras específicas. 2. ed. São Paulo: Saraiva, 2016.

ANDRADE, Flávia Cristina Moura de. *Analista e técnico do MPT*: carreiras específicas. São Paulo: Saraiva, 2014.

ANDRADE, Flávia Cristina Moura de. *MPT*: carreiras específicas. São Paulo: Saraiva, 2013.

ARAGÃO, Egas Moniz de. Alterações no Código de Processo Civil: tutela antecipada, perícia. In: TEIXEIRA. Sálvio de Figueiredo (coord.). *Reforma do Código de Processo Civil*. São Paulo: Saraiva, 1996.

ARAGÃO, Egas Moniz de. *Comentários ao Código de Processo Civil*. Rio de Janeiro: Editora Forense, 2007. v. 2.

ARAÚJO, Adriane Reis de. *A interpretação da OJ n° 130 DA SBDI-2/ TST*. Artigo divulgado na rede membros MPT.

ATAÍDE JR., Jaldemiro Rodrigues de apud MACÊDO, Lucas Buril de. *Precedentes judiciais e o direito processual civil*. Salvador: JusPodivm, 2015.

ÁVILA, Humberto. *Teoria dos princípios*: da definição à aplicação dos princípios jurídicos. 11. ed. São Paulo: Malheiros, 2010.

BARROSO, Luís Roberto. *Interpretação e aplicação da Constituição*. 6. ed. São Paulo: Saraiva, 2004.

BEBBER, Júlio César. *Exceção de pré-executividade no processo do trabalho*. São Paulo: LTr, 2005.

BEBBER, Júlio César. *Recursos no processo do trabalho*. 4. ed. São Paulo: LTr, 2014.

BEDAQUE, José dos Santos; CRUZ E TUCCI, José Rogério. *Causa de pedir e pedido no processo civil*: questões polêmicas. São Paulo: Revista dos Tribunais, 2002.

BEZERRA LEITE, Carlos Henrique. *Ação civil pública na perspectiva dos direitos humanos*. 2. ed. São Paulo: LTr, 2008.

BEZERRA LEITE, Carlos Henrique. *Curso de direito processual do trabalho*. 10. ed. São Paulo: LTr, 2012.

346 Direito Processual do Trabalho

BEZERRA LEITE, Carlos Henrique. *Novo CPC*: repercussões no processo do trabalho. São Paulo: Saraiva: 2015.

BOBBIO, Norberto. *Teoria do ordenamento jurídico*. 10. ed. Brasília: UnB, 1997.

BONAVIDES, Paulo. *Curso de direito constitucional*. 24. ed. São Paulo: Malheiros, 2009.

BUENO, Cássio Scarpinella. *Partes e terceiros no processo civil brasileiro*. São Paulo: Saraiva, 2003.

BRANDÃO, Cláudio. *Reforma do sistema recursal trabalhista*: comentários à Lei n. 13.105/2014. São Paulo: LTr, 2015.

CABRAL, Antônio do Passo; CRAMER, Ronaldo. *Comentários ao Novo Código de Processo Civil*. 2. ed. São Paulo: Forense, 2016.

CAIRO JR., José. *Curso de direito processual do trabalho*. 8. ed. Salvador: JusPodivm, 2015.

CALVET, Otávio Amaral. Nova competência da Justiça do Trabalho: relação de trabalho x relação de consumo. *Revista Legislação do Trabalho*, São Paulo: LTr, ano 69, v. 1, 2005.

CÂMARA, Alexandre Freitas. *Lições de direito processual civil*. Rio de Janeiro: Lumen Juris, 2008. v. 1.

CAMBI, Eduardo. *A prova civil*. São Paulo: Revista dos Tribunais, 2006.

CANOTILHO, José Joaquim Gomes. *Direito constitucional e teoria da Constituição*. 7. ed., 5. reimp. Lisboa: Almedina, 2008.

CANOTILHO, José Joaquim Gomes. *Interpretação e aplicação da Constituição*. 6. ed. São Paulo: Saraiva, 2004.

CAPELLETTI, Mauro; GARTH, Bryant. *Acesso à justiça*. Porto Alegre: Sergio Antonio Fabris, 2003.

CASSAR, Vólia Bomfim. *Reforma Trabalhista*: comentários ao substitutivo do Projeto de Lei 6.787/16. Disponível em: https://drive.google.com/file/d/0BxLfUqyUbMSXM2NXUThxNHhVY1lRdlBycmhxMTdTM-G12RFNn/view. Acesso em: 21 maio 2017.

CAVALCANTI, Marcos de Araújo. *Incidente de Resolução de Demandas Repetitivas (IRDR)*. São Paulo: Revista dos Tribunais, 2016.

CESSETI, Alexia Brotto. A desjudicialização dos procedimentos especiais de jurisdição voluntária: nova onda reformista? Disponível em: http://www.publicadireito.com.br/artigos/?cod=a0608743660c09fe. Acesso em: 28 jul. 2016.

COMPARATO, Fábio Konder. *A afirmação histórica dos direitos humanos*. 6. ed. São Paulo: Saraiva, 2008.

CONALGO, Lorena de Mello Rezende; NAHAS, Thereza Christina. *Processo do trabalho atual*: aplicação dos enunciados do Fórum Nacional e da Instrução Normativa do TST. São Paulo: Revista dos Tribunais, 2016.

DALLEGRAVE NETO, José Affonso. Prova pericial e o novo CPC. In: DALLEGRAVE NETO, José Affonso; GOULART, Rodrigo Fortunato (coord.). *Novo CPC e o Processo do Trabalho*. São Paulo: LTr, 2016.

DELGADO, Maurício Godinho. *Curso de direito do trabalho*. 13. ed. São Paulo: LTr, 2014.

DELGADO, Maurício Godinho. *Curso de direito do trabalho*. 6. ed. São Paulo: LTr, 2007.

DIDIER JR., Fredie. *Curso de direito processual civil*: introdução ao direito processual civil, parte geral e processo de conhecimento. 17. ed. Salvador: JusPodivm, 2015. v. 1.

DIDIER JR., Fredie; BRAGA, Paula Sarno; OLIVEIRA, Rafael Alexandre de. *Curso de direito processual civil*: teoria da prova, direito probatório, decisão, precedente, coisa julgada e tutela provisória. 10. ed. Salvador: JusPodivm, 2015. v. 2.

DIDIER JR., Fredie; MOUTA, José Henrique. *Tutela jurisdicional coletiva*. Salvador: JusPodivm, 2009.

DIDIER JR., Fredie; FREIRE, Alexandre; MACÊDO, Lucas Buril de; PEIXOTO, Ravi. *Coleção Novo CPC doutrina selecionada*: parte geral. 2. ed. Salvador: JusPodivm, 2016. v. 1.

DIDIER JR., Fredie; FREIRE, Alexandre; MACÊDO, Lucas Buril de; PEIXOTO, Ravi. *Coleção Novo CPC doutrina selecionada*: procedimento comum. 2. ed. Salvador: JusPodivm, 2016. v. 2.

DIDIER JR., Fredie; FREIRE, Alexandre; MACÊDO, Lucas Buril de; PEIXOTO, Ravi. *Coleção Novo CPC doutrina selecionada*: provas. 2. ed. Salvador: JusPodivm, 2016. v. 3.

DIDIER JR., Fredie; FREIRE, Alexandre; MACÊDO, Lucas Buril de; PEIXOTO, Ravi. *Coleção Novo CPC doutrina selecionada*: procedimentos especiais, tutela provisória e direito transitório. 2. ed. Salvador: JusPodivm, 2016. v. 4.

DIDIER JR., Fredie; FREIRE, Alexandre; MACÊDO, Lucas Buril de; PEIXOTO, Ravi. *Coleção Novo CPC doutrina selecionada*: execução. 2. ed. Salvador: JusPodivm, 2016. v. 5.

DIDIER JR., Fredie; FREIRE, Alexandre; MACÊDO, Lucas Buril de; PEIXOTO, Ravi. *Coleção Novo CPC doutrina selecionada*: processo dos tribunais e meios de impugnação às decisões judiciais. 2. ed. Salvador: JusPodivm, 2016. v. 6.

DIMOULIS, Dimitri; LUNARDI, Soraya. *Curso de processo constitucional*: controle de constitucionalidade e remédios constitucionais. São Paulo: Atlas, 2011.

DI PIETRO, Maria Sylvia Zanella. *Direito administrativo*. 4. ed. São Paulo: Jurídico Atlas, 2002.

DINAMARCO, Cândido Rangel. *Capítulos de sentença*. 4. ed. São Paulo: Malheiros, 2009.

DINAMARCO, Cândido Rangel. *Fundamentos do processo civil moderno*. 2. ed. São Paulo: Revista dos Tribunais, 1987.

DINAMARCO, Cândido Rangel. *Instituições de direito processual civil*. 6. ed. São Paulo: Malheiros, 2009.

DINAMARCO, Cândido Rangel. *Nova era do processo civil*. 3. ed. São Paulo: Malheiros, 2009.

DINAMARCO, Cândido Rangel. *Vocabulário do processo civil*. São Paulo: Malheiros, 2009.

FERNANDES, Luís Eduardo Simardi. *Embargos de declaração*. Brasil: Revista dos Tribunais, 2003.

FUX, Luiz. *O novo Código de Processo Civil e a segurança jurídica normativa*. Disponível em: http://www.conjur.com.br/2016-mar-22/ministro-luiz-fux-cpc-seguranca-juridica-normativa. Acesso em: 16 ago. 2017.

GARCIA, Gustavo Filipe Barbosa. *CLT comentada*. São Paulo: Método, 2015.

GARCIA, Gustavo Filipe Barbosa. *Curso de direito processual do trabalho*. 5. ed. São Paulo: Forense, 2015.

GARCIA, Gustavo Filipe Barbosa. *Cumprimento de sentença e outros estudos da terceira fase da reforma do Código de Processo Civil*. 2. ed. São Paulo: Método, 2008.

GARCIA MEDINA, José Miguel. *Código de Processo Civil comentado*. São Paulo: Revista dos Tribunais, 2011.

GIDI, Antônio. *Coisa julgada e litispendência em ações coletivas*. São Paulo: Saraiva, 1995.

GRINOVER, Ada Pellegrini; GOMES FILHO, Antônio Magalhães; FERNANDES, Antônio Scarance. *Nulidades no processo penal*. 11. ed. São Paulo: Revista dos Tribunais, 2009.

GOMES, Fábio. *Comentários ao Código de Processo Civil*. São Paulo: Revista dos Tribunais, 2000. v. 3.

GOMES, Magno Federici; DRUMOND, Letícia. *A efetividade e as recentes alterações legislativas no Código de Processo Civil*. 2. ed. Belo Horizonte: PUC Virtual, 2011.

HORTA, Raul Machado. *Direito constitucional*. 4. ed. Belo Horizonte: Del Rey, 2003.

JESUS, Damásio. *Código Penal anotado*. São Paulo: Saraiva, 1994.

JORGE, Flávio Cheim. *Teoria geral dos recursos cíveis*. 7. ed. São Paulo: Revista dos Tribunais, 2015.

KUMPEL, Vitor Frederico. *Averbação premonitória*. Disponível em: http://www.migalhas.com.br/Registralhas/1998, MI211034,81042–Averbacao+premonitoria.

LIMA, Renato Brasileiro de. *Manual de processo penal*. 2. ed. Salvador: JusPodivm, 2014.

Referências 349

LOBATO, Márcia Regina. *Ação de cumprimento. Revista Fórum Trabalhista – RFT*, Belo Horizonte, ano 3, n. 10, p. 37-66, jan.-fev. 2014.

MACHADO JR., César P. S. *Manual de direito processual do trabalho*. São Paulo: LTr, 2011.

MANCUSO, Rodolfo de Camargo. *Jurisdição coletiva e coisa julgada*: teoria geral das ações coletivas. 2. ed. São Paulo: Revista dos Tribunais, 2007.

MANCUSO, Rodolfo de Camargo. *Ação civil pública trabalhista*: análise de alguns pontos controvertidos. Brasília, *Revista do MPT*, n. 12, set. 1996.

MACHADO, Antônio Cláudio da Costa Machado. *A intervenção do Ministério Público no processo civil brasileiro*. 2. ed. São Paulo: Saraiva, 1998.

MACHADO JR., César P. S. *Manual de direito processual do trabalho*. São Paulo: LTr, 2011.

MANFREDINI, Aryanna; SARAIVA, Renato. *Curso de direito processual do trabalho*. Salvador: JusPodivm, 2016.

MARINONI, Luiz Guilherme. *Técnica processual e tutela de direitos*. São Paulo: Revista dos Tribunais, 2004.

MARINONI, Luiz Guilherme. *Teoria geral do processo*. São Paulo: Revista dos Tribunais, 2007. v. 1.

MARINONI, Luiz Guilherme. *Novas linhas de processo civil*. São Paulo: Malheiros, 1999.

MARINONI, Luiz Guilherme; ARENHART, Sérgio Cruz; MITIDIERO, Daniel. *Novo curso de processo civil*: tutela dos direitos mediante procedimento comum. São Paulo: Revista dos Tribunais, 2015. v. 2.

MARINONI, Luiz Guilherme; MITIDIERO, Daniel. *O projeto do CPC*. São Paulo: Revista dos Tribunais, 2010.

MARINONI, Luiz Guilherme. *Teoria geral do processo*. 6. ed. São Paulo: Revista dos Tribunais, 2012.

MARINONI, Luiz Guilherme. *Tutela antecipatória, julgamento antecipado e execução imediata da sentença*. 2. ed. São Paulo: Revista dos Tribunais, 1998.

MARINONI, Luiz Guilherme. *Técnica processual e tutela de direitos*. São Paulo: Revista dos Tribunais, 2004.

MARINONI, Luiz Guilherme. *Tutela inibitória*. São Paulo: Revista dos Tribunais, 1998.

MARQUES, Cláudia Lima; BENJAMIN, Antônio Herman; MIRAGEM, Bruno. *Comentários ao Código de Defesa do Consumidor*. 2. ed. São Paulo: Revista dos Tribunais, 2006.

MARTINS FILHO, Ives Gandra. *Ação civil pública e ação civil coletiva. Revista LTr*, São Paulo, n. 59.

MASCARO NASCIMENTO, Amauri. *Curso de direito processual do trabalho*. 22. ed. São Paulo: Saraiva, 2007.

MAZZILLI, Hugo Nigro. *Introdução ao Ministério Público*. 7. ed. São Paulo: Saraiva, 2008.

MAZZILLI, Hugo Nigro. *O inquérito civil*. 3. ed. São Paulo: Saraiva, 2008.

MEDINA, José Miguel Garcia. *Código de Processo Civil comentado com remissões e notas comparativas do projeto do novo CPC*. São Paulo: Revista dos Tribunais, 2011.

MEIRELLES, Hely Lopes. *Direito administrativo brasileiro*. 33. ed. São Paulo: Malheiros, 2007.

MELLO, Celso Antônio Bandeira de. *Curso de direito administrativo*. 26. ed. São Paulo: Malheiros, 2009.

MELO, Raimundo Simão de. *Ação civil pública na justiça do trabalho*. 3. ed. São Paulo: LTr, 2008.

MELO, Raimundo Simão de. *Processo coletivo do trabalho*. 2. ed. São Paulo: LTr, 2011.

MENDES, Gilmar Ferreira; COELHO, Inocêncio Mártires; BRANCO, Paulo Gustavo Gonet. *Curso de direito constitucional*. 5. ed. São Paulo: Saraiva, 2010.

MINISTÉRIO DO TRABALHO E EMPREGO. *Portaria n° 3.214, de 8 de junho de 1978. Aprova as Normas Regulamentadoras – NR – do Capítulo V, Título II, da Consolidação das Leis do Trabalho, relativas a Segurança e Medicina do Trabalho*. Disponível em: http://www010.dataprev.gov.br/sislex/paginas/63/mte/1978/3214.htm. Acesso em: 26 ago. 2012.

MIESSA, Élisson. *O novo Código de Processo Civil e seus reflexos no processo do trabalho*. 2. ed. Salvador: JusPodivm, 2016.

MIESSA, Élisson. *Recursos trabalhistas*. Salvador: JusPodivm, 2015.

MIESSA, Elisson. *Manual dos recursos trabalhistas*: teoria e prática. 2. ed. Salvador: JusPodivm, 2017.

MIRANDA, Vicente. *Embargos de declaração no processo civil brasileiro*. São Paulo: Saraiva, 1990.

MORAES, Alexandre de. *Direito constitucional*. 22. ed. São Paulo: Jurídico Atlas, 2007.

MOREIRA, José Carlos Barbosa. *Comentários ao Código de Processo Civil*. 15. ed. Rio de Janeiro: Forense, 2010. v. 5.

MOREIRA, José Carlos Barbosa. *Comentários ao Código de Processo Civil*. 12. ed. Rio de Janeiro: Forense, 2007.

MOREIRA, José Carlos Barbosa. *Tutela sancionatória e tutela preventiva*: temas de direito processual civil. São Paulo: Saraiva, 1980.

MOURA, Marcelo. *Consolidação das Leis do Trabalho para concursos*. 5. ed. Salvador: JusPodivm, 2015.

MÜLLER, Friedrich. *Métodos de trabalho do direito constitucional.* Rio de Janeiro: Renovar, 2005.

NERY JR., Nelson; NERY, Rosa Maria de Andrade. *Código de Processo Civil comentado.* 6. ed. São Paulo: Revista dos Tribunais, 2002.

NERY JR., Nelson. *Código de Processo Civil comentado e legislação extravagante.* 11. ed. São Paulo: Revista dos Tribunais, 2010.

NERY JR., Nelson. *Princípios do processo civil na Constituição Federal.* 5. ed. rev. e ampl. São Paulo: Revista dos Tribunais, 1999.

NEVES, Daniel Amorim Assumpção. *Manual de direito processual civil:* volume único. 8. ed. Salvador: JusPodivm, 2016.

OLIVEIRA, Francisco Antônio. *Comentários à execução do novo Código de Processo Civil:* enfoques civilistas e trabalhistas. São Paulo: LTr, 2016.

PASSOS, Calmon de. *A nulidade no processo civil.* Salvador: Imprensa Oficial, 1959.

PINTO, Rodrigues. *Direito sindical e coletivo do trabalho.* São Paulo: LTr, 2002.

PIOVESAN, Flávia. *Direitos humanos e justiça internacional.* São Paulo: Saraiva, 2007.

PIOVESAN, Flávia. *Temas de direitos humanos.* 3. ed. São Paulo: Saraiva, 2009.

PISCO, Cláudia de Abreu Lima. *Dissídios coletivos:* aspectos controvertidos e atuais. São Paulo: LTr, 2010.

RIBEIRO DE VILHENA, Paulo Emílio. *Relação de emprego, estrutura legal e supostos.* 2. ed. São Paulo: LTr, 1999.

SANTOS, Ronaldo Lima dos. *Sindicatos e ações coletivas.* 3. ed. São Paulo: LTr, 2012.

SARLET, Ingo Wolfgang. *A eficácia dos direitos fundamentais.* 9. ed. Porto Alegre: Livraria do Advogado, 2007.

SARLET, Ingo Wolfgang; LEITE, George Salomão (coord.). *Direitos fundamentais e Estado constitucional.* São Paulo: Revista dos Tribunais, 2009.

SARLET, Ingo Wolfgang; MARINONI, Luiz Guilherme; MITIDIERO, Daniel. *Curso de direito constitucional.* São Paulo: Revista dos Tribunais, 2012.

SCHIAVI, Mauro. *Manual de direito processual do trabalho.* 10. ed. São Paulo: LTr, 2016.

SCHIAVI, Mauro. *Manual de direito processual do trabalho:* de acordo com o novo CPC, reforma trabalhista – Lei n. 13.467/2017 e a IN n. 41/2018 do TST. 15. ed. São Paulo: LTr, 2018.

SOARES, Carlos Henrique; DIAS, Ronaldo Brêtas de Carvalho. *Manual elementar de processo civil.* Belo Horizonte: Del Rey, 2011.

STRECK, Lênio Luiz. *A dupla face do princípio da proporcionalidade*: da proibição de excesso (Übermassverbot) à proibição de proteção deficiente (Untermassverbot) ou de como não há blindagem contra normas penais inconstitucionais. *Revista da Ajuris*, ano XXXII, n. 97, mar. 2005.

TÁVORA, Nestor; ALENCAR, Rosmar Rodrigues. *Curso de direito processual penal*. 11. ed. Salvador: JusPodivm, 2016.

THEODORO JÚNIOR, Humberto. *A reforma da execução do título extrajudicial*: Lei 11.382/06, de 6 de dezembro de 2006. Rio de Janeiro: Forense, 2007.

VIEIRA, Oscar Vilhena. *Direitos fundamentais*: uma leitura da jurisprudência do STF. São Paulo: Malheiros, 2006.

VITORELLI, Edison. *O devido processo legal coletivo*: dos direitos aos litígios coletivos. São Paulo: Revista dos Tribunais, 2016.

WAMBIER, Luiz Rodrigues. *O contempt of court na recente experiência brasileira*: anotações a respeito da necessidade premente de se garantir efetividade às decisões judiciais. Academia Brasileira de Direito Processual Civil. *Revista Nacional de Direito e Jurisprudência*. v. 6, n. 63, p. 11-27, mar. 2005.

WAMBIER, Teresa Arruda Alvim. *Controle das decisões judiciais por meio de recursos de estrito direito e de ação rescisória*. São Paulo: Revista dos Tribunais, 2001.

WAMBIER, Teresa Arruda Alvim. *O dogma da coisa julgada*: hipóteses de relativização. São Paulo: Revista dos Tribunais, 2003.

WAMBIER, Teresa Arruda Alvim; DIDIER JR., Fredie; TALAMINI, Eduardo; DANTAS, Bruno. *Breves comentários ao novo Código de Processo Civil*. São Paulo: Revista dos Tribunais, 2015.

WATANABE, K.; BENJAMIN, A. H. V.; FINK, D. R.; FILOMENO, J. G.; GRINOVER, A. P.; NERY JÚNIOR, N.; DENARI, Z. *Código Brasileiro de Defesa do Consumidor comentado pelos autores do anteprojeto*. Rio de Janeiro: Forense Universitária, 1991.

ZANETTI JR., Hermes. *A constitucionalização do processo*. 2. ed. São Paulo: Atlas, 2014.